体育产业人才培养的模式发展研究

张永垛 著

全国百佳图书出版单位

吉林出版集团股份有限公司

图书在版编目（CIP）数据

体育产业人才培养的模式发展研究 / 张永垛著. --
长春：吉林出版集团股份有限公司，2022.9（2023.9重印）

ISBN 978-7-5731-2288-9

Ⅰ．①体… Ⅱ．①张… Ⅲ．①体育产业－人才培养－
培养模式－发展－研究－高等学校 Ⅳ．①G80－05

中国版本图书馆 CIP 数据核字（2022）第 173196 号

体育产业人才培养的模式发展研究

TIYU CHANYE RENCAI PEIYANG DE MOSHI FAZHAN YANJIU

著：张永垛

责任编辑：王晓舟

封面设计：豫燕川

开　　本：787mm×1092mm 1/16

字　　数：200 千字

印　　张：12

版　　次：2022 年 9 月第 1 版

印　　次：2023 年 9 月第 2 次印刷

出　　版：吉林出版集团股份有限公司

发　　行：吉林出版集团外语教育有限公司

地　　址：长春福祉大路 5788 号龙腾国际大厦 B 座 7 层

电　　话：总编办：0431—81629929

印　　刷：涿州汇美亿浓印刷有限公司

ISBN 978-7-5731-2288-9　　　　　定价：72.00 元

前言

众所周知，高等体育院校是重点开展体育科学研究、创新体育知识的基地，也是传播知识、培养创新型人才，特别是体育教育训练、体育产业经营管理、体育科技等人才的摇篮。处理好高等体育院校科技创新与体育产业经营管理人才培养的互动关系，形成良性互动机制是体育院校做强做大，适应我国体育行业发展的关键。

体育产业经营管理人才培养必须与科技创新发展相结合。这是社会经济发展的必然要求，也是高等教育谋求自身发展的迫切需要。将互动发展的思想引入科技创新与体育产业经营管理人才培养中，具有新的认知价值。科技创新与体育产业经营管理人才培养是一个复杂的科教系统，成功的关键在于其内部具有长期在实践中形成的自组织机制。

体育产业科技创新的实现需要大量的体育产业经营管理复合型人才的支撑。而体育产业科技创新人才的培育与聚集又有赖于高等体育产业教育的创新与发展，因此，体育产业科技创新与高等体育产业教育创新密切相关，既相辅相成、相互促进，又相互影响、相互制约。高等体育产业教育是发展体育产业科学技术和培养体育产业人才的基础，在现代化体育事业和体育产业建设中具有先导性、全局性作用。教育创新是科技创新的基础和根本保证；而科技创新的发展必然不断对教育创新提出更高的要求，不断促进教育创新的发展。要推进体育产业科技创新与高等体育产业教育创新，就必须让科技创新与教育创新在一种良性的互动中协同发展。

本书属于体育产业人才培养方面的著作，本书对高校体育教育专业学生的人才培养模式的相关知识进行了论述，主要内容包括高校体育教育专业学生的人才培养模式的基本理论与影响因素、高校体育教育专业发展环境分析、高校体育教育专业培养方案与课程设置、培养机制分析、高校体育人才培养的必要性、高校体育教育专业人才培养模式的实践措施，并对高校"校企联合"培养模式的发展对策进行了深入的探讨，全书内容丰富，结构紧凑，知识结构完整，对从事体育专业的研究学者与人才培养工作者有学习和参考的价值。

作　者

2021 年 10 月

目录

第一章

体育产业概述

第一节　体育产业结构的理论基础

一、体育产业结构的概念及研究

（一）体育产业结构的概念

产业结构是工业经济的重要研究设施之一，体育产业的结构是这个设施的其中一部分。具体来说，体育产业部门之间的技术经济关系与数量关系之间的关系就是所谓的体育产业机构。从这个概念可以看出，从生产技术的角度来看，运动和服务产品的实物生产部门的所有产品之间存在相互依赖和局限的联系。除此之外，体育产业总产值的分布和包括体育资源在内的所有经济资源的分配可以体现在体育产业的结构中。

（二）体育产业结构的研究

在体育产业结构中，几乎所有分支行业都是紧密关联的，各个部门之间的关系也非常紧密。这是对各种体育产业的要素、结构、要素和结构之间的联系和作用的明确反映。例如，健身娱乐的发展对体育用品行业的发展产生积极影响。周边体育产业的发展需要体育本体产业的发展。体育产业的发展是与支持周边体育产业的本体论分不开的。纵观体育产业的产业链，每个环节都将对整个体育产业的发展产生决定性的影响。所以，为了理顺体育产业的结构，有必要全面分析研究体育产业结构的各个组成部分和环节，并结合这些要素和环节进行综合研究。研究每个元素和环节从两方面来进行：定性和定量。在这个过程中，我们还应该注意不同元素、不同结构、元素和不同结构之间的相关性分析。

二、体育产业的基本结构形态

（一）体育产业的投资结构

各行业体育产业投资总额的分布称为体育产业投资结构。体育产业投资结构具体包括两种：股票结构和不断增长的投资结构。向上投资结构的固化状态是股票结构。在研究体育产业结构的过程中，投资结构的研究是不可避免的。调整投资结构是规范体育产业结构的起点。投资结构中两种结构类型的调控对体育产业的整体结构产生了不同的效果，具体分析如下。

一方面，对存量结构进行调整是优化体育产业结构的基本内容，具体是指将体育产业内部低效率行业的存量降低，并促进低效率行业向高效率行业流动和重组的实现。另一方面，对增量投资结构进行调整，就会对未来一定时期内体育产业的生产和消费关系、地区分布状况、内部各行业之间此消彼长的关系等情况产生影响，甚至是决定性的影响。不可否认的是，调整增量投资结构是实现存量结构调整的基本手段。

（二）体育产业的产值结构

体育产业的产值结构包括两种类型：内部结构和外部结构。体育产业的发展程度可以从体育产业的外部结构反映出来，而体育产业内各产业的相对地位则通过其内部结构来体现。

1. 体育产业产值的外部结构

运动制造业在国内生产总值的总价值的百分比是体育产业输出值的外部结构。体育服务可以满足人们对高品质生活、时尚和个性的需求。人们的需求层次与经济发展成正比，需求水平随着经济的发展而逐渐增加。随着体育产业发展水平的提高，其在国民经济中的地位越发重要。

2. 体育产业产值的内部结构

体育产业生产总值与国内分支机构的比例是体育产业产值的内部结构。在衡量体育产业内部结构时，体育产业产值的内部结构是应该引用的指标。一个国家或地区的体育产业特性可通过体育产业产值的内部结构得到体现。

体育产业和体育是一个有机的整体，应基于本体论产业发展促进体育产业的整个开发。具体来说，只有健身娱乐行业得到发展，对体育运动服装、器材的需求量才会逐步增加，体育用品行业才能得到一定的发展；只有当竞技体育行业广泛开展，逐步提高体育竞技水平，才能激发人们对体育的热情，越来越多的体育人才会成长和发展经纪体育、媒体、广告、游戏、赞助等相关行业。此外，周边产业的发展也将带动体育本体的开发。

（三）体育产业的需求结构

1. 国内需求

按照体育市场形成的区域，体育需求可以分为内需和外需。在当今经济全球化背景下，体育产业的发展必须走出国门，走向全球化。这是一个长期发展的方向和趋势。

2. 中间需求和最终需求

（1）中间需求

由体育用品（货物或实物服务）作为中间投入物而产生的投资需求是所谓的中间需求，可称为"生产和消费需求"。例如，健身房购买运动器材是运动的中间需求。

（2）最终需求

最新的体育需求是消费过程中体育产品的最终消费，也可称为"生活消费需求"。例如，健康俱乐部的成员支付金钱参加俱乐部活动是一项明确的体育需求。

3. 政府需求和私人需求

（1）政府需求

目前，在大多数国家，政府鼓励体育设施建设，鼓励体育事业的发展。在这种情况下，政府对体育用品的需求正在逐步形成。例如，组织体育比赛和体育队伍的建立是政府需要的体现。

（2）私人需求

如果体育市场发展成熟，私人需求是体育需求的重要组成部分。体育需求结构分析是体育发展战略的重要条件，能够适应体育产业结构，促进体育产业的快速发展。

（四）体育产业的就业结构

在所有行业中，全体员工的分布是所谓的产业就业结构。外部和内部就业结构是体育产业就业结构的两种类型。外部就业结构指的是在总就业量中，体育产业吸纳的就业人数所占的比例，而内部就业结构指的是不同行业在体育产业中所吸纳就业的结构比重。一方面，体育产业的发展离不开最重要的经济资源之一，也就是劳动力。任何行业都需要足够数量的高素质的人才，在缺乏劳动力的行业，发展将不可避免地受到影响。另一方面，体育产业本身的需求和技术也会影响体育产业的就业结构。如果公司对体育产业的需求增加，体育产业的就业需求将相应增加。但是，在体育产业的技术发展水平很高的情况下，所需工作量就会减少，并且对劳动力质量的要求也会提高。

三、体育产业结构的特征

（一）整体性

对于系统角度而言，系统的结构指的是系统的不同元件之间的联系，如果这些元素分离，那么这种联系就不可能存在，实际上，系统结构和系统元素是不可分割的。我们不能简单地将系统的结构视为一组简单的元素或元素的融合品。系统结构基本上是不同元素之间关系的总和（如互惠关系、交互关系等）。系统结构及其运动的本质也是在不同元素的互相影响中形成的。在体系结构的诸多要素中，无法探寻此种体系结构的属性以及运动规律。相对来讲，每个因素的性质和运动取决于系统总体结构的属性和运动规律，其会发挥限制性和主导性的功用。

体育产业是集体的，组成这个集体的因素有两个部分。一部分是公众体育活动和体育服务，其余都涉及以下问题：在体育产业的各种活动之间的密切联系。不同活动之间的相关性非常强，关系更加复杂。正因为体育产业是简单元素的集合，其集体效果是非常强的，所以我们可以看到体育产业的巨大集体效应是其结构的内在属性。

只有充分整合体育产业结构的要素和环节，全面分析，才能对体育产业结构有一个全面的把握。在整个体育产业结构中，每个要素的生存和发展都依赖其他因素。生成一个元素可能是另一个元素的投入，一个元素的引入也可能是另一个元素的行业目标。从总的角度来看，任何单独的因素都不具备体育经济发展的总体效果。体育产业的整体效应不只是各要素功能的总和，它比每个部分的功能总和要大得多。

（二）自发性

发展和优化产业结构需要保持系统结构的完整性，同时进行有效的转换生成，这就要求产业机构实现自律，这是体育产业机构的自发性特征。

体育产业结构的自我调控指的是通过体育产业经济体制的内在机制，可以对体育产业的结构进行自发的建设，并促进体育产业结构的完善。体育产业处于不断变化的状态中，这主要体现在其结构、内部要素和外部环境等方面。体育产业经济体系中的每个子系统都在不断自我组织和适应，似乎有操纵这些子系统的"看不见的手"。而"看不见的手"主要是由于各子系统之间的协同作用和竞争而产生的。

（三）转换性

事实上，系统结构的"转换"正是生成系统结构的过程。系统结构的构成或加工功能是系统在其规律的控制下，不断对新材料的加工和管理，以反映出其自身新结构的能力。基本上，体育产业的结构问题是资源配置问题。我们可以从资源转换的角度来分析体育产业的结构。换句话说，体育产业通过产业结构的有效运作，不断从外界引进材料、能源和信息，以及在不断地生产和创造各种体育产品方面，整合一定资源以取得成效，满足社会群体的不同社会需求。体育产业的结构转换是重新调整体育产业内的资源，调整不同部门之间的资源比例，尤其是调整劳动力、资金等行业内不理想的其他子行业运动。相关产业结构变量促进了产业发展，促进了体育产业结构的整体优化。

（四）层次性

一般来说，不管是哪一种系统，都可以分解成多个子系统。而且，任何系统都可以与其他系统组合成为一个更大的系统。体育产业体系也是如此，大型系统包括小型系统，小型系统可以细分为更小的系统。

体育产业的结构是在各种因素综合作用下形成的，许多因素都会限制体育产业结构的形成。因此，体育产业发展的各个阶段都会出现不同程度的产业结构。从体育产业结构层面分析，体育产业结构体系的特征可以从不同的角度发现，这对我们深入研究和认识体育产业的发展现状和结构方向具有重要意义。体育产业水平的结构反映了体育产业结构的优化，这主要是通过分析体育产业结构的属性和质量来实现的。

第二节　体育产业组织的理论基础

体育产业组织是指市场经济条件下市场形成和体现的国内体育产业公司之间的利益关系，主要包括交换关系、竞争垄断关系、市场占有关系、资源占用关系等。体育产业组织理论用于分析体育产业运行过程中的这些复杂关系，发现体育产业内企业关系变化的规律以及对企业经营业绩进行分析。产业组织理论是一个由市场结构、市场行为和市场绩效组成的理论体系。作为产业组织理论的体育产业组织理论，还有必要研究内部市场结构、市场行为和体育产业市场表现之间的逻辑关系。

一、体育市场结构

所谓结构是指构成系统的要素与其特征之间的内在联系。体育市场结构是指体育产业内部市场关系的特征和形式。通常在体育行业内，存在着卖方（企业）之间、买方（企业或消费者）之间、买卖双方之间以及市场已有的买卖方与正在进入或可能进入该市场的买卖方之间在数量、规模、市场份额、利益分配等方面的关系。体育市场中不同市场参与者的地位、作用和比例以及市场上商品交易的特征构成了体育产业市场的结构。

（一）体育市场结构类型

经济学通常将市场结构分为四种基本类型：完全竞争、完全垄断、寡头垄断、垄断竞争。其中，完全竞争又称为纯粹竞争。产业集中度在完全竞争的市场结构中极其低，大量的买家和卖家集聚于市场上，每个买家和卖家参与交易的商品数量是市场商品交易总量中的一个极小部分，每个买家和卖家的市场交易行为都不足以影响市场价格，他们都是既定价格的接受者，而非决定者或影响者。完全竞争市场上产品的同一性很高，产品具有完全的可替代性，所以任何卖家都不会主动降低价格以增加销售量。在完全竞争市场上不存在任何进入和退出壁垒的问题，资源流动程度很高。完全竞争的市场信息非常完整。经济学家普遍认为，完全竞争的市场只是一种理想的市场。在现实社会中，只有农产品等一些作物接近这种类型的市场。

完全垄断的市场结构是与完全竞争相对的另一种极端的市场结构类型。在完全垄断的市场上存在百分百的产业绝对集中度，也就是说，所有产品都是由一家企业提供的。完全垄断厂商所提供的产品没有直接的替代品。由于存在最低资本规模、技术独占、专利和版权等法律上的特许经营权以及完全垄断企业所采取的防守性策略等方面的壁垒，使得任何一家别的厂商都无法进入这类产品的生产和销售中来。完全垄断市场同样是一种少见的市场类型。

市场寡头垄断是由少数大企业共同控制着大部分某种产品的生产和销售的市场结构。在寡头垄断市场上，由于大部分产品的生产和销售是由少数几家大企业控制的，每一家企业的产品都有很高的市场份额，所以产业集中度很高。寡头垄断企业所生产的产品有两种情况：产品具有较高的同质性，寡头企业之间存在战略依存关系；产品有较大的差异，彼此相关程度较低。由于产业内的少数大厂商在资金、技术、生产和销售规模、产品知名度和社会影响力、销售渠道等方面占有绝对优势，所以新厂商很难进入这个行业的生产和销售中来。当然，由于投资规模和生产规模巨大，要从这个市场中退出也很困难。寡头垄断是一种现代市场经济中比较普遍的市场结构类型。

垄断竞争的市场结构是另一种在现代市场经济中普遍存在的市场结构类型，也是一种比较接近现实的市场结构。垄断竞争的市场结构中企业数量比较多，每一家企业的市场份额比寡头垄断的企业要小得多，因而单独一家企业很难对整个市场产生实质性影响。与完全竞争市场的企业不同，垄断竞争市场的企业生产的是差别产品。由于垄断竞争市场企业的规模都比较小，所需的投资规模自然也比较小，而且技术门槛比较低，所以企业进入和退出壁垒都比较容易。

当体育逐步市场化以后，体育作为一种产业必将与其他产业一样，按照产业发展的内在规律运行。首先，体育企业要以利润最大化作为企业经营的基本目标。除了各级政府提供的公共体育产品以外，所有由企业提供的体育产品都属于商业体育产品。生产商业体育产品的企业，追求利润最大化是其根本性的利益动力机制。如果一家体育企业不能通过经营体育产业而获得最大化的利润，该企业理性的选择将是退出体育产业，把所拥有的资本和劳动转移到有利可图的产业中去。既然体育企业以利润最大化作为企业经营的基本目标，自然会根据市场供给和需求的关系确定产量和价格，不断进行技术创新和成本优化以保证在激烈的市场竞争中处于有利地位。其次，体育产业内部的企业基于企业内外部条件总是处于不同的市场结构之中。由于体育器材、设施、服装制造业同时属于其他不同的产业门类，我们暂时可以不做讨论。那么，体育企业的典型形态就主要是各种职业俱乐部、商业俱乐部及休闲健身中心、不同层次赛事组织方等。这些企业分别属于不同的市场结构，所提供的体育产品的程度也各不相同，进入不同市场结构的困难程度也不一样。而且，所有体育企业都试图通过提高产品差异化程度来维持一定程度的垄断，也试图提高投资率，拥有先进的设备和技术，实施一些战略障碍等来阻碍其他竞争者进入。从国内外体育产业发展来看，体育产业市场结构分为三种：垄断竞争型市场结构、完全垄断型市场结构和寡头垄断的市场结构。

1. 垄断竞争型市场结构

垄断竞争型市场结构是一种低度垄断的、相对竞争的市场结构，这种类型的市场结构在体育产业中比较常见。在垄断竞争型市场结构中，企业的主体是大量小企业，包括各类商务会所和社区体育组织。商业俱乐部是私人投资公司，它们的目标是最大化参与体育消费者提供的体育活动的利润。各类型的商业俱乐部在每一个城市都有比较广泛的分布，它们所提供的体育消费项目既有差别产品，也有无差别产品，它们为拥有更多的体育消费者而展开激烈的市场竞争。例如，它们可能运用各种标准化、优质化服务以及专家讲座、会员联谊、业余比赛、附加消费等方式不断培养出忠实的体育消费者，扩大市场的范围，提高企业盈利能力。它们也通过政府部门的行政权力获得一些特许权、运用广告投入等方式构筑策略性壁垒、不断提高产品的差异化水平等措施来形成市场进入壁垒。但由于这些企业规模小、产品技术含量低、企业能力有限，因此进入和退出这些市场的障碍不仅很低，而且维护时间很短。所以，在一般条件下，新体育公司可以轻松进入这些市场，并与现有竞争者有效竞争。

对任何一个国家来说，体育产业发展的目的是多样化。最根本的目的是为了提高人民的身体素质和幸福感。在现代社会中，政府的职能是有限的。政府虽然可以依靠资金使公民享有一定量的体育产品和服务，但不能满足体育人的不同需求。垄断竞争型市场结构中的体育企业尽管主观愿望和经营目的是追求最大化的利润，但它们必须通过为居民提供高质量的、多样化的体育产品和服务来实现其经营目的，客观上为提高国民素质和增进国民福利做出了贡献。由于商业俱乐部的性质是私人的或混合的，其业务受到严格的市场限制，提供的体育产品应根据市场需求组织，因此比政府机构更有效率。从国内外情况看，在具有高国家健康指数和高国民福利的国家，不同类型的商务会所很发达，人民的参与程度也会很高。商业俱乐部实际上承担了政府应该承担但又无力承担的职能。商业俱乐部的广泛发展在发达国家真正实现了政府、商业俱乐部、居民个人之间的三赢：政府方面，国民的身体素质得到提高，国民福利水平有所增加，同时，体育产业成为国家经济发展的新增长点和发动机；企业方面，从事了一个有远大发展前途的朝阳产业，实现了其利润最大化的经营目的；居民个人方面，满足了其多样化的体育需求，身体更加健康，精力更加充沛，精神更加愉悦，福利水平得到显著提高。

由具有共同爱好、兴趣的人们以缴纳会费和接受赞助的方式组建起来的一种非营利组织就是所谓的会员制的社区体育组织。社区体育组织的管理者通常是专业人士或志愿者，成员的数量具有相对严格的限制。社区体育组织也有一定程度的垄断和竞争的特点，能否筹办高质量的体育活动并形成品牌，决定着其能否拥有高水平的会员和能否得到更多的资金支持，当然也决定着其发展的前景。不同社区体育组织之间会因吸引高水平会员的加入和筹措足够的活动资金而展开竞争。但是，社区体育组织在市场经济方面不是体育产业组织的主要形式，而是一种对商业型体育俱乐部等主导形态的有利补充。

2. 完全垄断型市场结构

体育市场结构的垄断是市场的一个非常现实的结构，在现代体育产业发展的过程中，体育组织在特定地区完全支配体育消费品的生产和销售的情况很多。例如，国际奥委会已经完全垄断了奥运会的所有权利，包括项目和规模的设置、地点和时间的选择、各项收益的处置等。国际专业体育组织国际足球联合会、国际排球联合会、国际田径联合会等完全垄断了各种各样的国际体育赛事。

由唯一体育组织垄断某一个单项体育赛事，形成完全的市场进入与退出壁垒，排除一切可能的竞争者，保证高额的垄断收益，是完全垄断型市场结构最为典型的特征。

在完全垄断的体育市场，体育组织在不同的领域都是独一无二的、完全排他的。无论是规模最大的奥运会赛事，还是足球世界杯赛、各个单项的国际赛事、洲际赛事以及各个国家的职业体育赛事，都毫不例外是属于唯一的体育组织指导和管理的，没有其他组织或个人可以干涉相关事务。访问和发布这些活动也有非常严格的规则和程序，否则将予以严惩。

3. 寡头垄断的市场结构

寡头垄断的市场结构同样是一种广泛存在的体育市场结构类型。从主要业务主体的角度来看，体育产业可分为竞技体育、体育广告、体育彩票、体育娱乐、体育建筑、体育旅游和体育用品。其中，体育用品业、体育广告业、竞技体育经营业最具有寡头垄断特征。竞技体育经营业在美国收入最高的是拳击、橄榄球、棒球、篮球等，其赛事基本上也是由为数不多的几家公司垄断经营。在体育广告业中，大型赛事的广告经营主要由四五家大型广告公司所控制。

提供体育服务产品的竞争性行业，其寡头垄断的特征是非常明显的。首先，虽然个别体育竞赛市场是由一个完全垄断的体育组织控制的，也有不同的垄断组织，并保持在同一地区之间的市场竞争。在同一个地区，属于不一样的垄断组织控制的体育赛事可能在大致相同的时间举办，现场观众、电视观众、电视转播组织、赞助商、赛场广告发布申请人都有着充分的选择权。为就相关问题形成协议，垄断组织之间就竞争时间、电视广播的时间和频率以及场地广告等问题进行谈判。由于寡头们的竞争在许多时候是恶性的、有巨大破坏力的，因此为了避免双方的损失，寡头们经常坐下来讨论与比赛时间、电视广播的时间和频率以及体育场的广告有关的问题，从而形成关于此事的沉默协议或协议。其次，每个体育垄断组织都对其控制的体育赛事拥有高度垄断权。比如，他们必须制定竞争规则，确定赞助条款和赞助的费用，以确定电视转播权价格和发行权竞争收入以及标志产品和特殊产品等特定项目的实施。他们还专门设立比赛纪律处分机构，对违反规定的参赛者按一定程序采取取消资格、禁赛、罚款等各种不同程度的措施进行处罚和制裁。他们也建立专门的仲裁机构对比赛过程中发生的争议或争端进行仲裁。经过不断的探索和调整，每个体育专卖组织都创造了一个非常完善的运作机制，形成了一个非常独立的体育王国。寡头垄断市场有一定的进入和退出壁垒，基本的寡头垄断市场形成后，任何组织或个人都很难进入或着手现有的体育组织。当然，新的体育公司要进入这个市场，主要取决于已有寡头垄断组织力量是否强大和试图进入的新的体育公司是否有足够的组织实力。

（二）决定体育市场结构的因素

工业经济认为，市场集中度、产品差异化、进入和退出壁垒、市场价格的需求弹性、市场需求的增长速度和短期的成本结构共同决定了市场结构。市场集中度、产品差异化和进出障碍是影响市场结构的最重要因素。在讨论决定体育市场结构的因素时，我们应主要关注这三个方面。

1. 市场集中度

市场集中度是用来表示一个特定的行业或市场结构和相对比例卖方或买方的数量指标。由于市场集中度可以反映垄断和集中在特定的行业或市场的程度，产业组织理论认为，市场集中度是影响市场结构的主要因素。买方集中现象通常只发生在某些特定行业。因此，当人们研究市场结构时，主要研究零售商的集中度。

市场集中程度取决于许多复杂因素，如公司规模、市场容量规模、行业壁垒高度以及横向并购的自由度。通常人们认为，公司的规模和市场容量是决定市场集中度的主要因素。首先，如果一个行业的市场容量保持不变，一些公司的比例越高，市场集中度就越高。总的来说，扩张公司有内在的冲动。为了实现规模经济，公司尝试降低单位产品的销售成本，扩大生产规模，增加市场份额，在行业中形成一定的垄断力量，从而为获取垄断利润创造条件。公司规模的扩大经常被公众看作企业家能力的标志，扩大公司规模将成为企业家的积极追求。技术进步是企业规模扩大的重要推动力。技术进步的突出表现是新的机器设备、新的生产工艺的使用，这使得生产效率大大提高，企业规模也因此而迅速扩大。特别是，在一定的时间期限内独家技术进步很可能使公司的规模扩大，加快公司的成长。尽管为了保持经济的活力，许多国家都会制定反垄断法规，对大规模的企业联合和兼并行为进行限制。但是，经济全球化使每一个国家的企业都要面临不同国家同类企业的竞争，为了提高国内企业的国际竞争力，政府应该放松对企业并购的限制，甚至采取措施建立具有较强竞争力的巨型跨国公司。其次，市场容量的变化会影响相反方向的市场集中度。通常情况下，当市场容量减少或没有改变时，大公司会试图加强并购以获得更大的市场垄断力量来取得更多的收益。相反，市场容量增长将有助于降低市场集中度。当然，当市场容量扩大，大企业都处于竞争的优势地位时往往会获得扩张的最有利时机。如果市场容量的增长速度比大企业高，那么市场集中度可能会减少。这导致市场容量的变化在很大程度上取决于经济发展的步伐、居民收入水平和消费结构的变化以及国家的宏观经济政策。

运用市场集中度原则对体育市场结构进行分析，会发现体育市场集中度呈现两个主要特征：一是竞技体育经营业、体育用品业、体育广告业市场集中度高于大多数产业部门的市场集中度。竞技体育经营业基本形成了完全垄断的市场结构和寡头垄断的市场结构，在大部分赛事组织上是由一家赛事组织机构完全控制或在区域范围内由几家赛事组织机构分别控制，因而市场集中度可以达到 100%。体育用品业市场集中度也非常高。二是体育、休闲和健身市场的集中度非常低。运动休闲市场的典型特征是，客户的要求多样且复杂。少数公司很难满足具有不同需求偏好的大量体育消费者的需求。在这样的市场中，企业只能进行严肃的市场细分，结合体育人口的空间分布，选择最有利的商业方向，否则企业难以生存和发展。体育休闲健身市场的特点也决定了大资本不可能进入这一领域，其结果是，这个市场的集中度在一个非常低的水平。

2. 产品差别化

市场集中度可能不能完全反映垄断与行业组织的竞争程度。因为产品差异化程度是非常重要的，即使市场集中度较高，也会显示激烈竞争的特征。

产品差异意味着，当公司向消费者提供产品时，通过各种方法创造出引发消费者偏好的特异性，以便消费者能够有效地将其与其他竞争性公司提供的类似产品区分开来，从而在激烈的市场竞争中取得优势。通过对产品差异化战略的实施，影响消费者的购买行为，并创建消费偏好和忠诚这些产品。产品差异化形成的途径特别多，主要包括加大研发力度以便及时优化产品的结构、功能和质量，设计产品的独特外观，提供更具体、高质量的服务，利用不同的分销渠道或新的独特的广告和促销活动。产品差异化的核心就是形成可区别性和不可替代性，市场结构将逐渐向垄断竞争的市场结构发展。最终，这也会导致寡头垄断和垄断市场结构。产品差异化的市场结构的直接影响主要有两个方面：一是公司可以维持或提高公司的市场份额和市场集中度，扩大产品差异化的规模，上位企业的垄断程度得以维持或提高，即使规模较小的下位企业也会因此改变自己在整个行业中的地位；二是现有企业产品差异化战略的实施可以培养消费者的偏好和对公司产品的忠诚度。这实际上给新公司试图进入市场制造了一定的障碍。

体育产业作为一个重要的产业门类，同样存在着产品差别性问题，并且有着自己的特点，这就是体育产业的特殊性。从竞技体育经营业来看，不同赛事组织者提供的体育服务产品是有差别的，如足球世界杯与奥运会就在内容和形式上有着许多不同而形成差别，但这类赛事有相当程度的替代性关系。此外，处于同一联赛的俱乐部，为了争夺观众和电视转播权的销售，会采取多种多样的产品差异化策略，如引进超一流体育明星加盟、组建表演水平很高的啦啦队、营造个性独特的赛场环境和热烈的气氛、为消费者提供附加消费等，保证更多特色性的产品，从而使产品的差别程度和市场的集中度提高。

相对于竞技体育经营业市场来说，体育休闲健身市场的产品差别性程度要高很多。原因是体育休闲健身产业所面对的消费者特点是，数量庞大，并且消费者的兴趣各不相同，居住不集中，喜欢就近消费。这就必须满足不同消费者多样化的需求，提供不同的体育休闲健身产品。

3. 市场进入壁垒与退出壁垒

根据产业经济学的分析，市场进入壁垒和退出壁垒考察了新企业与原产业企业之间的竞争关系，以及新企业进入市场后市场结构的调整和变化。市场进入壁垒和退出壁垒反映了特定市场潜在的、动态的竞争和垄断程度。所谓进入壁垒，指的是在和之前的企业进行竞争的过程中，新的或潜在的企业遭遇到对其不利的因素。这些因素主要包括组织进入、政策法律制度、产品差异化、规模经济、绝对成本优势。绝对成本优势指的是基于固定产量，相较于新的或潜在的企业来讲，当前既有企业可以用较低的成本生产出相同的产品。因为原企业成本低，新企业进入市场后，与原有企业相比，处于竞争劣势。原企业的绝对成本优势主要来源于对优良生产技术的控制，优先获取先进的稀缺资源的能力，包括管理能力以及从供应商获得更优惠价格的原料等投入要素的能力。规模经济壁垒使新企业在竞争中处于劣势地位，比原有企业生产成本要高很多，原因是新企业进入某一产业初期时很难形成规模经济。在产品差别化程度较高的行业中，构成进入壁垒的一个更为重要的因素就是产品差别。经过长期努力的原有企业已经形成有较高知名度和美誉度的品牌，拥有具有很高忠诚度的消费者群体，新企业要突破产品差别化壁垒，从原有企业那里争取消费者，要付出很高的销售成本。政府的政策与法律同样会构筑新企业进入的壁垒，如政府给予原有企业的进出口许可证、差别性的专利制度和税收壁垒以及政府制定的产业规模控制政策都会成为新企业进入的壁垒。另外，阻止新企业进入的还有在寡头垄断行业中寡头们所实施的利润率控制措施，以及针对新企业制定的歧视性价格等方式和行为。

退出壁垒是指企业难以退出某一产业部门的情况，无论是主动还是被动。退出壁垒主要有资产的专用性和沉没成本、解雇费用和政府政策法规限制。一般情况下，资产的专用性越强，沉没成本就越大，而企业就越难以退出；企业如果要退出某一产业部门，就必须解雇工人，所以必须支付数额很大的退职金、解雇工资，即使继续留用工人，也要支付相当数量的转岗培训费用。为了阻止其退出，一些公用事业部门、特许经营部门会被政府制定特殊政策法规。

　　体育市场的进入壁垒和退出壁垒有两种极端的情况存在。体育赛事市场是进入壁垒和退出壁垒都很高的市场，而体育休闲健身市场则是进入壁垒和退出壁垒很低的市场。体育赛事市场的寡头垄断市场结构特征和完全垄断的市场结构特征主要是通过很高的市场进入壁垒和退出壁垒体现出来。详细的章程和各种规则是所有的具有重要影响的赛事组织机构必不可少的，并制定了严格限制进入和退出体育赛事市场的规定。所有的成员组织和运动员必须严格遵守这些章程和规则的要求，否则将会受到严厉的惩处。对成员单位而言，如果违背了有关规定，将会受到取消会员资格、停止各种活动、断绝经费支持、处以巨额罚款等多种形式的惩处。运动员如果违背了有关规定，也会受到停赛、禁赛、终身禁赛、罚款等形式的处罚，一旦想退出的话十分困难，坚决退出则会面临很高的风险。体育休闲健身市场跟其他大众服务业相似，企业数量多、规模小，企业自身难以设置进入壁垒，政府的产业政策往往又是持鼓励态度。所以，这类市场的进入壁垒和退出壁垒非常低。

二、体育市场行为

　　体育市场行为是指体育企业和体育组织为了实现最大的利润目标或者占据更高的市场份额而采取的适应市场供求关系变化的战略决策行动。体育市场结构的现状和特点将制约体育市场的行为，而体育市场的行为将影响和改变体育市场结构的状态和特征。一般来说，寡头垄断市场的竞争行为是体育市场竞争行为的主要研究对象。

（一）体育市场的竞争行为

　　体育市场的竞争行为主要有定价行为、广告行为和兼并行为。

1．定价行为

　　体育组织或体育企业的市场定价行为由于其目标的不同所采用的定价方式也会有较大差异。如果体育组织或体育企业的目标主要是实现最大化的利润，可能主要采取成本加利润的定价模式和价格领先制定价模式；如果体育组织或体育企业的目标主要是追求更高的市场占有率，则主要采取降价策略为主的竞争性定价模式。

　　在体育市场上，如果市场竞争程度不高，许多企业都会采取最为简单的成本加利润定价模式。成本加利润定价法就是在平均成本的基础上加上一个预期利润水平的定价方法。这种定价方法计算非常简单，如果市场竞争不够激烈，市场供求关系又比较稳定，通过实施成本加利润定价法，企业就能够获得预期的利润水平。但是，这种方法又是一种单边的主观定价行为，在激烈竞争的市场环境中，有可能完全失效。例如，体育休闲健身市场在许多地方一旦发展起来，由于企业提供的产品具有较高程度的替代性，为获取更大市场范围所进行的市场竞争就会非常激烈，其中价格竞争是最主要的竞争手段之一，成本加利润的定价方法就很难适应这种市场环境。从国内外的经验来看，在竞争比较充分的市场上，企业更多采用的是习惯定价法、按竞争性产品价格定价法、按生产能力定价法、比较定价法、区域定价法等。

　　价格领先制定价模式是寡头垄断的市场主要的定价方式。在体育市场上，价格领先制的实施主要是由一家体育企业或组织首先调节价格，其他体育企业或组织则跟随领先企业或组织相应采取行动。价格领先制也有多种具体的定价模式，如主导企业定价模式、串谋领导定价模式、晴雨表型领导定价模式等。主导企业定价模式一般是由规模最大、市场份额最高或社会影响力最高的企业首先确定价格，其他企业自愿跟随或者被迫跟随确定自己的价格。例如，国际奥委会、国际足联等国际体育组织之间都会采取串谋的方式确定比赛时间、门票价位、赞助费门槛等。采取晴雨表型定价模式的情况主要出现在市场集中度比较低、竞争相对充分的市场上。在这种情况下，首先是由对市场条件变化更具有敏感性和预测能力的领导企业对价格进行调整，其他企业以其对领导企业的信任程度为基础，对自己的产品价格做出相应调整。由于企业规模比较接近，所以企业之间的行动协调比较困难，这就使得这种模式具有不稳定性。

以追求更高市场占有率为目标的竞争性定价模式，根本方法是降低价格，但因具体目的不同又有掠夺性定价、限制性定价两种方法。

掠夺性定价也叫作驱逐对手定价，是指某一企业为了把对手挤出市场或逼退潜在的竞争对手所采取的降低价格的策略。在体育产业成长过程中，特别是竞技体育经营业以外的体育产业门类，一些具有较强实力的企业为了提高自己在特定区域市场中的产业集中度，逐步形成垄断地位，往往会采用这一策略性的定价行为。掠夺性定价策略有三个主要特征：一是掠夺性定价策略具有暂时性。一旦竞争对手被驱逐出市场，企业会很快恢复较高的价格。因为任何企业都不会在承担亏损的情况下向市场提供产品。只要竞争对手退出市场竞争，企业就会立即把价格提高到足以获得经济利润的水平以上。二是掠夺性定价策略的实际目的是缩减供给量而不是增加需求量，只有把竞争对手挤出市场，企业才能实现较高的产业集中度，才能确定具有垄断性的产量和价格，并保证企业获得最大化的利润。三是采取掠夺性定价策略的企业都是具有实力的大企业。在差别很大的大企业和小企业之间容易发生掠夺性定价行为，因为实行这一策略大企业也要在短期内蒙受一定的损失，所以大企业更愿意通过兼并来消灭竞争对手。除非兼并成本过高，或者小企业愿意鱼死网破地对抗时，大企业才采取这一措施。

限制性定价也叫作阻止进入价格，是指企业把价格定在获取经济利润同时不会引起新企业进入的水平上。对潜在企业而言，当面对这一价格时会认为进入这一市场只能引起价格下降而失去利润空间，所以投资于该领域没有实际意义。企业采取限制性定价策略的直接目的是阻止新企业的进入，实质上是一种牺牲部分短期利益以追求长期利润最大化的行为。因此，限制性定价策略与掠夺性定价策略一样，都不是企业长期定价的策略行为。不同的是，采取限制性定价策略的企业在短期内仍然有一定的利润，而采取掠夺性定价策略的企业要在短期内承担一定程度的亏损。限制性定价策略所定价格的高低要受到市场进入壁垒的程度和规模经济的影响。一般来讲，市场进入壁垒的程度越高，限制性定价策略所确定的价格就会越高，因为市场进入壁垒已经在很大程度上阻止了新企业的进入，这时就没有必要用很低的价格来强化进入壁垒。反之，如果市场进入壁垒的程度很低，要阻止新企业的进入必须按平均的甚至更低的利润水平定价。当规模经济成为主要的市场进入壁垒时，企业在制定价格时一要考虑让没有达到一定规模的企业无利可图，被迫退出市场，二要适当增加产出，尽可能减少新企业能够得到的市场份额，使新企业因市场份额不足而无法进行规模经营，导致成本上升，最终退出市场。

除了上述价格策略以外，体育组织或企业还会实施价格歧视策略，以达到提高市场占有率、获取更高利润的目的。

价格歧视也称为差别价格，是指企业针对不同的消费者制定不同的价格。价格歧视可分为一级价格歧视、二级价格歧视、三级价格歧视三种类型。一级价格歧视也称为完全价格歧视，是指企业对其所销售的每一单位产品都向消费者索要最高的可能价格。一级价格歧视对企业来讲应该是最为理想的情况，但只有在销售者与消费者进行单独的一对一销售谈判中才能实施，对体育组织或者体育企业来讲是根本无法实现的。二级价格歧视就是企业按照消费者购买商品的数量来确定价格。这种情况比较普遍。体育组织和企业也可能实行二级价格歧视，如健身俱乐部实行的会员价格和非会员价格的区分，一些大型联赛实行的全赛季票价和单场票价的区分，都是典型的二级价格歧视。三级价格歧视是指企业把市场分成两个或多个不同的子市场，同一种商品在不同的子市场按不同的价格进行销售。三级价格歧视的条件一是市场分割，二是需求弹性不同。对体育市场而言，这也是一种常用的价格策略。

2. 广告行为

广告行为是企业普遍采用的非价格竞争行为：向消费者提供产品信息，引入产品功能，引导消费者购买。广告分为信息性广告和劝说性广告。信息性广告主要是为消费者提供产品的价格信息、产品的功能和特点、销售的地点和方式、售后服务等。劝说性广告主要是为了使消费者建立起产品差别性认识并形成对产品的良好感觉，从而影响潜在消费者的消费决策。劝说性广告在一些情况下有可能掩盖信息，迷惑消费者，把无差别产品当作差别产品。

企业的广告行为能够对市场结构产生普遍的影响。首先，企业的广告行为能够促进消费者对企业所提供产品差异性的认知。广告是企业向消费者传递产品差异性信息的最重要的手段和途径，企业可以通过广告中的有效诉求，让消费者切实认知其所提供产品的与众不同，以便把这些产品与其他企业提供的竞争性产品区分开来。其次，企业的广告行为可以增强进入壁垒。消费者的主观喜好和对自己所提供产品的忠诚度能够被企业大量的广告投入所影响，从而提高企业本身和其所提供产品品牌的知名度。当一家企业通过比较系统、持续的广告运作，使企业和特定产品成为一种在一定区域范围内文化、质量、消费档次的象征时，企业广告投入实际上就成为一笔巨大的无形资产，潜在的市场进入者要在这种情况下进入这个市场，从原有企业手中分得一部分市场份额，必须投入更多的广告费用以克服原有企业已经形成的商誉，这无疑使其在竞争中处于劣势地位。由此来看，企业的广告行为是产业内部不同企业之间市场份额差距扩大和市场结构发生变迁的重要原因。

在体育市场上，企业的广告行为既具有所有企业广告行为的一般特征，也具有自己的特殊性。除了竞技体育经营业以外，其他体育产业部门的广告行为符合企业广告行为的一般特征，只是这些体育产业部门的广告能够更多地利用名人效应和赛事效应。例如，体育服装鞋帽制造企业或者签约一些国际级别的受到人们普遍喜爱的体育巨星作为代言人，或者作为赞助商在一些重大的国际比赛赛场、世界著名的联赛赛场进行产品推广，从而极大地增加了产品品牌的知名度和产品销售量。

体育市场上比较复杂的是竞技体育经营业的广告行为。一是大型体育赛事既需要通过广告进行广泛的宣传，又是其他企业广告宣传的载体。这个特征是生产物质产品企业的经营活动根本无法具备的。大型体育赛事的组织者为了吸引更多的体育消费者观赏体育比赛，必须对赛事进行广泛宣传以取得最大化的利润。体育比赛一旦举行，马上会成为现场体育观众和电视观众关注的焦点，所以许多大型企业为了获得赛场广告权，宁可重金资助体育赛事。精彩、激烈的体育赛事对电视观众有着巨大的吸引力，这又是电视台插播广告的最好机会，所以为了电视转播权，电视台会不惜重金购买赛事的转播权。因此，竞技体育经营业的广告行为实际上是在与广告媒体的商业合作中实现的，不需要投入巨额的广告费用。体育赛事组织机构最重要的工作是提供最为精彩的赛事并对媒体企业进行销售推广。二是大型体育赛事往往会得到政府的高度重视和支持。大型体育赛事被许多国家或者城市当作宣传自己国家或城市的一个重要平台和名片，甚至会被当作拉动相关产业发展的重要动力，所以政府也会利用自己的宣传工具和手段为这些赛事进行广泛的宣传。这就大量节省了赛事组织机构的广告成本。三是大型赛事一旦被广大体育消费者所认可并形成在全社会有广泛影响力的品牌，每一个体育消费者事实上也就成为一个广告宣传者，这也就降低了大规模广告宣传的必要性。尽管如此，任何体育赛事也都需要体育赛事组织机构运用多种广告形式进行赛事推广，这还是要支付一定的费用的。

3. 兼并行为

企业兼并行为是指两个以上的企业在自愿基础上依据法律规定通过订立契约而结合成为一个新的企业的组织调整行为。由于企业兼并行为使市场集中度得到较大幅度的提高，市场进入壁垒的程度有所增加，所以兼并后的企业能够获得更为强大的市场支配力量并导致垄断的出现。所以，人们一般认为以企业兼并为主的企业组织调整行为是对市场关系影响最大的市场行为。

企业兼并行为有横向兼并、纵向兼并、混合兼并三种类型。

横向兼并也叫作水平兼并，实行兼并的企业属于一种产业、生产一类产品或处于一种加工工艺阶段。在体育产业内部横向兼并经常发生，如许多著名的体育用品生产企业都是在不断兼并生产同类产品的其他企业的基础上逐步成长起来的。

纵向兼并也叫作垂直兼并，实行兼并的企业之间存在前向或后向的联系，分别处于生产和流通的不同阶段。这种兼并方式在竞技体育经营业中比较普遍，一些体育用品或体育设施制造企业对职业俱乐部的兼并、一些著名的职业俱乐部对体育用品零售企业的兼并都属于这种类型。

混合兼并也叫作复合兼并，是指属于不同产业、生产工艺上没有联系、产品完全不同的企业之间的兼并。

现实的体育市场上的企业兼并行为在许多情况下是难以区分属于哪一种类型的，20世纪90年代以来体育市场上掀起的企业兼并浪潮，也说明了体育市场上的企业兼并行为同样具有高度的复杂化特征。

（二）体育市场的协调行为

体育市场的协调行为是指体育市场上的体育企业或组织为了某些共同的目的而采用互相调节的市场行为。在体育市场上，有两种最基本的市场关系：竞争和合作。在很多情况下，体育组织之间、体育企业之间因各自的利益而展开激烈的竞争，但为了避免由于过于激烈的竞争导致两败俱伤的局面，它们又不得不相互妥协以达到对各方都有利的目标。体育市场的协调行为并不是体育组织之间或企业之间通过艰苦的谈判达成协定或契约来实现的，一般采取的是共谋的形式。这主要是因为除了竞技体育经营业以外的其他产业领域在许多国家都要受到反垄断法规的约束。体育市场的协调行为主要有价格协调和非价格协调两种形式。

体育市场上的价格协调行为是指体育组织之间或体育企业之间就其所提供的产品的价格决定问题相互协商并采取共同行动。体育市场上的价格协调行为通常有卡特尔和价格领先制两种形式。在存在寡头垄断市场结构的体育市场上，任何体育组织或企业的收益不但取决于其自身的决策和行动，而且要受到其他体育组织或企业决策和行动的影响。卡特尔就是以限制竞争、控制市场、谋求最大化的利益为目的的体育组织或企业通过共谋或串谋的形式进行的一种价格协调行为。

体育市场上的非价格协调行为与卡特尔非常类似，同样是通过共谋或串谋的形式实现的，只不过共谋或串谋的内容不是产品的价格而是产品供给的时间、地点、规则等方面的问题。例如，国际奥委会与其他国际体育组织就通过共谋的形式来决定奥运会与各种国际体育专业赛事的比赛时间、间隔时间、比赛地点、比赛规则，以避免因赛事冲突造成赛事之间的直接替代，运动员在不同赛事参与上分流使得比赛质量下降，体育消费者在不同赛事观赏上分流使得收益下降等问题。

三、体育市场绩效

所谓体育市场绩效，是指基于特定体育市场结构，采取特定的市场行为促使体育产业在诸多方面获得市场经济效益，这些方面囊括技术进步与产品质量、成本与价格、品种与产量以及利润等。从本质来讲，体育市场绩效一定程度上体现了体育市场运作效率以及资源配置的好与坏。

产业组织理论在研究市场绩效时是基于社会的角度来考虑的，认为如果以效率为标准，从抽象的分析来判断，最有效率的经济就是完全竞争的经济。而使经济偏离完全竞争的经济状态的原因是垄断，会造成效率的损失。市场绩效本身包含着价值判断问题，因而具有高度的复杂性。经济学家通常采用的方法是，在假定企业的唯一目标是追求利润最大化的情况下讨论抽象的企业经济效率，主要是判断产业的效率在多大程度上接近完全竞争状态。一是利润率的高低。通常衡量市场绩效的指标是利润率。因为在完全竞争的市场上，资源配置最优，社会效率最高，企业只能获得正常利润，并且企业利润率趋向平均化。所以，企业利润率的高低和是否存在平均利润率就体现出产业组织的市场绩效。二是价格成本差。价格成本差实际上就是勒纳指数和贝恩指数。这两个指数分别从不同角度反映了市场集中的程度和垄断势力的强弱，从而能够体现这种市场结构对完全竞争的市场结构的偏离程度。三是托宾 Q 值。托宾 Q 值是指企业资产的市场价值与企业资产重置成本之比。如果 Q 值大于1，则表明股票和债券所测得的市场价值大于目前市价重置的资产成本，表明企业可以在市场上获得垄断利润。Q 值越大，企业获得的垄断利润越大，社会福利赤字越大，市场绩效越低。

因为市场结构和市场行为综合反映了市场绩效，所以仅仅停留在上述层面的评价是远远不够的。市场绩效评价只有充分考虑相互矛盾、相互影响的资源配置效率、技术进步、社会福利水平、社会公平等多个因素，密切结合市场的真实情况，综合评估资源配置效率、产业的规模结构效率、技术进步程度三个方面，才能对市场绩效进行有效评价。对体育市场绩效的评价同样必须基于这三个方面。

（一）体育市场的资源配置效率

经济学的基本原理告诉我们，资源配置效率的主要体现是社会总效用或者社会总剩余的最大化，也就是社会福利的最大化。在对资源配置效率进行评价时，经济学家一般用消费者剩余、生产者剩余和社会总剩余来衡量资源配置效率的状况。消费者剩余是指消费者按照一定价格从所购买的某一商品中获得的效用减去为此所支付的价格之后的净得利益；生产者剩余是指企业的销售收入与生产费用的差额；社会总剩余是消费者剩余和生产者剩余之和。经济学家认为，如果市场机制运转良好，市场竞争充分，资源配置的效率就比较高；反之，如果市场竞争不够充分，市场垄断程度比较高，资源配置的效率就比较低。经济学分析表明，与完全竞争的市场相比较，垄断企业通常以较高的价格和较低的产量供给产品，从而攫取了相当部分的消费者剩余，导致了社会福利水平的下降。此外，垄断企业为了谋取和维持其垄断地位还会采取诸如大量的广告、提高进入壁垒的程度、特殊的产品差异化策略等措施，并为此支付巨额的费用，这种不是产品生产和销售所必需的开支，客观上会加重消费者的负担，同样是社会资源的浪费。

在体育产业发展的过程中，体育组织和体育企业作为市场经济条件下的一种特殊的企业类型，与其他企业一样是硬的预算约束下的市场主体，把追求利润最大化作为企业经营的基本目标，所以衡量体育市场的资源配置效率，必须以社会福利的最大化作为最根本的尺度，也就是要考察体育资源的配置是否能够最大限度地实现有限的体育资源的最佳配置，是否能够使生产者实现利润最大化，是否能够使消费者实现剩余最大化或者最大限度的效用满足。考察体育市场的资源配置效率，要从四方面入手。一是要考察产业的利润率。体育市场的竞争越是充分，体育资源在企业间自由流动越容易，企业平均利润率越低，平均化程度越高，体育消费者能够获得的福利也就越是趋于最大化。事实上，考查体育产业的利润率，在一定水平上能够明确地推断体育市场对完全竞争市场的远离程度，进而就会知道体育消费者所获的利益与最大化利益之间的差异。二是要考察进入壁垒的程度和市场集中度，进而推断市场竞争是不是充分。三是要考察政府对市场的干预程度，进而推断市场机制是不是被扭曲，是不是存在市场失灵的状况。四是要考察消费者对体育产品的需求情况，进而推断体育产业给消费者带来的效用或利益有多大。

（二）体育产业的规模结构效率

产业的规模结构效率也叫作产业组织的技术效率。因为规模经济的存在，体育资源的利用效率被各种体育资源在体育产业内部的分配状况所影响。体育产业的规模结构效率是指体育资源的利用状况，是从体育产业内部规模经济的实现程度的角度来考虑的，主要包括三个方面。一是实现经济规模的程度。在现实经济生活中，没有一个产业的所有企业都完全符合规模经济的要求。同时，在部分产业中存在超经济规模的过度集中，有一些大企业经营成本明显高于规模较小的企业。体育产业中的许多经营领域同样存在未达到经济规模的产品生产和供给者，特别是体育休闲健身产业这种情况十分普遍，虽然许多企业规模很小，但是运营成本很高，这就影响了体育资源配置的效率。二是经济的合理垂直结合及实现程度。体育产业发展过程中，各个具体产业门类之间存在一定程度的连续流程性质的先后向关联，这些产业部门之间必须有一个合适的比例，包括体育产业规模结构效率或内部结构的合理化。一般来说，用垂直产出占生产的各个阶段产出的比例来表示经济规模的垂直程度。三是企业规模能力的运用。主要有两种情况：一些企业市场集中度低，缺乏规模经济，并有各种程度的设施搁置和利润率低；一些企业已达到规模经济水平，但设施仍然没有得到充分利用。

（三）技术进步的程度

广义层面的产业技术进步囊括摒除劳动投入、资本投入之外的全部有利于经济发展的因素；狭义上的产业技术进步则是指产业之中的创新、创造以及技术转移。在产业组织的生产行为和结构的诸多层面都能够体现出技术进步，产业的技术特性与产品具有紧密的联系，大容量、高效率的技术发展与必要的资本壁垒和经济规模相关，技术进步的类型、程度和条件都与企业的兼并和产业集群化发展存在密切的关系。技术进步程度主要反映经济效率的动态性，是衡量市场绩效的重要标准。

体育产业由于其所具有的高度竞争性和所提供服务的消费者直接感受的特征，从一开始就与技术进步和创新紧密关联在一起。竞技体育的训练水平、比赛成绩、场馆设施、运动装备无不充分体现着技术进步和创新，也正是不断的技术进步和创新活动，使竞技体育的观赏性大大提高，体育消费者获得极大的满足。体育休闲健身产业源于不断的技术进步和创新，使广大的参与性体育消费者获得了内容更为丰富、方式更为多样、效果更为明显的休闲健身消费。其他体育产业门类更是与技术进步和创新活动密切相关。从总体来看，体育产业的技术进步程度主要通过体育产业的增长和体育消费者所获的福利增长体现出来。

第三节　体育产业政策的理论基础

一、产业政策及产业政策体系

（一）产业政策的概念

1. 从宏观经济政策方面研究

产业政策是有关政府产业的所有政策的整合。例如，产业政策是与产业有关的所有国家的法律和政策；产业政策是有特定产业指向政策的总的概括，目的是为了实现某种经济和社会目标。

2. 基于供给管理政策方面的研究

产业政策作为一种政策举措，旨在促使供给结构能最大限度地同需求结构的要求相符合。比如，产业政策可以理解为在社会供给层面，国家推动或调节经济增长的方法和措施的总称。

3. 基于市场和政府二者间的关系层面研究

产业政策即为对市场漏洞的填补，换句话说，在市场调整出现不利因素的情况下，政府采取诸多弥补的政策方式，如产业政策可以理解为政府采取的旨在对不同产业内部营利性企业的特定经营活动或者产业间的资源分配进行调整或优化的政策。

4. 从国际竞争力政策方面研究

就是政府选择发展或控制某些产业及其有关活动的政策的总的概括，目的是为了提高本国产业的国际竞争力。产业政策作为一个政策体系，是经济政策三角形的第三条边，它是对货币政策和财政政策的填充。

5. 从产业赶超政策方面研究

从这方面来看，产业政策就是工业后发国选择的政策的总的概括，目的是为了超越工业先进国。

6. 从规划的方面研究

有一种说法是，产业政策是一个计划，是政府改变未来产业结构目标的行动。工业政策是一种更先进的国家干预或干预经济的形式。这是一个以全国统筹发展为基础，更加完整细致的政策体系，而不仅仅是某一个或两个行业的地方政策。

结合上述因素和各种概念，可以认为产业政策是根据政府的需要、国民经济发展的现状和发展以及在一定时期内国内行业的发展趋势，通过对资源的有效配置和产业结构的优化调整，增加行业的供给强度。一系列的战略政策是为了鼓励生产力的进步和工业的增长，修复市场壁垒，提升国内产业的竞争力，保证动态比较优势。

（二）产业政策的基本体系

产业政策是一个内容涉及产业各个方面的体系，长期以来引起了世界各国的重视，但大多数国家尚未能形成完整的产业政策体系。产业政策是从产业经济的角度考察国民经济发展的政策体系。产业政策体系的完整性，按照其内容来讲，起码囊括了三方面：产业发展政策（构成要素主要包括产业全球化政策、产业投融资政策）、产业经营政策（构成要素主要包括产业组织政策、产业技术政策）以及产业关系政策（构成要素主要包括产业布局政策、产业结构政策）。

1. 产业关系政策

产业关系政策是调节同一区域和区域产业关系关联的政策。关系政策主要包含产业结构政策和产业布局政策。产业结构政策通常是指政府的政策，包括产业结构的发展，在不同时期各行业的变化趋势，通过判断行业的比例、相互关系和产业发展序列，以实现产业结构的优化升级，从而促进国民经济的增长。产业发展规律的优先性是产业结构政策的主题。无论是发展工业还是发展二次产业，经济增长和结构转型都有特殊期限。因此，每一个政策时期都会有不同的选择。产业布局政策通常是由政府的产业区位原则和国民经济条件以及不同时期的区域经济发展状况所决定的。它是在产业空间布局和区域经济协调发展的基础上设计和实施的，旨在实现区域产业协调发展的目标。区域发展中心的选择和产业融合发展政策的制定是产业布局政策的内容。产业布局政策包括两个方面：国家产业结构和区域产业结构。

2. 产业经营政策

各行业的有效运作是劳资关系协调和升级的坚实基础。产业经营政策主要包含产业组织政策和产业技术政策。产业组织政策一般是指政府按照不同时期的特殊对象制定和采用市场结构，协调市场活动的政策。其目的是优化行业内部资源配置，管理行业内企业之间的关系。其本质是调解竞争与规模经济的冲突，维护市场规范，监督有效竞争。政府是产业组织政策的实施主体，协调行业内部关系结构和企业之间的关系，重点包括垄断的遏制，不正当竞争和不正当交易的防范，企业的并购政策和中小企业发展政策的制定。产业技术政策通常是指根据经济发展状况和不同时期的预测，指导、选择、鼓励和掌握工业技术发展的政府规则的一般性概述。它的直接政策目标是工业技术，它是确保工业技术有效发展的主要途径。

3. 产业发展政策

产业发展政策是对产业发展的一系列具体政策的概括总结，是实现产业全球化和产业现代化的目的。产业投融资政策是产业发展的根本。产业全球化是指全球范围内产业的升级行为，以及世界范围内产业结构的演进和升级。经济全球化是产业全球化的主题。为了在全球化浪潮中获得更多的利益，有必要在全球化的背景下实时调整各种产业政策，使我国的产业发展符合世界的需要和时代的需要。产业全球化政策是对经济全球化背景下实现产业结构优化升级和实现产业国际竞争力的国家政策的概括。

二、体育产业政策的定义与影响

（一）体育产业政策的定义

所谓体育产业政策，是指为了实现社会经济的高速发展与国家发展目标，政府和体育主管部门进行有计划的干预和引导，通过一系列的政策工具，影响体育产业的形成和发展的经济政策。

（二）体育产业政策对体育产业发展的影响

1. 对合理地发展体育产业结构具有推动作用

在体育产业结构变化中，体育产业政策发挥着极其关键的作用。政府可以基于整个宏观经济的层面，基于体育产业不断变化的市场需求和市场供应制定体育产业的政策法规，从而实现体育产业不同部门间资源的合理分布，并通过经济形势调整体育产业不同部门间资源的合理分配和相关行政法律。

2. 可以弥补市场失灵和为体育产业分配资源

在不同国家，产业政策最常见的功用是对市场失灵予以抵消。市场机制不具有万能性，对于提供公共产品的企业和部门，在不完全竞争、垄断和对外经济方面，价格机制不能有效地划分各自的资源。这是市场机制的局限性。科学合理的体育产业政策和市场机制相结合可以最大限度地减少工业效益造成的市场失灵，促进体育产业的发展。

3. 实现体育产业的超常规发展，缩短领先时间

经济落后国家要在较短时期内发展体育产业，提高技术的竞争力，如果依靠自由市场调节，就需要长期的资本积累过程，短期内无法满足产业快速发展的要求。政府可以在市场机制基础上实施更多的"赶超策略"，促进体育产业的快速发展。

4. 强化国内体育产业的国际竞争力

体育产业全球化基于经济全球化，借助体育产业全球化政策，体育行政部门可以推动国内体育产业进一步取得国际竞争优势。

三、体育产业政策的内容

（一）体育产业组织政策

产业组织政策是指政府制定、以实现理想的市场效应、优化调整市场结构，规范市场行为、并调和企业之间关系的产业政策。政府之所以要制定并实施产业组织政策，主要原因如下：在市场经济条件下，市场力量本身无法避免自发的过度竞争，也不能阻止大公司根据其地位通过卡特尔和价格歧视等不公平的优势获得高额垄断利润，并由此引起经济活力丧失、资源配置效率低下等问题。在这种情况下，政府通过立法制定市场规则，规范企业市场行为，能够在一定程度上协调竞争与规模经济之间的冲突，调整企业之间的关系，维护正常的市场秩序，促进有效竞争和优化资源配置。

体育产业组织政策是产业组织政策在体育产业领域的具体运用，是由政府制定和批准、协调体育产业与规模经济的冲突、调整体育企业之间的关系、促进体育产业健康发展的一系列经济政策的总和。

从内容上看，体育产业政策主要包括反垄断政策和限制过度竞争政策。反垄断政策是政府干预产业政策的典型政策，也是产业组织政策的重点。通常，政府通过立法来解决竞争与规模经济之间的矛盾，制定有关反垄断和反不正当竞争的法律法规，通过协调企业之间的关系，有效遏制市场垄断。反垄断政策和反不正当竞争政策主要有两方面作用。一是预防垄断性市场结构的形成。通过制定扶持中小企业发展的政策和限制企业合并的政策，有效保护中小企业生存和发展，防止生产过度集中从而形成新的市场垄断势力，营造公平竞争、充满活力的市场环境。二是限制不公平的价格歧视。通过对商业欺诈、独家交易、搭配销售、商业贿赂、非法的价格歧视等不正当竞争方式的打击和处置，保护有效竞争。

在体育产业发展过程中，反垄断政策主要适用于体育产业发展到较高阶段的国家。在体育产业发展的初级阶段，体育公司的规模经济没有得到充分发展。组织体育产业的主要任务是限制过度竞争，通过制定一系列强有力的措施，如体育产业的市场进入标准、产品质量标准等，以维护体育产业发展的良好市场环境。

但是，由于现阶段体育产业仍是全国工业体系中的弱势产业，行业市场竞争有失秩序，体育产业组织政策不仅仅在于改变无序的市场竞争状况，更重要的是促进体育产业快速发展。所以，体育产业组织政策应优先支持体育产业发展，在发展前提下规范市场竞争秩序。

（二）体育产业结构政策

体育产业的发展一方面体现为体育产业对国民经济贡献率的提高，包括产值贡献、就业贡献等；另一方面体现了体育产业内部结构的不断优化。体育产业在国民经济中的贡献率实际上是一个总量问题，但总量问题总是与结构紧密联系，相互制约、相互促进。没有总量的增长，就谈不上结构的优化升级；没有结构的优化升级，也难以支撑整个体育产业的快速发展，自然就不可能对国民经济有一个较高的贡献率。体育产业结构政策的根本任务是通过一系列政策驱动，不断推动体育产业内部结构的合理化，为体育产业的发展提供有力保障。体育产业结构政策主要包括以下几个方面：

1. 选择领先的行业部门

体育产业中的主要工业部门是那些正在进行体育发展并且具有较强的产业关联效应，对体育产业内部其他产业部门的发展具有广泛的影响力，能够带动其他产业部门快速发展的产业部门。体育产业内部的主导产业部门选择通常应考虑四方面条件。一是这些产业部门在某地域要具有先发优势。例如，与其他城市相比较，该地域的这些产业部门的产品已经具有较大的市场覆盖率，或者产品质量较高、技术上存在一定的垄断、属于知名或著名品牌，或者该城市有这些产业部门发展的历史传统等。二是要具有这些产业部门发展的资源优势，包括生产特定产品原材料、特有技术。三是所选产业部门要具有高成长性。高成长性就是指该产业部门在更大的市场范围内还未得到充分发展，但是市场需求潜力巨大，并且具有很高的投资回报率。四是这些产业部门的产品具有较高的收入弹性和较高的直接消耗系数，对纵向联系部门有比较显著的带动效应。由于不同区域体育产业发展的程度不同，体育产业各部门的发展也是多样化的，不同地区体育产业发展的基础也不同。因此，不同地区主导产业的选择和地区体育产业的发展应该有所不同。

2. 分析并确定制约体育产业发展的瓶颈产业部门

产业发展过程中往往存在某些产业部门，它们给其前向关联产业部门提供的投入品数量远远大于这些产业部门的最大生产能力，导致这些产业部门的前向关联部门投入品数量严重不足、规模经济效益无法发挥、产业发展受到极其严格的供给约束的情况。这些制约前向关联产业部门发展的产业部门就是瓶颈产业部门。瓶颈产业部门通常是无法通过进口方式来弥补供给不足的，只有依靠有效的产业政策加以解决。在体育产业发展过程中，瓶颈产业部门可能是体育休闲健身业，如果休闲健身业发展发育不够充分，就不能培养成千上万成熟的体育消费者，就不能及时发现拥有良好运动天赋和巨大潜力的专业体育人才，从而会制约竞技体育经营业、体育用品制造业和体育场馆经营业的发展。体育产业发展的瓶颈产业部门也可能是体育科研部门和体育训练部门，体育科研的水平直接影响着竞技体育经营业的技术创新，而体育训练部门能否以科学的手段进行体育专业人才的培养和训练，则决定着能否快出人才、出高水平人才。体育经纪业和体育彩票业也有可能成为体育产业发展的瓶颈产业部门，这是因为体育经纪业对盘活体育专业人才资源、形成完善的体育专业人员的市场具有非常重要的作用。体育彩票业具有明显的资金筹措功能，在加大体育产业各部门的投资规模、扶持支柱产业部门发展方面能够起到关键作用。

3. 确定体育产业各部门优先发展的序列

从总体上来讲，体育产业的发展要以建立完善的体育市场机制为根本任务，促进体育产业各部门协调发展。所有的体育产业结构政策必须服从于这一根本任务，不能使产业结构政策破坏了市场机制，影响了体育产业的健康发展。但在加快体育产业发展的过程中，体育产业的结构性政策应以体育产业各部门的不平衡发展为基础，根据主导产业部门的辐射带动效应不突出、支柱产业部门对整个体育产业发展的支撑作用不强、瓶颈产业部门依然制约着体育产业发展的进程的实际情况，通过对主导产业部门、支柱产业部门、瓶颈产业部门、一般产业部门发展序列的安排以及相关结构政策的制定与实施，把资本的增量调整和存量调整有机结合起来，使体育产业的内部结构逐步合理化，实现体育资源的合理配置和产业的健康、快速发展。

4. 明确不同体育产业部门、不同时期、不同地区的体育产业结构政策导向

对主导产业部门应该采取积极的保护和扶持政策，加速产业的成长步伐，不断强化产业的波及效应和辐射作用。对瓶颈产业部门要优先发展，使其尽快适应其他产业部门发展的要求，能够有力地支持主导产业部门的发展，弱化其对其他产业部门发展的制约作用。对处于衰退期并且没有发展前途的某些产业部门要采取限制发展的政策，积极进行结构调

整和优化。对具有良好的发展前景，存在技术和资源上的比较优势，市场关联度高，盈利前景良好的产业部门和企业，要采用财政援助、税收优惠、金融支持、征地优先等方面的措施给予扶持。对于科技含量较高的体育器材制造和装备生产部门，应在技术创新的基础上，积极消化和吸收国外先进的生产技术，逐步缩小与国际著名品牌的差距，力争走向国际市场。对无法引进的但又是重点发展的体育产业部门所必需的投入品，应通过加大投入或科研攻关等方式加以克服。体育产业结构政策还要充分考虑地区结构。要按照统筹兼顾、因地制宜、分工合作、协同发展的原则，选择适合不同地区条件的地区体育产业内部结构，避免不同地区之间产业结构的过度趋同化。

第二章

体育人才及构成要素

第一节 体育人才的概念及特征

一、体育人才的定义

（一）定义的方法

所谓定义，指对于一种事物的本质特征或一个概念的内涵和外延的确切而简要的说明。定义是明确概念内涵的方法。概念的内涵是事物特有属性的反映。明确概念的内涵，就明确了事物的特有属性。概念用得是否明确都可以用定义来检查。

定义一般由被定义概念（指被揭示其内涵的那个概念）、定义概念（指用以揭示被定义项的内涵的概念）和定义联项（指用来联合被定义项和定义项的词）组成。在这里，还要弄清楚上位概念（属概念）和下位概念（种概念）。属概念是指具有从属关系的两个概念中外延较大的概念；种概念和属概念相对，是指具有从属关系的两个概念中外延较小的概念，在学生与大学生、工业与轻工业这两对概念中，学生、工业是属概念，大学生、轻工业是种概念。

（二）定义的逻辑原则

1. 定义项中不能直接或间接地包括被定义项

在一个定义中，我们常用定义项明确被定义项。由于被定义项是不明确的，我们才用定义项明确它。如果定义项中直接或间接地包括了本来不明确的被定义项，那么，定义项就是不明确的。用一个不明确的定义项去明确被定义项，其结果还是不能达到明确被定义项的目的。

2. 除非必要，定义项不能包括负概念

负概念是表示事物不具有某种属性，知道了事物不具有某种属性，并不能使我们知道事物具有某种属性。因此，如果定义项中包含了负概念，那么，定义项只能表示被定义项不具有某种属性，而不能表示被定义项具有某种属性。这样，定义项就没有能完全揭示事物的特有属性与揭示概念内涵的作用。

3. 定义项中不能包括含混的概念或词语

定义项中如果包括了含混的概念或语词，定义项就是不明确的。不明确的定义项就不能起到尽量明确被定义项的作用。因此，定义项中不能包括含混的概念或词语。

4. 定义项的外延与被定义项的外延必须是完全相同的

正确的真实定义的定义项，应当揭示被定义项所表示的事物的特有属性。被定义项所表示的事物都是定义项所表示的事物，而且定义项所表示的事物也都是被定义项所表示的事物。因此，在一个正确的真实定义中，定义项的外延与被定义项的外延，必须是完全相同的。

此外，在对概念进行界定时必须坚持中立性原则，即避免价值预设。界定者囿于政治、经济和文化的偏见，把自己的价值判断预设在"某一概念"界定中，从而丧失了概念界定时必要的中立性。如果固守各自的评标准，并且认定只有自己认可的某一概念的定义才是这一事物，那么这种概念界定的科学性就大可质疑了。

通过从逻辑学的视野对概念、定义的理解，对体育人才的概念可作如下界定：体育人才，指具有一定体育学识水平和技能，并能在体育领域里做出创造性贡献的人。在定义中，"体育人才"是种概念。"人"是体育人才的属概念，"具有一定体育学识水平和技能，并能在体育领域里做出创造性贡献的"是种差。在反映属概念与种概念的关系上，"人"的外延大于"具有一定体育学识水平和技能，并能在体育领域里做出创造性贡献的人"的外延。在其内涵上，体育人才这一种概念所指除了具有人这一属概念内涵的基本属性外，还具有"具有一定体育学识水平和技能，并能在体育领域里做出创造性贡献"这一内涵属性，种概念内涵多于属概念内涵。在定义概念时，当一个被定义概念既有了它的归属，又有了它的种差，就满足了揭示其特有属性的要求。顺便指出，定义中因种差的不同，可以区分出性质定义、发生定义、功用定义。显而易见，体育人才定义属于性质定义。

二、体育人才的本质特征

（一）体育人才的先进性

因为人才是人群中的先进分子，是杰出人物。高层次的体育人才是体育人群中的精华。因此，体育人才，特别是高级体育人才与一般从事体育工作的人相比具有明显的先进性。

体育人才的先进性除了表现在思想作风的先进性外，重要的是体育知识的先进性、运动技能的先进性。即体育人才应具备较丰富的体育专业理论知识或先进的运动技术和优异的运动成绩，用自己的聪明才智为社会体育事业服务。

体育人才的先进程度，来源于体育专业知识的积累和运动实践的锤炼。因此，在一般情况下，体育人才的专业知识越丰富，运动技术水平越高，运动成绩越突出，体育人才的层次也越高。事实上，没有体育科学知识或一定的运动技术水平的人是不能成为体育人才的。

（二）体育人才的竞争性

竞争是体育人才固有的本质属性。优胜劣汰是体育竞赛的规律，也是推动体育事业发展的一个重要力量。竞争是体育的灵魂，体育的生命就表现在激烈的对抗性竞争中。每一场体育比赛，都是胜利的争夺战。体育比赛固有的特点决定了体育人才的竞争性是其他人才或非人才所不能比拟的。没有竞争精神的人，很难成为体育人才。体育人才在竞争中产生，竞争又培养了体育人才。在这里必须指出的是，竞争性只是人才本质特征之一。因此，不是有竞争精神的人都能成为体育人才，但体育人才必须具有竞争精神。体育人才在体育工作中和运动训练中所表现出的勤奋学习、努力工作、刻苦锻炼、顽强拼搏和勇于献身的精神，都是人才竞争性的具体体现。

（三）体育人才的创造性

发现、发明、创新是人才创造能力的具体体现，也是人才所固有的本质特征之一。体育人才在继承先人知识的基础上，发展新的理论和新的技术是人才创造性的表现。几千年来，体育从萌芽状态发展到今天的竞技体育，从人类为了生存而产生的体育活动，到运动技艺的不断完善，运动水平的不断提高，无不是人才发现、发明和创造的结果。当代体育的激烈竞争更能使体育人才具有高度的创造性。创造能力的大小是体育人才知识水平和能力所决定的。知识水平越高、能力越强的人，创造才能发挥得越好，工作效率也越高，对社会贡献也越大。

（四）体育人才的社会性

在社会生活中的每一个人，都具有一定的社会性，体育人才也不例外。虽然体育运动本身没有国界，但体育人才都各自有自己的祖国，体育为本国国民服务，是体育人才最显明的社会性。体育人才在发展体育事业的工作中和体育竞技运动中，所表现出的对祖国、对人民的热爱和为国争光努力拼搏的精神都是体育人才社会性的具体体现。

第二节　体育人才的分类与结构

一、体育人才的分类

从古到今，国内外有不少人才方面的学者和专家都曾从不同角度和不同标准对人才进行分类。面向未来，我们需要建立崭新的体育人才分类观。其目的是为了更好地认识、选择、培养、使用和管理人才。对体育人才的分类与结构的研究，可以深化我们对体育人才的认识，调整人才结构，提高人才培养速度，发挥人才效益。

体育人才的分类方法是多种多样的，按分类标准不同可划分出不同类型的人才。如按人才的工作领域来分，可将体育人才分为体育竞技人才、体育教育人才、体育科技人才、体育管理人才、体育产业人才、体育媒体人才等六大类型；按人才能级划分，可将体育人才分为高级体育人才、中级体育人才、初级体育人才三大层次；按运动项目划分，可将体育人才分为田径运动人才、体操运动人才、球类运动人才等；按运动项群划分，可将体育人才分为体能类、技能类和抽象思维类人才。

在此，把按人才的工作领域作为划分体育人才的重点来讲（表2-1）。因为，体育人才涉及的领域很广，这样的划分方法有利于对体育人才的划分，加深对体育事业的理解，促进对体育工作的合理规划。

表2-1　按工作领域划分体育人才

标准	类别
工作领域	体育竞技人才
	体育教育人才
	体育科技人才
	体育管理人才
	体育产业人才
	体育媒体人才

（一）体育竞技人才

体育竞技人才，指在体育竞技领域内，专门从事运动训练和参加体育竞技比赛的人才。体育竞技人才主要来源于各级专业运动队，专业和业余体育高校和大中高校业余训练队的学生以及裁判员。他们是发展体育事业的一支重要的人才队伍。

体育竞技人才的构成：裁判员、学生（业余学生、职业学生）、教师（临场指挥）。其中，裁判员在体育竞赛中根据体育运动的竞赛规则，保护学生的身体和心理健康，保证竞赛的公平，鼓励学生、运动队发挥水平，促进运动技术、战术水平的提高，对学生的道德品质、思想作风起着一定的教育作用。随着运动竞技水平的提高，规则更新加快，要求裁判员必须不断掌握新规则和运动项目的发展规律，树立终身学习体育的观念，以适应现代体育发展的需要。学生是我国社会主义建设事业中一个特殊的群体，在竞技体育中处于十分重要的地位，他们在赛场上奋力拼搏，以自身的机能、身体素质和运动技术创造优异的运动成绩，争取比赛的胜利，达到为国家、为集体争取荣誉的目的，并以竞技水平的提高推动体育事业的发展。教师是运动竞赛，尤其是集体项目竞赛的指挥策划者，决定着训练水平能否在激烈的竞争中真实体现，甚至超常发挥。教师是发展竞技体育运动的主导力量，他们依据理论与实践相结合的原则，不断地探索、研究提高运动技术和运动成绩的方法途径，改善和挖掘学生的生理机能，提高学生的竞技能力。

（二）体育教育人才

体育教育人才，指那些在体育教育领域内直接或间接从事育人工作的人才。体育教育人才的主要来源是体育教师和体育专业高校的体育技术课教师、体育理论课教师及从事体育宣传、体育出版工作的体育工作者和社会体育指导员。

体育教育人才的构成：高校体育师资（体育教师）、竞技体育教师（训练过程中）、社会体育指导员。其中，体育教师是体育教育的骨干人才。在体育教学活动中，体育教师首先是体育文化的传授者，是学生学习体育知识、掌握运动技术和技能的鼓励者、指导者和评价者。在这个过程中，体育教师不仅要把人类优秀的体育文化成果传授给学生，更应该培养学生树立起关心自己的身体健康、增强体质是一种社会责任的观念，并指导学生学会科学健身的方法。体育教师对学生行为习惯的养成有着十分重要的影响。因为体育教师不仅授课班级多，而且教学对象来自不同年级、不同学科，尤为突出的是高校的早操、课间操、课余体育活动以及全校大型活动的策划、组织和具体实施都是由体育教师承担。所以，体育教师的行为模式对学生的影响面广，体育教师的形象、精神面貌、言谈举止、治学态度等往往会成为学生学习的榜样。体育教师是学生学习体育知识、掌握运动技术和技能，从小形成健康体育生活方式的领路人，教师应该成为学生所敬慕的体育专家，并具备多学科的知识修养。体育学科的性质要求体育教师不仅仅会做技术动作的示范，还要会运用多学科的知识阐明技术动作的科学原理、健身价值及其在人类文化发展中的作用。现代体育科学发展日新月异，体育运动的社会功能在不断扩大，社会成员的体育健身意识进一步增强，参与体育活动的人口在增多，这就要求体育教师要不断更新自己的知识结构，并结合体育教学研究提高自己的职业水平。

总之，体育教育人才是发展体育事业的基础力量，是培养人才的人才，因此必须给予足够的重视，使其得到相应的发展。

（三）体育科技人才

体育科技人才，指能揭示体育活动发展的客观规律，有一定的知识和技能，在体育工作领域内从事体育科学研究工作和从事体育科学技术工作的人才。体育科技人才主要来源于各级体育科学研究所的体育研究人员、体育情报人员，从事体育器材设计和制造工作的工程技术人员，运动队的保健医生和营养师等。

体育科技人才的构成：运动科学研究人才（运动医学、运动生理、运动生化）、体育人文研究人才（体育哲学、体育管理、体育新闻）、体育关联技术人才（体育建筑、体育雕塑、体育文艺）。

体育科技人才根据体育事业发展的需要，探索研究和解决体育领域内科学性和技术性较强的各方面问题。如研究人体发生发展的规律，提高运动技术水平的方法；研究增强人民体质、提高健康水平的途径；研究制造现代化的体育器材和仪器，协助教师解决运动训练中的各种实际问题等。体育科技人才是发展体育事业的前沿力量，是建设体育强国不可忽视而且必须得到迅速发展的人才队伍。

（四）体育管理人才

体育管理人才，指在各级体育组织中从事行政工作、在各种体育团体内从事体育领导工作和体育管理工作的人才。体育管理人才的主要来源是各级体育行政机关、体育专业高校、体育科研部门、各级运动队伍及体育教学组织的领导和体育行政管理工作者。

体育管理人才的构成：体育党务管理人才、体育行政管理人才（体育部门业务领导）、体育事业管理人才（办事机构领导、运动队领队）。作为体育管理人才，除了要有一般领导人所必备的组织领导能力外，还应熟悉相应领导区域的体育专业知识，了解、掌握体育的教学、训练、竞赛及发展的一般规律。体育管理人才负责制定和掌管体育方针政策，并依据国家或上级的体育方针政策，对体育工作中的重要问题实行决策、领导和组织，以及协调体育领域内各系统、各单位的工作，使其灵活运转。

（五）体育产业人才

体育产业人才，指从事体育服务行业的人才，也就是专门负责与体育运动有关的一切生产经营活动领域的人才。体育产业结构的分类随着体育产业的发展逐步向精细化和专业化方向发展，因此体育产业人才的需求也向精细化和专业化方向发展。体育产业人才的主要来源是健身娱乐业、竞赛表演业、咨询培训业、体育旅游业、体育经纪业和体育博彩业方面的各级人员。

体育产业人才的构成：竞赛组织策划人才、体育用品业人才、健身服务业人才、体育营销业人才、体育经纪人。其中，体育用品业人才除了指人们熟悉的从事体育服装业和饮料业方面的人才外，还包括为各种体育场馆设施进行规划、设计、施工、维修的体育建筑业，以及为各种体育活动提供运动、健身、娱乐器材设备的生产和流通等体育设施生产企业方面的人才。体育服务业人才是指通过体育表演或运动竞赛向社会提供观赏、娱乐方面的人才。体育经纪人是以获得佣金为目的，与体育相关人员或组织签订委托合同，充当委托人与第三人之间的有关职业运动、体育竞赛等事宜的签订媒介，或为委托人提供通过体育获益机会的自然人、法人或其他经纪组织。从组织形态上看，体育经纪人有如下几种：经纪公司、经纪事务所、个体经纪人，可为学生个人、体育组织或体育比赛从事经济活动，可采用体育推销、体育代理、法律咨询等方式开展经济活动。

（六）体育媒体人才

体育媒体人才，指在体育新闻媒体领域内，从事体育新闻报道和体育新闻工作的专门人才。体育媒体人才主要来源于体育平面媒体、体育电视媒体、体育网络媒体。

体育媒体人才的构成：体育平面媒体人才（包括体育报刊记者、体育专栏写手）、体育电视媒体人才（包括主持人、采访人、评论员）、体育网络媒体人才（包括网络管理人才、网络撰稿人才）。

21世纪新闻事业将更加发达，人们的信息将更加灵通，体育新闻媒体的竞争也将变得日益激烈。为适应时代的节奏和未来体育新闻媒体事业的发展，体育新闻记者首先必须学会用更快的速度来完成采编任务，用最快时效来赢得受众，因为尽管体育新闻记者可借助网络争取多一点时间，但可供其思考的时间大大缩短。其次，体育新闻记者必须学会用更加简单明了的词句来报道事实，使读者一目了然。理想的体育媒体人才应具有广博的基础文化知识和相当高的新闻水平，并受过短训。21世纪的体育新闻记者还应该是一位专家，是一位名副其实的传播专业人员，必须具有高度的分析能力，善于分析从经济、政治和其他各界人士那里得来的各种消息。

二、体育人才的结构

世界上凡事凡物都具有一定的结构。结构是普遍地、有层次地存在于事物之中的。结构就是构成事物的各种要素的合理结合，以及各种要素在时间上和空间上的相互关系。人才结构大致可以分为两个层次：人才个体结构、人才群体结构。人才个体结构是指单个人才的结构，是从微观来说的；群体结构是指人才的队伍结构，是从宏观来说的。人才结构，比任何事物的结构都更高级、更复杂。

认真研究分析人才结构，可以深入地、系统地理解人才的本质，掌握人才的性质，创造条件形成合理的结构。人才结构是不以人们的意志为转移的客观事物，有其固有的客观规律。人们只能按照人才结构的客观规律办事，而绝不能依自己的主观臆想来行动。人们在长期实践中，对人才结构的客观规律是可以逐步认识和把握的，并利用这种认识来指导自己的行动，形成合理的、最优化的人才结构。

那么，对于体育人才结构的研究，我们既要重视从微观上研究体育人才个体结构的规律，更要重视从宏观上探讨体育人才群体结构的规律。群体结构由各个"个体"的专业、知识、智能、职类、年龄、思想素质等因素构成，形成群体结构的主要因素：专业结构、知识结构、智力结构、职类结构、思想素质结构、年龄结构等。

（一）体育人才类型的总体结构

体育竞技人才和体育教育人才是体育人才队伍的核心，其他各类体育人才（如体育管理人才、体育科技人才、体育媒体人才、体育产业人才）的存在都是以这两类人才的存在为前提的。并且这两类人才的存在状况直接决定其他各类人才的存在状况。

竞技体育的发展必须依赖于体育科技人才的发展，实现"四个现代化"，科学技术是关键；而发展科学技术，科技人才又是关键。我们要调动体育科技人才的积极性，发挥他们的作用，从而为体育事业做出最大贡献。

体育教育人才肩负着科学研究和培养人才的双重任务，所以这类人才主要与体育科技人才和体育管理人才联系比较紧密。其中社会体育指导员要具备一定的政策理论知识、社会体育理论知识、组织管理知识与能力、锻炼指导知识与能力以及基本科学研究知识。

我们知道，目前竞技体育引入市场，要靠市场机制来运行。那么就带动了相关的体育产业，就需要体育产业人才，如体育经纪人等。同时，体育竞技人才也备受媒体的关注，一场比赛不是任何人都能解说的，它需要具有一定相关体育知识的电视媒体解说员等。体育媒体人才和体育产业人才是新兴的体育人才，正是他们的加入才使体育事业更加丰富、更趋多元化。

当管理已经从管理艺术发展成为一门科学，成为社会发展的重要支柱。运行体育事业需要有一定能力的体育管理人才，并通过科学的管理才能使体育事业蓬勃发展。

（二）体育人才的知识结构

第一，精深扎实的专业知识。专业知识是指体育教师承担体育课程必备的有关专门知识，包含体育科学基础理论、体育原理与方法、体育专业技术与理论（体育专项动作技术及其原理）、体育专业教育技术与理论（体育保健知识、运动技术教学训练方法学、体育竞赛方法学、体育健身方法学等知识）以及中学体育课程的全部内容。

第二，丰富的教育科学知识。教学是一门艺术，更是一门科学。作为一名体育教师，具备精深扎实的专业知识只是做好体育教学的一个最基本的必要条件，除此之外，还应该具有丰富的教育科学知识。因为，教师的职业性质在于将人类所创造的优秀文化遗产和成就传递给未来社会的建设者，使他们在继承的基础上创造出更辉煌的成就。所以，体育教师只有通晓学生的身心发展规律，熟知教学规律，掌握体育教学的基本方法和技能，才会唤起学生主体的积极主动性，使教学质量获得提高。

第三，广博的文化科学基础知识。当今社会的信息化使得学生获得体育知识的途径十分宽广，信息量激增，许多体育知识还没有在课堂上讲授，学生已经从其他传媒中有所了解，像人机对弈、服用兴奋剂等热点问题都可能在高校和课堂上反映出来，使体育教师面临的专业问题增多了。加之当前各学科间的相互渗透与综合的发展趋势，更要求体育教师不仅要及时了解本专业的最新发展动态，而且必须不断地扩大自己的知识领域，广泛地涉猎邻近学科的知识，以适应教育发展的要求。博学是当代教师建立威信、改善师生关系的重要条件之一，也是教师开拓学生的科学视野、激发学生的求知欲、鼓励学生创造性思维的基本条件。

（三）体育科技/媒体/产业人才的知识结构

1. 体育科技人才的专业知识

要把一个行业、一个企业、一个单位的科技队伍组织好，必须研究科技人员群体的知识结构。一个科技人员如果没有一门专业知识，不能解决某个领域的科技问题，那他就失去了一个科技人员的特色，也就不能被称为科技工作者。因此，体育科技人员应首先把主要力量用于掌握本学科的知识方面，在这方面打下坚实的基础。同时，还要不断地跟踪国际科技发展的新形势、新情况、新苗头，不断地掌握新情况、新资料、新知识，用国际上的新知识来不断充实自己，并使自己的专业知识始终处于科学技术的前沿地位，从而取得国际水平的科技成果。

2. 体育媒体人才的专业知识

不少体育媒体人才都有一定的专业修养，但是，体育媒体人才所学的专业知识与专家所学的专业知识有着很大的差别。专家学习的目的是为了对某些问题作进一步研究，他们的专业知识基础一般都比较扎实，比较雄厚。体育媒体人才学习专业知识的目的是能够听懂专家们的谈话，能够用浅显的语言把深奥的道理表述出来，是为采访报道服务的，因而没有必要也不可能在专业知识方面都达到"专家"的水平。同真正的"专家"相比，体育媒体人才在知识的深度方面是有很大差距的。

3．体育产业人才的专业知识

由于体育产业工作的特殊性，对体育产业人才知识结构和知识水平的要求也较高。一个优秀的体育产业人才必须具备广博的知识和实施多种职能的相关知识，如体育专业知识、网络知识、市场学、管理学方面的知识。若用于宣传、推销产品还需要掌握广告学、营销学、消费心理学、传播学知识。在日常事务中，还应掌握社会交往、人际沟通等相关知识。

（四）体育管理人才的知识结构

在今天这个时代，要领导好一个机构、一个部门、一个团体，没有管理知识是很难完成好这方面的领导任务的。根据新时期管理人才工作的任务和特点，对人才管理干部的知识结构的要求，既要有一定的专，又要有一定的博，随着现代科学向高度分化和高度综合的趋势发展，对某一领域的探索常常需要多门学科的理论、方法和手段进行综合考察研究。

作为一个科学的体育管理人才，最核心的是要精通管理学；其次，要具备一定程度的体育学、心理学、社会学、决策学、人才学、行为学、伦理学、政治学等学科知识；最后，要对天文、地理、历史、文学、艺术、民俗、哲学等学科知识有所了解。对体育管理者来说，懂得管理知识，懂得如何形成机构内的人员的合理结构，如何团结人、培养人、发挥人的积极性等问题是十分重要的。

尽管不同类型的体育人才的知识结构千差万别，但是最佳知识结构必须是一个各种知识互相协调的具有一定层次结构的知识系统。应该在掌握本门学科方面多下功夫，并努力了解相关学科的知识，以成为"一专多能"的人才，这无疑是正确的。

第三节　体育人才的价值与作用

一、体育人才的价值

（一）体育人才价值的类型

根据不同的标准可对体育人才的价值类型做各种划分。如从体育人才价值主体的社会层次来划分，可将体育人才的价值分为社会价值、集体价值、个体价值；根据体育人才成长和发展的过程来划分，可将体育人才价值分为潜在价值、现实价值和未来价值；根据体育人才作用发挥的程度，可将体育人才价值分为高价值和低价值；根据体育人才的不同类型，可分为科研价值、教育价值、管理价值、经济价值等。不同的分类方法，为我们全面认识体育人才价值，从不同角度深入研究体育人才价值提供了理论支持。

体育人才价值在不同的状态下有不同的表现形式，如存在于人脑时和用于创造财富时是不一样的。它的表现形式有以下几种：

体育人才的特有价值：指人才在自身的基本素质处于相对稳定状态下所固有的客观价值。

体育人才的发挥价值：指人才自身的基本素质在外化过程中表现出来的价值。

体育人才的转化价值：指人才在价值输出后，实际转化为具体成果的那部分有益价值。

体育人才的社会价值：指人才被其所处的客观环境和社会所承认的那部分有效价值。

（二）体育人才的价值特征

体育人才价值的实现过程实际上是人力资本投资的回报过程，是体育人才作用得以发挥的过程。体育人才价值表现为潜显并存、真假相伴、因变而异、自我增值四大基本特征。

1. 潜显并存

体育人才价值潜显并存的特征，反映了体育人才价值的模糊性。体育人才的价值主要通过人才的能力体现出来，而人才能力的发挥要受到许多客观和主观条件的制约。这就决定了体育人才所具有的价值与所发挥出的价值常常是不同的，甚至是有很大的不同。人们常常以冰山现象做比喻，认为人才的价值所显示出的只是"冰山一角"，而更大的价值是潜在水中的部分。

从物理学的角度考虑，我们不难计算出冰山水上部分与水下部分的体积比为1:4，即是说，冰山显露出的部分只是整个冰山的20%。这样的一个比例也大体上从质的方面反映了人才显价值与潜价值的关系。这是一个令人颇为吃惊的结论。然而，我们稍加分析便可理解其中的奥妙。首先，从客观条件上看，体育人才的价值体现需要必要的条件，诸如生活条件、训练环境、人际关系、管理水平、器材水平、信息沟通等都成为制约体育人才价值的因素，这些因素发挥其正向作用，体育人才价值便可正常发挥，否则便成为扼制人才价值的阻力。在一般情况下，上述诸因素不会同时正向发挥作用，其作用的大小总是不在同一水平线上，因而，体育人才价值的体现总会受到制约，使一部分价值潜存着。其次，从主观条件上看，不仅人的情绪、思维水平（活性）、身体状况等受环境的影响而波动，更主要的是人的大脑对知识把握的模糊性，使许多知识处在"只可意会，不可言传"的潜状态。因此人的潜能犹如一座绚丽的殿堂，奥妙无穷，价值无穷，而我们每一个人都拥有这样一座殿堂，走进它，开发它，任何一个平凡的人都能成为伟大者，都能成就一番惊天动地的事业。体育人才价值的这种潜显并存的特征，一方面为体育人才开发提供了理论依据和可行性，另一方面也为体育人才评价设定了一个难题甚至是一个鸿沟。

2. 真假相伴

体育人才行为的真假相伴的特征，反映了体育人才价值的复杂性。体育人才价值真假相伴的表现首先是人们的一种天性，其次也是由训练环境、工作条件等造成的"假状态"。它的主要表现是"心口不一""言行不一"。人们常用"表里不一""人前人后两个样"等来形容人们的这种真假不一的状态。总之，人们这种"心"与"形"的不统一自古有之，人人有之。这种真假相伴的现象说到底是人们的一种自我防卫能力，这种表现有时是自觉的，有时是不自觉的；有时是主动的，有时是无奈的。

3. 因变而异

体育人才价值的因变而异，反映了体育人才价值的相对性。同样一个人，其价值体现可能因时而异、因境而异，这种因外在条件的变化而引起的人才价值变化的现象，我们称为体育人才价值的因变而异。

首先，体育人才价值可以因时而异。这里我们介绍一个人才"保质期"的概念，即人才的知识和能力在一定时期内达到峰值，其后便会自然衰减。众所周知，商品是有时间价值的产品，只有在其保质期内才能充分体现其自身的最大价值。同样，人才的价值也是有时间因素制约的，只有在其"保质期"内即最佳使用周期内，才能全面释放其实用效能和价值潜能，否则人才价值将因时而出现负效应。

其次，体育人才价值可以因境而异。这里所指的境是体育人才发挥作用、实现自身价值的环境（包括社会的、政策的、场地的、器材的等环境）。所以体育人才具有受动性（人的能动性在很大程度上要受到各种条件的限制）。体育人才的成长离不开一定的环境，体育人才作用的发挥需要环境支持。就内部环境而言，单位所具备的包容度、互补度，以及人际关系、工作氛围等每一变量的变化都有可能导致人才心理上的触动。

4. 自我增值

人才价值的自我增值的功能，反映了人才价值的能动性。人才价值的因变而异主要是外在条件的变化而引起的人才价值的变化，即时、境等时空因素对人才价值的影响，而人才价值的自我增值主要是从人才的内部因素的能动作用引起的人才价值变化，这种变化完全是自主的、非外因的。人才的这种增值主要是依靠以下自我操作而实现的。

第一，观察。这是一种视觉学习过程。在这个世界上有心人看到许许多多，无心人却熟视无睹。人才常常是有心人的典型代表，他有意、有思，因此他常常在观察中有所获益、增长了见识。

第二，聆听。这种聆听主要不是在课堂上听讲，而主要是在大千世界中去听取各方面的信息，这些信息有平淡无奇的，甚至是有害的，但绝不乏有用的乃至求之不得的。人才在经过一番筛选、分析、组合之后，就将其变成了自己的知识。

第三，体验。这是实践学习的过程。许多似是而非或一无所知的东西，通过实践的感悟产生灵感，通过体验的领悟悟出了真谛，通过思维的顿悟豁然开朗，产生一种获取知识后的别有洞天之感。

第四，总结。这是一个"回头看"的过程。在经历了若干事件和"过程"之后，许多当时来不及想或想不通的事情，许多停留在实践、操作和完成任务、履行职责层面上的工作，在这一切结束之后，具备了反思的基础，通过这种实践—认识—实践—再认识的多次反复，使实践升华为理论，使感情上升为理性，使知其然变为知其所以然。在这一过程中，人才自身就把自己推向了一个新的高度。

第五，借鉴。这是一个比较学习的过程。借鉴的对象可以是社会、可以是他人、可以是书本，甚至可以是自然界。人人都具有这样的能力，只是一般人没有很好地利用它，而人才却把它充分地发挥出来，在向周围借鉴学习的过程中迅速提高了自己。这是一个提高自己、增值自己的极好捷径。

第六，创造。创造是人才的特征之一。因为人才具备了创造的素质和条件，在一定的环境中便可催生新的知识。而新知识的创造、产生的过程，既是人才施展才华的过程，又是人才价值增值的过程，这是显而易见的。

体育人才价值的四大特征是人才的最基本的特征，此外人才还具有其他一系列的特征，例如，从投资角度看：其一，效益的间接性，即对人才的投资效益的间接性，这种间接性一方面表现为投资并没有直接用于生产过程，另一方面对人才的投资效益也并不完全以使用价值表现出来；其二，效益的滞后性，这种滞后性首先表现为投资的周期长，"十年树木，百年树人"使投资获益的时间大大滞后，其次投资"回收期"间隔之大也是物质生产投资所无法相比的；其三，人才投资的长效性，虽然投资效益滞后，但收益期却相当长，这种长效性是一般投资所无法比拟的；其四，人才投资的多效性，这种投资可以通过各种途径发挥作用，且这种作用的发挥不但使个人受益，也使企业受益，还使社会受益，这种受益既有经济的、也有非经济的。

（三）体育人才价值的创造、实现

1．体育人才价值的创造

体育人才的价值同其他体育事物的价值不同，它不是人才自身体现出来的，而是通过人才的创造物（对象化）体现出来的。因此，体育人才的价值不可能凭空产生，他所确定的价值目标只有通过体育实践才能实现，才能把观念的价值变成现实的价值。可以说，实践是体育人才价值创造的手段，离开了这个手段，体育人才的价值就不可能被创造出来。体育人才的价值，实际上是体育人才的创造物的价值。

任何体育人才价值的创造都是有一定的条件的。从客观条件来说，社会制度和其他客观条件必须能够保证体育人才有发挥其作用的机会和必要条件；从主观条件来说，体育人才必须具有适合当时体育事业需要的内在素质，具有满足当时社会需要的本领。只有同时具备了这两个条件，体育人才才能创造出价值，而体育人才的创造实践正是把这两个条件结合起来的桥梁。有了条件，而没有艰苦的劳动，这些条件同样不会发生作用，劳动是决定性的因素。

2．体育人才价值的实现

价值的实现，也就是社会的公认，一般有这样几种情况：一种是其成果被发表、公开、得到承认，如著作和文章的发表，意味得到了一定的公认；一种是获得了各种荣誉、奖励或称道；还有一种是成果被运用，这是最高层次的实现，如文章被引用或被实践所利用、科研成果被转化为技术和发明等。

体育人才价值的实现，是要具备一定条件的。缺乏这些条件，其价值往往不能实现。这些条件主要有：

第一，主体需要是体育人才价值实现的内部动力。需要是个体在生活中感到某种欠缺而力求获得满足的一种内心状态。它是机体自身或外部生活条件的要求在人脑中的反映。当社会需要和个人的内在要求相一致时，才被个人接受并转化为个人的需要；当人产生某种需要而又未能得到满足时，心理上就会产生某种不安或紧张状态，成为一种内在的动力即动机。动机是引起、维持和促进个体行动，创造价值的内在力量，有了动机就要选择或寻找满足需要的目标并从事满足需要的活动。某种需要一旦得到满足后，又将产生新的需要、新的动机和新的行为活动。

第二，机制畅通是体育人才价值实现的外部保障，这是外部条件。社会善于准确识别有价值的创造物，人才创造物的价值也就能顺利得到公认。科学权威对新思想、新观点是否准确识别，优秀学生能否被及时地选拔到国家队，编辑对有价值的论文是否善于识别，宣传部门对有价值的模范人物是否善于识别，以及社会的体制与政策能否保证创造物有机会和准确地被识别，这些都是影响价值实现的重要因素。

第三，社会承认是体育人才价值实现的临界点。人才价值是否能实现，社会承认是个转折点。社会承认之前，人才价值不被人们认识，因而，他们的才能不能充分发挥出来，有的还备遭磨难，甚而被社会埋没。

社会承认能产生优势积累效应。人才价值得到社会承认，优势积累的机会就来了。总之，社会承认是人才价值实现的转折点、关节点，这种转变是决定人才命运的革命性的变革。

二、体育人才的作用

（一）建设体育强国工作中的作用

体育事业的发展使人们越来越清楚地认识到，没有体育人才，想做好体育工作是很不容易的。一个国家没有出类拔萃的体育人才，想赶超世界体育先进水平也是不可能的。因为一个国家体育人才的多少、层次的高低决定着国家体育事业的发展情况，所以建设体育强国需要大批的体育人才。

体育事业的发展需要有掌管和贯彻国家体育方针政策的体育领导人才，振兴体育事业需要体育科技人才、体育教育人才、体育教练人才和体育竞技人才的共同努力。体育比赛的胜负是国家体育水平的窗口，它与国家体育的强弱、民族的兴衰和科技水平的高低是分不开的。自改革开放以来，我国体育人才大量涌现，并能发挥自身的价值和作用，在短短的几年内就连获三届亚运冠军，使我国成为亚洲第一体育强国。从我国成功地举办亚运会，到申办奥运会成功的事实，都可以看出体育人才在发展体育事业中的作用。有了人才，体育事业就兴旺发达，蒸蒸日上；有了人才，可以后来居上，体育弱国可以变成体育强国；有了人才，才能再培养人才，使人才大量涌现；有了人才，可以使体育工作省时、省力、省钱，加快体育事业的发展速度。没有人才，体育事业就会冷落萧条、衰退落后，缺少人才也会延缓体育事业发展的速度和建设体育强国的进程。

（二）在增强人民体质工作中发挥作用

发展体育事业的宗旨是改善民族的体质，提高人民的健康水平，所以大量的工作是体育的宣传教育、体育运动技术教育、身体锻炼方法教育等。通过提高人们对体育意义的认识，启发人们自觉锻炼身体的积极性，使人们学会基本的体育运动技术和增强体质的方法，促进身体健康水平的提高。随着体育事业的发展，群众体育活动得到了广泛的开展，高校体育工作得到了进一步的加强，业余训练正在向纵深发展，体育宣传教育深入人心，参加体育活动的人数和达到锻炼标准的人数在逐年增多，体育人才队伍也在不断壮大。这足以说明体育人才在改善民族体质、增强健康水平工作中所做出的巨大努力和发挥的重大作用。

（三）在精神文明建设工作中发挥作用

随着社会生产力的发展和劳动生产率的不断提高，人们的休息时间逐渐增多，观看体育竞技比赛已成为人们闲暇时间娱乐活动的一个重要组成部分。竞技比赛不但丰富了人们的社会生活，也陶冶了人们的情操，给人以美的享受。因为体育比赛的胜负往往象征着国家的强弱、民族的兴衰。可见，体育人才在振兴民族精神和精神文明建设方面所发挥出的巨大作用。

（四）在国家政治工作中发挥作用

体育人才虽不属于国家政治人才，但是，任何国家的体育人才都在政治工作中产生影响，在客观上起到了为本阶级利益服务的作用。学生在国际比赛中对促进各国人民之间的友谊和团结起到了很大的推动作用。

由此可见，一个国家、一个民族往往在自己的体育健儿身上吸取精神营养和政治力量，体育人才有时也起到了国家政治工作者达不到的作用。所以我们说体育人才是国家的宝贵财富，是建设体育强国之本，是体育事业兴旺发达之源。

第四节　体育人才的构成要素

一、体育人才的思想要素

思想要素是体育人才的一个重要构成要素，在这里我们讨论的是广义的思想要素，也就是我们通常所说的"德"，它主要包括个性心理品质、伦理道德和政治品德。人才与道德的关系如水乳交融。历史上也有不少缺乏道德、品质不高的片面之才或末流之才，但绝大多数人才个体都有着高尚的道德品质。道德对于人才来说，不仅仅是一种必要的素质、一种极富营养的促进剂，而且道德在人才成长进步尤其是受到挫折、遇到困难时，是一种任何东西都无法代替的内在驱动力。在体育成才过程中，道德品质起着支配和统御其他构成要素的作用，它是体育人才构成要素中最重要的组成部分。高尚的道德品质不仅能促进主体自身的才能发展，对其所从事的创造实践活动也会产生积极的影响。德支配才，决定着主体发展的方向和可能达到的层次。今天，由于奥运会影响的增大，金牌效应的影响，在体育界出现了许多违反伦理道德的现象，最突出的表现就是兴奋剂的滥用。因此，在今天的体育人才培养中我们必须注重思想的培养。

（一）思想要素的基本含义

德是人才的灵魂。德为道德，是调整人与人，以及人与社会之间关系的行为规范的总和。道德属于意识形态范畴，是一定的社会物质关系直接或间接的反映。在阶级社会中，它具有阶级性。道德品质则是人品、品德或品行的泛指，是社会道德规范在个体身上的表现，即个人依据一定的道德行为准则，在行动中表现出来的经常的、稳定的特征。一个人的道德品质，是在社会道德舆论的作用下，在家庭、单位等环境因素的影响下逐步形成的。它是主体对客观现实的反映。由于道德品质是一种个体现象，它的形成及作用的发挥，不仅要受制于客观环境，而且也要依赖于主体的心理发展规律与认识水平。因此，正确认识道德品质的客观内容，把握良好的道德品质标准，对于培养成才者高尚的道德修养，加快其成才的步伐，都具有重要的意义。

个体道德品质主要包括三个方面：一是个性心理品质；二是伦理道德；三是政治品德。除此之外，伦理学中还提出了生态道德或环境道德。即随着现代科学的发展，人与自然环境之间的道德关系也提出来了，称为"生态道德"或"环境道德"（如维持生态平衡，消除环境污染等）。它们也属于个体道德品质范畴，是两种具有特定意义的伦理道德。就主体成才过程而言，主要应该分析道德品质的前三个内容。

个性心理品质，指专注力、科学好奇心、认真、持之以恒、不怕失败等心理特征。这种心理品质，随着年龄的增长，则与学习、工作、研究等智力、体力活动结合起来，成为体育人才成功的重要素质之一。

伦理道德，指以高尚的思想情操处理人与人之间、人与社会之间的行为规范和准则。实际上，它是个人道德修养在社会关系中的表现。人们通常用善与恶、美与丑、正义与非正义、公正与偏私、诚实与虚伪等概念，来衡量或评价人们伦理道德的好坏，从而指导人们的行为、调整人们之间的关系。在社会主义社会里，共产主义道德是最高尚、最先进的道德，它既是主体成才的重要内因，又是其成才的强大推动力。这是因为崇高的共产主义道德规范，无论对人的思想、行为还是对人的思维活动都会产生积极的影响，能够成为促使人们去追求真理、发展智力的强大精神力量。此外，社会职业道德也是伦理道德中的一部分。它是指调整人与职业或人与职业活动对象之间关系的准则规范。伦理道德的形成，就认识道德而言，是由家庭到社会，由父母兄弟到社交对象。在现代社会生产和科学技术迅猛发展的今天，职业道德对主体的成长和发展起着越来越重要的作用。

政治品德，指主体的世界观，以及在此基础上建立起来的政治立场、政治思想，代表先进阶级的先进思想。政治品德是人才的政治方向，是主体成才的内在驱动力，是决定人才成败的根本所在。在社会主义社会里，政治品德方面应当包括辩证唯物主义和历史唯物主义的世界观、坚定的无产阶级立场、坚持和捍卫党的四项基本原则、热爱祖国，以及社会主义现代化建设的事业心、责任感等。

人才的个性心理品质、伦理道德、政治品德三层次之间是相互联系、相互影响的。前者是后者的基础，后者是前者的发展。在人才之德三层次中，社会、教师、家长一般都比较重视后两个层次，而对第一个层次缺少应有的重视，因为它对社会产生的作用几乎看不出来。然而，它在人才成长的过程中有时却能起到关键的作用。但是在人才之德中，政治品德就形成程序来说，是最后一个层次，然而它是最重要的一个层次，是决定人才成败的根本所在。个性心理品质主要对个人成长产生作用，伦理道德主要对交往对象产生作用，政治品德则主要对社会产生作用。

（二）思想要素的形成与培养

人才德育情况的优劣对成才至关重要。因此要培养体育人才，首先就要注意他们的思想品德教育。随着国家经济状况的好转，人们的生活水平得到了很大的提高，并且优生优育的子女得到了家长的精心呵护。家长为孩子的健康成长提供了充实的物质基础，这成为促进人才成长的有利条件。但是体育人才的成长仅靠优越的物质条件是远远不够的，还必须有良好的思想品德和坚强的意志作为保证，才能使那些潜在的体育人才得到充分的发挥。

1. 兴趣的培养

在培养兴趣时应该做到以下几点：①必须处理好个人兴趣与客观需要的关系。兴趣是一个人成才的重要条件。如果兴趣能和自己所从事的专业和职业相一致，那当然最理想。但在现实中并不常常都是如此的。因为人的兴趣是受社会历史条件制约的。作为社会成员的个人，还应当把社会需要转化为个人兴趣，使自己的兴趣与社会的需要相契合。②要处理好广泛兴趣和中心兴趣的关系。广泛的兴趣使人视野拓宽、思维活跃，有利于培养性格和陶冶性情，但它又易流于肤浅和表面，使人一无所长，变为庸碌之辈；专门的兴趣又难免使人孤陋寡闻，眼光变得狭隘和片面。因此，必须有的放矢地广采百家，深入钻研，做到既博且专，即在培养广泛兴趣的同时，形成一种占主导的中心兴趣来统一各种兴趣。由此，才能实现知识结构上的博与专的统一。③要注意兴趣的稳定性。兴趣的稳定性是指中心兴趣持续的时间较长。成才主体必须善于培养自己持久的、稳定的兴趣，保持兴趣的稳定性。当然个人兴趣并不是永恒不变的，随着环境的变化，年龄及知识的增长，兴趣也会发生变化。成才者后来可以从事的、并取得巨大成就的领域，并不一定就是他原来最喜爱的领域。许多成才者都有过重新培养兴趣的过程。

2. 意志的培养

对于良好的个性心理品质来说，坚强的意志品质也是不可缺少的。从体育人才成长的一般规律来看，德育中的意志品质所起的作用尤为重要。体育人才的成长过程也是艰苦奋斗、努力攀登的过程。特别是在学习运动技术、提高运动成绩的漫长身体训练过程中，不但要有吃苦耐劳、勇于克服困难的精神，还要有百折不挠、顽强拼搏的毅力。因此，意志品质的培养对体育人才的成长具有更重要的意义。

意志是主体在社会实践中逐步形成和发展起来的。因此，意志也具有可塑性。一个人自觉地认识到自己意志的不足，可以在实践中通过锻炼使意志仍可得到增强。①要树立崇高的目标。这对于意志的培养起着十分重要的作用。当一个人树立了崇高的目标，就不会为艰难曲折所吓倒。相反，还会产生无穷无尽的力量。②要注意在小事上锻炼自己的意志。意志的培养，也有一个由低到高、由弱到强的过程。在日常生活中，常有不少平凡的、不太起眼的、甚至没有多大意义的小事情，但它们对意志的培养却是很重要的。如果对这些小事一丝不苟，以认真的态度去对待它，就会使人变得坚强而有力。

意志培养是个长期、艰苦的心理锤炼过程，因此，在人才德育教育过程中，必须注意意志品质的早期培养，否则，将会因为意志薄弱而影响成才或影响成才的层次。在体育人才培养过程中，经常发现一些身体素质和身体机能很好，但意志品质不强的人，最终也不能成才。只有那些意志坚定、吃苦耐劳、敢于战胜困难的人，才能在体育事业中做出创造性的贡献。

3. 道德品质的培养

道德品质的培养，可以从各个不同方面去进行。在知、情、意、行四种要素的协调发展中，可以从培养道德行动和习惯开始，也可以从激发道德情感开始，还可以从提高道德认识、坚定道德意志开始。培养的原则是从具体实际出发，有的放矢，不必机械地按照由道德认识到道德情感、再到道德行动的模式进行。也即是说，当一个人对道德规范尚缺乏充分的认识时，就要偏向于提高他的道德认识；对具有道德认识和道德情感，而道德行动跟不上的人，则应该加强他的道德行动的训练。

道德认识的培养途径有很多，如进行道德谈话、榜样教育、社会舆论的约束，以及通过道德知识的学习和总结个人经验等，都是行之有效的培养方法。但不论采用哪种方法，都是在一定的社会环境中进行的。环境因素在个体道德认识的形成过程中起着十分重要的作用。一般认为，人们的道德认识并不是头脑中固有的，先天遗传素质也只能为道德认识的形成提供可能性，个体的道德认识只有在接受了一定社会的积极影响之后，才有可能形成和深化。个体的道德认识是社会存在的反映，是社会影响、特别是教育的结果。但是，这种反映并不是简单的、消极的，个体能否接受社会的影响，如何接受，都有自己的选择，表现出明显的主观能动性。个体道德认识的形成，就是在社会影响和个人的主观能动作用的合力下发展起来的。因此，培养良好的道德认识，既要注重发挥社会环境的积极作用，也要注意对个体进行有目的、有计划的引导。

二、体育人才的智能要素

（一）智能要素的基本含义

智能是智力和能力的总称，包括"识、才、学"三个方面，是人们认识和改造环境、发展自我的力量。智能要素包括人才个体具有的知识、技术、能力与见识所组成的多要素、多层次的动态综合体。智能的高低是人才区别于非人才，低层次人才区别于高层次人才的主要标志。

"识"，指认识、常识、见识、胆识和识别等。见识指对事物发展看得很透彻，具有科学预见能力。具体讲，包括三个方面：一是能看得准时代的前进方向，善于驾驭各种环境；二是抓得准业务领域内的具有关键意义的课题；三是有较高的审美能力、鉴赏能力、辨别能力。见识的主要特征表现在四个方面。其一为预见性，能够把握客观事物的发展规律，看清事物的发展方向，预见到尚未发生但可能发生的事物；其二为敏锐性，即能透过复杂的、不易引起人们警觉的表象，敏锐地看透事物的本质及其事物之间的内在联系，做出及时的准确的判断和鉴别；其三为洞察性，即能善于发现事物的关键问题，对错综复杂、千变万化的客观事物，往往能提出深刻见解；其四为决断性，见识力强的人在对事物进行深入研究和经过深思熟虑后，能够果断做出决定。"识"还可以分为政治上的见识和业务上的见识两种。政治上的见识是指能明辨是非，立场坚定，有战略眼光，善于发现关键，既有洞察力、观察力，能高瞻远瞩，不被眼前现象所左右，又能抓住解决问题的突破口。业务上的见识是指能看准方向、选准目标，最后达到事半功倍的效果。同时"识"还包括审美能力、鉴赏力，他们对人才的成长与成才的作用也是不可忽视的。

（二）智能要素的培养

1．"识"的培养

见识并非先天具有，而是后天社会实践的产物，是在一个人的才、学的基础上发展起来的，并且受到世界现、人生观的制约和影响。因此，加强知识的学习和能力的训练，提高政治思想水平，都是提高见识能力的重要途径。此外，通过以下几个途径自觉地加强见识能力的培养和训练也有重要的意义。

第一，努力学习马克思主义，加强理论修养。马克思主义是一个严密而完备的共产主义理论体系，它科学地揭示了社会历史发展规律，给了我们一个彻底的辩证唯物主义的世界观和认识工具。通过学习马克思主义来提高见识能力，尤其要学习马克思主义哲学。马克思主义哲学是在批判地继承人类理论思维一切积极成果的基础上建立和发展起来的。它不仅是对客观世界发展的辩证规律的科学概括和总结，而且是主观世界认识发展的辩证规律的科学概括和总结，是我们认识世界、改造世界唯一正确的世界观和方法论。

第二，要善于向历史学习。向历史学习是提高见识能力的重要途径。历史像一扇窗户，透过它可以看清过去，使人视野开阔；历史又像一面镜子，可以使人明得失，知兴衰，并且照亮未来。

第三，要注意在实践中学习。在实践活动中要注意及时总结自己实践中的成功经验与失败教训，日积月累，会使自己的见识水平得到提高，变得聪明起来。聪明人并不在于事事比别人高明，而在于他善于向各种各样的人学习。总之，在实践中学习，向有识之士学习，这是提高见识能力的重要途径。

第四，要有大胆的精神。胆和识关系密切，有识者多是有胆之人。陶行知指出，做开辟的教育家，需要胆量。搞改革，也需要胆量。没有胆量，就不敢去做冒险而有前途的事业。

2．"才"的培养

（1）记忆力的培养

记忆的类型，按记忆内容分，有形象记忆、逻辑记忆、感情记忆和运动记忆；按信息贮存持续时间的长短分，有瞬时记忆、短期记忆、长期记忆。一个人的记忆能力常常是多种记忆形式同时发生作用，各种形式的记忆又互相联系、互相强化。但是每个人的记忆能力又各有特点，各种形式的记忆能力也各不一样。因此，提高记忆能力应根据自己的特点，有的放矢地加以训练。一般说来，以下几点是值得注意的：

①加强锻炼，用脑要勤。强壮的身体是培养记忆能力的物质基础。身体多病或疲劳过度，脑细胞的活力就会减弱。这时记忆的效果仅相当于健康人的1/2，甚至还低。因此，坚持体育锻炼，练就一副健康的体魄，能使大脑的记忆功能随时保持在良好状态。除了多锻炼，保持身体的健康外，还要多用脑，脑子是越用越灵活。多用脑，事实上是增加了锻炼记忆力的机会。越肯用脑，脑细胞就越活跃，记忆力就会得到提高。既要勤于用脑，还要善于用脑。善于用脑包括两个要领：一是遵循大脑神经细胞活动的规律，科学地安排用脑时间；二是要讲究记忆的方法。

②要明确记忆目标。实践证明有意识记忆比无意识记忆效果好得多。记忆目标愈明

确，记忆的自觉性愈高，注意力就愈集中，记忆的效果就愈好。目标明确，不仅要明确为什么要记住，还必须明确要记住什么，这样记忆的自觉性就会更高。目标明确还要有记忆的兴趣和信心，没有兴趣或者丧失信心，都会使记忆能力受到压抑，不能得到充分发挥。

③思维对记忆有促进作用，要养成爱思考的习惯。要在理解的基础上记忆，在运用中强化记忆。按照人对记忆材料理解的程度分：有机械记忆和意义记忆。这两者都需要，但理解后的意义记忆效果更好。感觉到的东西并不一定理解它，只有理解了的东西才能更深刻地感觉到它。记忆也是同样的道理。

④多渠道、多功能同时记忆。记忆的信息来自视觉、听觉、嗅觉、触觉等多种渠道。记忆就是要调动各种感官的功能，扩大信息量，强化记忆痕迹。

（2）思维能力的培养

提高思维能力的一个极其重要的途径就是要学习和掌握思维的科学——哲学。哲学是智慧的科学，掌握了它就能够使思维的各种品质提高到一个新的水平。人的思维活动离不开实践。实践是思维的源泉和发展的动力，也是检验思维正确与否的唯一标准。因此提高思维能力必须和实践活动紧密结合，在实践中培养独立思考的习惯、善于发现问题的能力，并在实践中注意发现和纠正自己思维方法中的问题。

思维和语言不可分割。语言是思想的直接反映。因此锤炼语言表达能力是提高思维能力的重要途径，而多练习写作又是训练表达能力的有效办法。思维能力的发展能促进对知识的掌握，而已有的知识又是思维能力发展的基础。因此，广泛掌握知识、开阔知识视野是发展思维能力的重要途径。

（3）观察能力的培养

①要有明确的目的

人的行为有一个特点，就是在行动前必须清楚地认识到进行这一行动的原因和预期达到的目的。只有明确这一点，人在行动中才具有自觉性。进行观察活动也是如此，只有确定了观察的目的，人们才能有效地进行观察，获取丰富的感性材料。明确了观察的目的，从精神上、物质上做好准备，到了观察现场，才能有条不紊地根据要达到的目的展开工作。这样做不仅可以不失良机地取得有价值的材料，还可使自己的观察力得到锻炼。

②制订观察计划

为了观察周密，在观察的目的确定后，还应制订出观察计划，在计划的指导下，使观察有步骤、有重点地进行，才会获得系统的观察材料。在这个按计划进行活动的过程中，观察力也循序渐进地得到了锻炼和提高。观察计划由于是在行动前定的，它难免有缺陷。因此，在执行计划时不能太刻板。要根据出现的问题，及时予以修订，使之完善，从而保证观察活动进行得更科学，观察力也能得到很大的提高。

③观察时要细致

事物与事物之间的某些区别很细微，有些现象的表现也不明显。要把握这些不明显的细节，观察时必须细心和深入，不能走马观花。必须要有耐心，仔细注意事物的各种变化，即使是极其细小的变化也不放过。只有这样，才能把事物的特征观察准确。

（4）想象力的培养

①要学会模仿

所谓模仿，就是仿照一定模式进行活动的过程和方法。模仿可以凭借现实的某种模型、范例，也可凭借于抽象认识和记忆。培养想象力，模仿往往是第一步。模仿本身就是一种"再造想象"。模仿的过程就是掌握事物之间的外部和内部特点联系的过程。通过这种联系，就能逐渐认识事物之间的某些必然的特征。掌握了这种方法，就会自觉地把一种事物和与之有联系特征的另一事物加以对比。因此模仿具有提高想象力的作用。

②积累知识和经验

渊博的知识与丰富的经验是想象力滋生的土壤，没有这一基础，想象就会成为脱离实际的空想，结不出创造的果实。无论是发明创造，还是艺术创作，都是以科学知识和实践经验为基础，通过创造想象而取得的。知识越多，经验越丰富，供人想象的领域就越广阔，就越容易出成果。因此，要努力掌握知识和积累经验，才能奠定想象的基石。

③储备表象材料

所谓表象，就是在知觉基础上形成的感性形象。一个人所积累的表象材料越多，其想象就越开阔、深刻，构造的新形象也更生动逼真。因此，人们要提高想象力，就要尽量使自己和大自然接触，多参加社会实践活动，有意识地补充表象的数量，改善已有表象的质量，从而扩大自己的表象储备。

（5）创造力的培养

①不迷信权威，敢于探索

创新就是想前人不敢想，做前人没干或不敢干的事。要能够大胆探索，不断进取。大胆探索，就是要具有无畏的批判精神，敢向过去的权威、定论挑战。要知道，在任何领域都不存在绝对权威，人类现在所获得的一切认识都是相对的，科学的发展永无止境。

②要有首创精神

首创精神就是勇于创新的精神。要培养首创精神，首先就要树立自己的自信心，相信自己有能力、有办法解决新问题，提出新思想。只有这样，才能克服各种困难，取得成功。其次是思想要敏锐，要能从不太显眼的现象中发现新问题，从而揭示出事物发展的规律。思想不敏锐的人，往往是走到了真理的边缘而没抓住它，让它从自己的眼皮底下溜走，思想反映迟钝的人是不可能有首创精神的。

③树立创新动机

创新动机是指根据社会和个体的需要引起的创新意向和愿望。创新动机是人类意识活动中的一种积极的、富有成果的表现形式。它推动与激励人们进行创造活动。创新动机受社会历史条件和主体自身的素质、兴趣、情感和意志的影响。因此，创新动机有正确与错误之分。正确的创新动机能充分调动成才者的积极性，激励他去克服各种困难，也为社会的进步和科学的发展进行创造发明。反之，加以错误的创新动机指导，就会出现另一种结果，或是为了个人私利而干出危害社会的事，或是在创造过程中遇到了困难就悲观丧气，放弃奋斗的目标。因此，人们要提高创造力，取得创造成果，必须树立正确的创新动机，以激励自己的创造热情，更好地投入创造活动。

④掌握创造性思维的基本思路

掌握正确的思维方式，对于提高创造力是至关重要的，思路正确可事半功倍，思路选择不当则会事倍功半。

3. "学"的培养

（1）要围绕成才目标来建造知识结构

合理的知识结构与成才目标的确定相辅相成。人们总是根据自己已有的知识结构的雏形来确定成才目标，并又在实现成才目标的奋斗中通过不断的学习，把知识结构逐渐完善起来的。因此，我们不能等"知识储备好了"才来确定目标。应该适时地按照确定的目标，有计划地猎取知识。由此可见，合理的知识结构是在确定成才目标之后逐渐建立和完善起来的。

（2）要注意既学习核心知识又要涉猎广博的知识领域

核心知识是人才知识结构中相对稳定、最基本的那部分知识，它决定这个结构的功能。不同的时代，即使是同一类人才，所学的核心知识也不相同。由于科学向社会各个领域的广泛渗透，往往使得重大问题的解决，不是一门科学、一种知识所能胜任的。

（3）要适时地对知识结构进行调节

形成一个合理的知识结构是长期而又复杂的学习过程。每个人都必须坚持从实际出发，实事求是，扬长避短，建立起各具特色的知识结构。世界上不存在绝对合理、十全十美的知识结构。只要能最有效地发挥自己的创造才能，迅速实现成才目标，就是相对合理的。建立知识结构既包含理论问题，更是一个实践的课题。只要认清了方向，就要围绕目标大胆去学、去干，知识结构也就在实践中建立起来了。当然提高自觉性、克服盲目性，会使知识结构的建造更有成效。但是不能设想有那么一天，把知识结构的模式都规划得尽善尽美了，再来着手建造，这样的知识结构是永远也建立不起来的。

总之，智能要素在人才成长中占有重要地位。但目前对智能要素在体育人才成长过程中的重要作用还没有清晰的认识。因此对体育专业的学生的智能培养还不是很重视，在一定程度上仍停留在单纯以传授知识为主的传统式教学，教学手段和方法不够灵活多样，这也是体育专业学生就业率比其他专业低的主要原因。同时高水平学生的智能培养也应该重视，因为这是提高学生素质的基本途径，也是解决他们退役后就业问题的关键因素之一。

三、体育人才的体能要素

（一）体育人才体能要素的特点

体育人才与普通人才相比较，体能要素具有更突出的特点，尤其是竞技体育人才。在这里我们重点分析竞技体育人才的体能特点。竞技体育人才的体能结构涉及形态、机能和素质三大组成要素，而每一要素中又蕴含着大量的具体指标，这些指标反映着学生某一方面的状态水平，其整体的有机综合则完整地构成了学生的体能水平。现代竞技体育运动的高速发展，高强度的激烈对抗对学生的体能提出了越来越高的要求。因此，加强学生的体能研究，将对提高学生的体能水平和竞技能力产生深远而积极的意义。

在竞技体育体能类项群中，体能在学生的竞技能力构成中居于主导和核心地位。在以往的训练理论中，只是把单一的运动素质作为体能，而没有整体地、全局性地来研究学生的体能。因此，对学生的体能主要局限于运动素质的训练这一单层次的理解上。学生的专项体能主要是指与专项训练及特殊的比赛任务紧密联系的，学生为圆满完成特定的训练比赛任务而必须具备的特殊体能要求。从专项角度对学生的体能特征的理解，可以理解为专项体能是学生经先天遗传与后天训练形成的学生在专项运动中表现出来的机体持续运动的能力。它是学生能否在专项竞技运动比赛中取得优异运动成绩的关键因素。现代竞技体育中对学生的高质量专项体能的集中要求表现为"更快、更大、更强"几个方面。各专项学生的体能特征主要表现为以下几方面：

1. 高度专项性学生的体能的获得

学生体能的获得是通过采用专项特有的方法与手段训练的结果。所谓专项特有的训练，是指在不同的训练方法和手段下的刺激与适应的过程，即使用非专项的手段来获得（如电刺激力量训练），也必须符合该项目的特点与要求。其生物学机制在于训练适应过程的专项特异性，这是学生竞技运动中保证运动技术水平的一个特征。适应性反映的专项特异性不仅表现于运动素质和植物性神经系统能力的发挥方面，而且也表现于心理因素的发挥方面，特别是在完成紧张激烈的肌肉活动时，必须用意志来强化专项运动能力这一方面。

2. 体能的时间局限性

学生体能的时间局限性表现在如下两个方面：一方面是体能的获得过程（即学生有机体的适应过程），主要是人的机体对外部刺激的一种生理适应过程。任何适应过程都存在着两种适应反应：一种是急性但不稳定的，另一种是长久的相对稳定的。急性适应性反应产生的体能，取决于刺激的大小、训练水平及其机能系统的恢复能力。由专项强化训练所获得的体能虽然目的很明确，但并不表示有极大的稳定性。因为这种适应性反应是通过高强度的专项负荷产生的，是以超量恢复为表现特征的，并不建立在各种器官、系统增大、变异的基础上，即生物学的形态改造上。这就导致体能存在着时间局限性。而相对稳定的适应性反应是建立在各器官、系统的形态改变基础之上，是随着专项成绩水平的提高而变化的。即使在某一时期已形成较为稳定的体能，但随着专项特点的改变，原有的体能将不再能满足未来专项特点的需要，也表现出时间局限性。因此，学生通过训练获得的体能也不可能在较长时间的工作过程中维持同一水平。另一方面，人体的运动能力在很大程度上取决于人体提供能量的能力。研究表明，人体供能系统由无氧供能系统（ATP－CP供能、糖原酵解供能）和有氧供能系统构成。虽然这些供能过程发生在同一机体上，但相互之间有着一定的独立性。在维持一定长时间的工作时，虽然有着主导供能系统支撑工作，但还是要依靠互相交替和补充。这时，各供能系统之间存在着"衔接"的问题。因此，这一种专项体能水平只能保持相应的时间，它表现出严格的时间局限性。

3. 体能特征要求评估具有客观性

竞技运动项目高水平学生之间竞争的胜负均在分毫之间，而反映这种活动效益的主要方式是比赛成绩，要求客观地进行评估。同时，随着运动成绩的不断提高，作为其基础的体能要求也越来越高，运动训练中学生承担负荷后的各种生理、生化指标等均具有较大的个体差异性，其训练过程个体针对性很强。因而，客观准确地测定反映学生体能水平的各项指标并进行科学的评估，就显得越来越重要了，这也使体能水平的客观性反映越来越突出。

4. 水平动态性

在学生训练过程中，通过训练刺激、疲劳、超量恢复之间的稳定与不稳定的矛盾来实现自身体能的提高。即使系统在整体上是稳定的，系统之中也可能存在着局部的不稳定性。人体适应所获得的体能不可能在较长时间的工作过程中维持在同一水平，系统中的各个子系统之间是相互联系、相互作用的，这种作用具体表现为控制与被控制、竞争与制约，以及协调与促进的关系。由于这种关系促使系统的状态发生各种各样的改变，因此，体能系统指标具有明显的动态性。同时，每个学生的多年训练过程与一堂训练课中机体状态也都是不断变化的。因此，反映这些现状的体能指标也表现出明显的动态性。另外，机体工作时，各供能系统相互交替和补充，各供能系统存在着衔接问题，但由于各供能系统的发展并不完全一致，因此，必然会产生总能量供给的波动状态。体能训练的目的之一，就是造成人体各个组成因素出现暂时的不平衡，由于人体各运动因素改善规律不同，需要的训练时间也不同。同时，人体各运动机能参与运动的贡献率不同，必然会出现各种暂时的不平衡，所以，体能整体水平的提高会经过一个机体各运动机能改善提高来达到新的动态平衡，从而表现出更高水平的专项运动能力。

5. 非平衡互补性

体能系统表现为一个非平衡非线性的开放系统。非平衡是指组成体能系统的子系统及其单元的功能、作用不是等同于均匀的，这就导致各单元之间及各子系统之间互补、重组的协作及势差的动态作用；非线性是指体能系统各子系统的增长不成比例，系统的整体功能的非可加性和与之相关的放大作用；开放性一方面指体能系统从外部环境获得物质、能量，并传递信息，另一方面，指各子系统是相互联系的，而不是孤立封闭的。由于体能系统具有开放性，一方面，它的子系统及其单元将因其非均匀性引起非线性的相互作用。如体能系统内各子系统具有高度专业化分工。正是由于该系统的开放性，根据各子系统及其发展单元的发展水平、功能等要素的不均匀性，确定其在学生竞技能力发展过程中的作用和地位，从而也确定了其相互间的作用关系。另一方面，系统的环境产生的非均匀的非线性变化使体能系统产生波动和涨落，迫使系统做出与环境相适应的选择，产生突变，形成有组织的有序结构。因此，学生的体能是由各方面综合作用的结果，是各因素相互作用所形成的。只有各方面协同工作，才能提高其运动能力。学生的体能表现除身体形态、生理机能和运动素质三大主要组成部分外，还由环境与主观能动性及意志品质等其他方面的因素所决定，是多因素相互作用的结果。它们相互之间综合互补地组织在一起，共同表现出学生在专项中的体能水平。

（二）运动人才体能要素的形成

1. 学生体能要素形成的基本理论及科学依据

（1）按需发展论

运动竞赛时表现出来的"单项运动能力""复合运动能力""表达运动能力"是该项目

体能训练的全部内容；体能训练一定是围绕提高该项目竞赛实际需要的各种能力来开展体育活动。

（2）优先发展论

体能训练应优先发展不同时期的"敏感"素质，优先发展对运动成绩起决定作用的那部分素质。任何事物的发展过程都包含着主要矛盾与次要矛盾，在主要矛盾中又包含着矛盾的主要方面与次要方面，而解决问题的方法是先抓主要矛盾和矛盾的主要方面，然后逐步解决其他。

（3）均衡发展论

与运动项目有关的非"敏感"素质和不能对运动成绩起决定作用的那部分素质应相继得到发展。运动素质只能在整体上一个台阶后才能再次决定下一阶段的优先发展素质。部分素质过高并不能使运动水平得到提升。一只沿口不齐的木桶，其存水量的多少，不取决于最长的那块木板，而取决于最短的那块木板，这就是管理学中的"木桶理论"。

（4）及时恢复论

人体机能能力和能量储备由负荷后暂时下降和减少的状态回复到负荷前水平的过程，称为恢复。在恢复过程中，能源物质的补偿在一段时间内超过原有水平，这种现象叫作超量恢复。超量恢复持续一段时间后再降回到原有水平，即完成了一次训练负荷后恢复的全过程。在一定范围内，运动负荷越大，消耗越剧烈，恢复过程就越长，超量恢复也越明显。正是由于运动训练能引起超量恢复效应，使得学生竞技能力的提高成为可能并为之奠定了物质基础。所以，运动训练中的恢复，并不是满足于恢复到先前水平，而是要追求超量恢复。

2．学生体能要素形成原则

（1）"训练设计与竞赛表象一致"原则

"单项运动能力"的设计应与该项目竞赛时表现出的动作结构、用力结构相一致；"复合运动能力"的设计应与该项目竞赛时表现出的各环节相一致；"表达运动能力"的设计应与该项目竞赛时环境影响因素相一致。例如，排球扣球练习手段设计：排球比赛实践中，扣球是由跑（移）动、起跳和扣球三个"单项运动"组合成的一个"复合运动"。训练手段设计应围绕跑（移）动—单（双）脚起跳—应变击球三个环节组合进行。因此，排球扣球练习至少可以设计成跑动单脚起跳扣球（不同落点）、跑动双脚起跳扣球（不同落点）、移动单脚起跳扣球（不同落点）和移动双脚起跳扣球（不同落点）等，这些练习与比赛实际要求一致。再如篮球罚球训练应在每个剧烈练习后或在增加心理压力、外界干扰等情况下进行，此时时机最佳。这些都是体能"表达运动能力"训练的主要内容。

（2）"主导性"原则

不同项目、同一项目不同时期，体能训练的内容都有主次之分；体能训练应优先发展主要内容。如田径掷标枪训练思路：决定掷标枪距离远度的运动学因素包括出手初速度、出手角度。出手角度在学习标枪技术的初级阶段已基本形成，为训练次要内容，提高掷标枪出手时的初速度应是训练的主要内容，训练目标应围绕它制定。

（3）"毅力培养不间断"原则

顽强的毅力能起到发挥潜能，有效提高学生大赛备战能力的目的。平时训练课应适时采用一些有效手段教育学生树立正确的训练观、价值观。每个阶段训练结束期的测验或比赛中应施加一些诸如裁判判决不公、不讲原则处罚等刺激，培养学生的抗干扰能力。大赛前应进行一些拼搏精神、集体主义、爱国主义等教育。

（4）"大负荷，高对抗"原则

大运动量、高强度训练是学生不断提高竞技水平的重要条件，负荷量需与运动水平的要求相一致，同场竞技项目应包含高对抗性的体能训练内容。如大负荷训练的倡导者——大松博文的魔鬼训练法。

3. 体能要素的形成

（1）重复训练法

重复训练法，指按照一定的要求，反复进行某一练习的方法。它既有利于提高机体的各器官的机能，促进身体发展，又有利于建立和巩固动作技术定型和熟练应用技术。

（2）变换练习法

变换练习法，指在训练过程中，有目的地变换练习的环境、运动负荷、动作组合等练习条件，提高学生对训练和比赛的适应能力，消除由于长时间固定在一定的环境下练习时所产生的厌烦情绪，从而调动练习的积极性和推迟疲劳的出现。

（3）间歇训练法

间歇训练法，指严格控制间歇时间的方法，即在机体没有恢复到工作前起始水平时，即进行训练，是提高体能的主要方法。

（4）循环训练法

在设计循环训练时，要根据目标、学生的体能状况，设计好每站的练习内容、负荷量与强度、间歇时间和循环次数。在一个循环过程中，包括各项身体素质、身体基本活动能力的练习。循环训练法不仅可以全面发展体能，还可以提高学生的训练兴趣，有助于推迟疲劳的产生。

（5）持续训练法

持续训练法，指在相对较长的时间里，用较稳定的强度，无间歇地连续进行的方法。常用于有氧耐力。

（6）法特莱克法

法特莱克法，指练习者根据野外的不同地形，以适应地形的速度，由小到大任意选择负荷强度和距离，发展有氧和无氧耐力以及专门性耐力的方法。其特点是强调生理方面的负荷分配，以趣味盎然的游戏形式进行练习。运用持续训练法，要注意控制好生理负荷量和强度。

总之，体能要素是体育人才成长的基础。体育是一种以人的身体活动为主要内容的活动过程，没有良好的身体作为载体，是不可能很好地开展的。在体育人才成才过程中，我们不能忽视体育要素的培养，不能认为一个人的体能好坏是由先天决定的。在体能要素的培养中，后天的锻炼更加重要。

第三章

体育产业发展的人才培养体系

进入 21 世纪以来，体育产业在不断拉动内需增长、增强人民体质、构建和谐社会中发挥着越来越重要的作用，特别是"一带一路"倡议的提出，进一步推动了我国体育产业的快速发展。

第一节　体育人力资源的基本理论

人才是社会发展的原动力，谁组建了高水平的人才队伍，谁就拥有了世界的未来。实现中华民族伟大复兴，人才越多越好，本事越大越好。知识就是力量，人才就是未来。21世纪是知识经济的时代，融知识、技能、经验等于一体的人力资本已成为社会发展与进步的根本动力，而体育产业的发展壮大取决于是否充分开发人力资源。

一、体育人力资源的概念

要理解体育人力资源就要首先理解人力资源。人力资源的核心要素是人，将人作为一种资源，但并不针对某一个个体。人力资源指一个国家或地区拥有的具备智力劳动和体力劳动的人的总称。目前，对体育人力资源概念的界定还没有形成统一的认识。从整体而言，体育人力资源是体育领域内接受过体育专业教育或受过专门体育运动训练的、能够推动体育发展的体育人才的能力，即体育人才的知识、技能、运动水平、科研实力、组成结构的总和。从体育人口的角度出发，提出体育人力资源是指能够推动体育发展的，能进行体育实践活动或有助于体育运动开展的，具有一定体育意识、知识、能力和经验的体育人口。根据人力资源的定义，体育人力资源是指一个国家或地区拥有高超的体育运动技能，获得过突出运动成就，具有较强的体育研究能力、创造能力和管理能力的人的总称。

体育人力资源概念的界定可以分为广义和狭义。广义的体育人力资源指体育组织内一切能够从事体育事业的具有智力劳动能力和体力劳动能力的人们的总和。狭义的体育人力资源指体育系统内接受过体育专业培养教育或受过专门体育训练能推动体育事业发展的专业人员的总称。

二、体育人力资源的构成要素

体育人力资源包括人的智力和体力，根据现实的应用形态以及劳动能力，具体包括人的知识、能力、体质。在我国，体育人力资源主要依照法定劳动年龄进行划分，包括未达到法定劳动年龄、在法定劳动年龄之内以及超过法定劳动年龄三类。

第一类，未达到法定劳动年龄。未达到法定劳动年龄，但是符合国家相关体育条文规定，已经从事体育活动的体育人力资源，即未成年就业的体育人力资源。

第二类，在法定劳动年龄之内。在法定劳动年龄之内，在体育领域就业、准备就业、待业的体育人力资源，主要包括正在从事体育劳动、正在学习体育专业、军队服役人员从事体育工作、体育领域中待业的体育人力资源。

第三类，超过法定劳动年龄。超过法定劳动年龄，仍然继续从事体育工作的体育人力资源。

三、人口、体育人口、体育人力资源和体育人才资源的关系

人口、体育人口、体育人力资源与体育人才资源是一个动态结构关系，始终处于不断变化的过程中，这个结构呈正金字塔形。

人口是体育人口、体育人力资源和体育人才资源的基础，一定数量和质量的人口在一定程度上影响着体育人力资源的结构，但不是正比关系，一个国家或地区人口基数的多少并不能说明体育人力资源的情况。体育人口与体育人力资源并没有直接联系，体育人力资源并不都是由体育人口分化出来的。人力资源的显著特点是劳动性和生产性，只有与体育生产、体育劳动相联系的体育人口才是体育人力资源。

在人口、体育人口、体育人力资源与体育人才资源的相互关系中，人口一定包含体育人口、体育人力资源和体育人才资源，体育人口与体育人力资源属于交叉关系，体育人力资源并不是全部包含在体育人口中，体育人才资源全部包含于体育人力资源中。

四、体育人力资源的分类

对体育人力资源进行科学系统的分类，可以更加科学地认识和管理体育人力资源，充分发挥各类体育人力资源的效能。

（一）体育管理类

体育管理类人力资源主要是指国家机关、企事业单位中各级各类的体育组织中从事体育领导或管理工作的体育人力资源。其主要来源于各级体育行政机关、体育专业高校、体育科研部门、各级运动队及体育教学组织的领导和管理工作人员。体育管理类人力资源主要是根据国家或上级的体育政策法规，对体育工作中的重要问题实行决策、计划、组织、监督、评估，协调体育领域内各系统、各单位的工作，有序开展体育管理相关工作，使体育组织灵活高效运转，为体育事业创造良好的发展空间。体育领导人在体育工作中占统帅地位，是发展体育事业的领导者和组织者，他们所起的作用是任何各类体育人力资源都无法替代的。

（二）体育教育类

体育教育类人力资源包括体育教育人力资源和体育技术人力资源。体育教育人力资源指在体育教育领域内，直接或间接从事教育教学、培训和科研的工作人员。其主要来源是高校的体育教师和体育专业高校的体育技术课教师、体育理论课教师及从事体育宣传、体育出版工作的体育工作者。体育教育类人力资源主要通过对受教育者宣传国家的体育方针政策，传授体育理论基础知识和运动技能方式方法，提高受教育者的身体机能和运动技术，强化人们对体育的认识，增强社会适应能力，培养出高水平学生，高层次体育教育、体育科研、体育工程技术、体育管理等体育人才。

体育技术人力资源主要是指在体育工作领域内从事体育科技开发、体育科学实验以及体育科技保障和辅助的人员。其主要来源于各级体育科学研究所的体育研究人员、体育情报人员，从事体育器材和制造工作的工程技术人员，运动队的保健医生和营养师等。体育技术人力资源掌握专门的知识和技术，具备操作技能，根据体育事业发展的需要，在体育

生产等实践一线工作中解决技术和操作性难题的工作人员，如研究提高运动技术水平的方法，制造现代化体育运动器材和仪器，协助教师解决运动训练和竞赛中的各种实际问题等。他们是体育事业发展的前沿力量，是建设体育强国不可忽视且必须迅速建立的人才队伍。

（三）体育竞技类

体育竞技类人力资源包括体育竞技人力资源、体育训练人力资源和体育裁判人力资源。

体育竞技人力资源是指具有一定体育运动技能，在体育竞技领域内专门从事运动训练和参加较高层次体育竞技比赛的人员。体育竞技人力资源是以自身的机能、身体素质和运动技术，在教师的指导下，进行科学严格的训练，通过参加各级各类高水平的运动比赛，创造优异运动成绩，争取比赛的胜利，为国家为集体争取荣誉的同时向世人展示先进的体育运动技术、战术能力和水平，提高推动体育竞技运动和体育事业的发展。其主要来源于各级专业运动队、专业和业余体育高校、业余训练组织和高校训练队的学生。

体育训练人力资源是指在竞技体育领域内，专门从事运动训练工作的教师，在群众体育活动中从事技能传授、锻炼指导和组织管理的社会体育指导员。体育训练人力资源主要是向专业学生和社会体育人员传授体育运动知识与技能，依据理论与实践相结合的原则，进行体育运动训练，不断地探索提高运动技术和运动成绩的方法，改善生理机能，提高体育技能水平。社会体育指导员技术等级分为：三级社会体育指导员、二级社会体育指导员、一级社会体育指导员、国家级社会体育指导员。社会体育指导员义务或有偿开展体育技能训练、锻炼指导、组织管理以及体育咨询等服务。他们是发展我国群众体育事业，增强身心健康，建设社会主义精神文明的一支主要力量。

体育裁判人力资源是指在体育比赛中依据比赛的规则，对比赛结果做出正确裁决的裁判员。体育裁判人力资源是竞技比赛的执法者，主要围绕体育比赛进行工作，其裁判水平的高低，直接影响学生技术水平的发挥。同时，也是开展竞技体育运动不可或缺的人才力量。

（四）体育产业服务类

体育产业服务类人力资源是指在体育领域中，从事体育产业的规划设计、生产营销、经营服务方面的人员。体育产业服务类人力资源主要是以体育为工作内容，以经营效益为目的，在各项体育营销、赛事运作、俱乐部管理、体育经纪、体育赞助等工作中解决问题，从事经营或提供有偿性服务。例如，体育经纪人，是在体育领域中以收取佣金为目的，为促成他人交易而从事居间、行纪或代理等经纪业务的公民、法人和其他经济组织。体育经纪人主要开展的活动包括对体育比赛的经纪和对学生的经纪，体育经纪人的存在，使得体育比赛更具有普及性、权威性和规范性，并使体育明星、学生及体育俱乐部和其他体育组织从日常烦琐的事务中解脱出来，专注于提高运动技、战术水平，同时还可以刺激体育市场，加速体育产业化发展。

五、体育人力资源的特征

体育人力资源是人力资源的一种形式，要将体育人力资源视为体育事业发展中的重要力量，并对其进行有效的管理，必须掌握体育人力资源的特征。体育人力资源的特征与人力资源的特征具有共同性，比如自然性、社会性、能动性、有限性、动态性、时代性、消耗性、流动性等，除此以外，体育人力资源还具有鲜明的个性特征。

（一）资源稀缺

体育与大多数其他学科相比，是一个发展较晚、较为冷门的学科，没有引起大多数人的重视，社会地位还比较低，这是造成体育人力资源稀缺的一个重要社会原因。随着人口出生率降低，青少年群体相对减少，体育后备人才储量降低，家长不支持甚至反对子女从事竞技训练或学习体育相关专业，这又是造成体育人力资源稀缺的另一个社会原因。此外，由于体育特别是竞技体育具有成材率低、淘汰率高、风险大、回报率低等特点，这从根本上造成了体育人力资源的稀缺。

（二）综合体力与脑力劳动

体育与其他社会现象最明显的区别就是以身体练习为基本手段，身体直接参与活动。体育人力资源中体力劳动是不言而喻的，学生接受高强度、严要求的训练和竞赛任务，运动技能的形成需要通过大强度的训练量来实现。教师在教学中的动作示范以及训练中的陪练都需要付出高强度的体力劳动。除了体力劳动，体育人力资源同样也需要脑力劳动。教师和体育教师承担着竞赛任务和教学训练任务，需要根据每个学生和学生的特点，如体力、智力、心理特征，因材施教，这就需要教师和体育教师具体情况具体分析，深入了解和研究训练对象。为了获得比赛的胜利，创造优异成绩，教师和体育教师要不断地学习国内外先进的技术训练经验，体育管理人员要组织竞赛，制定政策制度，学生和学生要掌握运动技术，完成训练任务，领会动作要领，熟知战略战术，这些都离不开脑力劳动。

（三）劳动生产周期长

体育人力资源的劳动不像其他有形物质产品可以通过计时、计件等方式来衡量，非物质形式的生产劳动是难以用有形的物质形式来准确量化的。体育人力资源的劳动作为非物质产品，难以确定社会必要劳动时间。一枚奥运会金牌、一项新的世界纪录，其中包含了学生、教师、科研人员、后勤人员、管理人员等的辛勤劳动。其他物质生产部门的劳动生产周期较短，可以用年、月、日、小时、分钟等明确计算，而体育人力资源的劳动生产周期长，在时间上可跨度数年甚至数十年之久。

（四）时效性

时效性指体育人力资源的形成和使用在一定时间内有效。地矿资源可以长期保存，不开采品位也不会变低，体育人力资源实则相反，储而不用就会被荒废甚至退化。作为生命有机体的人，生命是有周期的，每个人都要经历幼儿期、少年期、青年期、中年期和老年期，人的才能和智慧的发挥有一个最佳的时期和年龄阶段。体育人力资源的时效性更为明显，如果未能在这一时期充分利用开发，就会导致体育人力资源的浪费。特别是竞技体育后备人才的培养过程有很强的时效性，由于运动项目不同，成材的年龄段也不相同。学生的年龄一般在15～25岁之间，超过这一年龄阶段，一般不可能再创造出最佳成绩。体育教师会随着年龄的增大，运动动作示范的能力逐渐减退。因此，体育人力资源的管理必须要尊重时效性，适时开发，即时利用，最大限度地开发体育人力资源，延长其发挥作用的时间，使体育人力资源的形成、使用与管理达到平衡的状态。

第二节　体育人力资源的配置与管理

一、体育人力资源的配置

（一）体育人力资源配置的概念

人力资源配置将资源配置的概念应用到人力资源中去，强调了人在社会发展中的重要作用，是指人力资源要素在各地区、各部门间的分配及其流动的排列组合。

体育人力资源的配置是按照体育可持续发展的实际需求，结合一定的经济或产出目标，从不同领域发展的数量和质量上对人力资源进行合理有效的分配，实现人、财、物、时间、信息等要素的有机结合，充分发挥体育人力资源能效，最终获得最大产出和最佳效率的动态过程。只要适合体育发展所需要的各项资源，不管它是在自然条件下的自由配置还是社会条件下人为配置都属于体育人力资源配置的科学领域范畴。

体育人力资源的配置可以从三个层面理解，宏观层面、微观层面和个体层面。宏观层面的体育人力资源配置是指体育人力资源在不同地区、部门间的分配，它要求体育人力资源能够在适宜的地方进行有效配置。微观层面的体育人力资源配置是指在分配确定的情况下，某个地区、部门组织利用这些资源，最大限度地发挥其作用，具体实施在微观单位组织，由资源供求双方的行为共同完成。个体层面的体育人力资源是体育人力资源自己选择工作岗位的主动行为，它是体育人力资源自主选择性的体现。对体育人力资源个体来说，需要寻找一个适合自己的工作单位和职业岗位，工作单位要有发展前途，职业岗位要有上升空间，这两个条件若都能满足，将使体育人力资源自身在市场中获得最佳位置。

（二）体育人力资源配置的构成要素

体育人力资源配置由主体和客体两个部分构成。

体育人力资源配置的主体包括人力资源和用人单位。体育人力资源是体育劳动市场运行的根本，是向体育市场提供体育劳动力的储备库。体育人力资源要进入体育市场必须具有一定的体育劳动能力，可以创造一定体育价值。用人单位是体育人力资源配置的重要组成部分，是接纳体育人力资源，满足体育劳动市场需求的工作间。用人单位要进入体育劳动市场必须要具备以下条件：能够为体育人力资源提供工作岗位、能够选用体育人力资源、能够向体育劳动者支付报酬、使用体育人力资源后可以产生一定效益。

体育人力资源配置的客体是指体育人力资源中的劳动能力，是体育人力资源智力劳动和体力劳动的总和，具有价值和使用价值。体育人力资源配置的客体承载于体育人力资源主体上，没有劳动者也就没有体育人力资源配置客体。因此，体育人力资源配置的客体受到运行主体体育人力资源的限制，但同时，体育劳动市场需求的是劳动能力，因而运行主体体育人力资源的宏观活动又受制于运行客体劳动能力。

（三）体育人力资源配置的目标

体育人力资源配置的总目标是以市场为根本手段，将有限的体育人力资源配置到相应环节中去，获得最佳收益，满足体育劳动市场的需要。

体育人力资源配置的宏观目标使体育人力资源社会生产总量与社会使用总量达到平

衡，体育人力资源社会生产结构与社会需求结构相契合。

体育人力资源配置的中观目标指引各地区、部门在体育人力资源使用方向上进行正确的选择决策，优化各地区、部门在体育人力资源使用方向中的配置，整合体育人力资源配置，发挥组合优势，形成现实的社会生产力。

体育人力资源配置的微观目标是充分调动体育人力资源自身的主动性、创造性、积极性，增加体育人力资源的活力，提高工作效率，做到人尽其才，人尽其力，更长久地创造价值，推动体育事业的发展。

（四）体育人力资源配置的内容

体育人力资源配置的内容主要包括四个方面：区域配置、领域配置、行业配置、项目配置。

1. 区域配置

体育人力资源的区域配置是指将某一个区域范围内的体育人口和体育人力资源作为基础，结合这一区域体育资源的现状和体育发展规划，通过区域内体育人力资源流动，调整不同区域的体育人力资源政策，最终实现体育人力资源的配置。体育人力资源的区域配置，必须结合当地体育发展的实际情况，具体问题具体分析，充分发挥地区资源优势，使各地区均衡发展的同时又各具特色，推动区域体育事业的发展。

2. 领域配置

体育事业的发展可以分为竞技体育领域、群众体育领域、高校体育领域和体育产业领域。体育人力资源在领域方面的配置要以发展重点领域为主要方向，对各领域中投入——产出之间的关系进行综合评定后再确定。体育人力资源的领域配置应该准确把握体育人力资源的方向，从我国基本国情和体育发展现状出发，保障竞技体育领域的资源供给，扩大群众和高校体育领域的资源分配，加深体育产业领域的资源共享，规划好各领域间的资源规模、比例和结构，使体育人力资源的领域配置获得最佳效益。

3. 行业配置

体育人力资源的行业配置非常重要，体现了体育人力资源的规定性。体育人力资源质的规定性包含两点：水平等级和行业种类。在进行体育人力资源的行业配置的过程中，要区别对待水平等级和行业类别，针对不同行业的岗位需求，合理分配适合该水平等级和职业类别的体育人力资源，最终达到最优组合。另一方面，还要考虑行业交流和替代，应对出现某种职业供不应求的现象。科学合理的人力资源行业配置，需要准确预测行业需求，在这个基础上，安排各级各类教育培训，精准培养出符合各类行业需求的体育人力资源，满足各类行业岗位的需求。

4. 项目配置

体育包含种类繁多的运动项目，体育人力资源的配置自然也包括运动项目的人力资源配置，在运动项目的配置上，综合考虑年龄结构，职称结构，一、二、三线人员结构等方面，不仅要避免出现某一运动项目上人才过于集中，而且也要防止出现某一运动项目中人才匮乏。

（五）体育人力资源配的规律

体育人力资源配置遵循"边际效益递减律"，人力资源的边际效益是指向一个处于经济活动过程中的经济实体做出的新的人力资源投放所获得的收益。依据"享乐递减法则"，在社会经济活动中向每个经济实体投入的人力资源都可以导致边际效益递减现象。在向人力资源稀缺的经济实体投入人力资源后，这个经济实体的人力资源投入边际效益会呈现三个时期。第一时期，当经济实体的人力资源需求量很大时，其人力资源投入的边际效益明显且逐渐增大；第二时期，当经济实体的人力资源配置趋向饱和时，人力资源投入的边际效益逐渐降低直到为零；第三时期，当经济实体的人力资源配置过剩时，人力资源投入的边际效益出现负增长。与此对应，社会经济中的经济实体间人力资源投入边际效益会出现三种情况：一是人力资源匮乏的经济实体边际效益呈现正增长，二是人力资源配置基本平衡的经济实体边际效益接近于零，三是人力资源过剩的经济实体边际效益呈现负增长。

（六）体育人力资源配置的原则

1．坚持国家宏观调控为主，市场调节为辅的原则

体育人力资源配置主要分为计划配置和市场调节，这两类配置方式各有利弊。计划配置的优势是从全局把握，统筹协调，但是管得过多、过细就会降低人们的积极性和创造性。市场调节可以充分调动人们的主动性和积极性，提高配置效率，但是又会在一定程度上出现体育人力资源不平衡的问题。从辩证法角度看，无论何种配置方式，都有自身的优势和劣势，不能盲目选择其中一种。为了实现资源优化合理配置，只有将两者有机融合，优劣互补，最大限度地实现体育人力资源的合理配置。

依据我国的基本国情，现代市场是政府调控下的市场，现代市场竞争是政府管理下的市场竞争。体育人力资源要达到合理配置，既需要完备的体育产业市场体系，又需要政府在资源的配置中起到宏观管理和调控的作用，选择合适机变的政策体系。即使在市场经济较为发达的西方国家，不仅有市场调节，国家也会介入资源配置。因此，体育人力资源的配置方式需要结合计划配置和市场调节，根据我国体育发展的具体实际情况，体育人力资源的配置方式应该坚持国家宏观调控为主，市场调节为辅的原则，国家从全局角度对重大问题进行调控，而具体的业务性的问题则交给市场，这是体育人力资源配置不可动摇的原则。

2．统筹协调，兼顾公平

我国区域经济发展不平衡，体育人力资源配置要从整体出发，总揽全局、科学筹划、协调发展、兼顾各方地区差异，避免体育人力资源过分集中，分配不均。但是均衡不意味着绝对平均，并不能实现绝对公平，体育人力资源本身具有相对稀缺性，因此应在相对均衡和公平的基础上，最大限度地发挥体育人力资源的效益。运用经济、法律、政策等手段，遵循市场规律，使资源向效率最佳的环节流动，向国家重点发展的区域流动。

3．人尽其才，提高效率

要提高体育人力资源的利用效率，提高工作积极性，就要使体育人力资源与工作岗位相匹配，达到物尽其用的效果。如果能力高于工作岗的要求，会出现大材小用，造成人力资源浪费；如果能力低于工作岗位的要求，工作难免出现纰漏和问题，造成不必要的损失。只有将人才资源分配到合适的职位上，才能提高工作效率，获得高收益。从体育人力资源的角度看，选择到合适的岗位，才能发挥自身资源优势，为用人单位创造价值；从用人单位的角度看，选择到合适的人力资源，充分利用资源优势，才能提高生产效率，实现

效益增长。

经济学中资源配置的重要原则就是提高效率，在体育经济运行中总会出现资源配置不合理、利用不充分的问题，提高效率可以有效解决这些问题。体育人力资源是体育经济运行的中坚力量，占有特殊地位，提高体育人力资源的使用效率尤其重要。

4．动态变化

体育人力资源的配置包括初配置和再配置。初配置是指体育人力资源最初在地区、部门及不同使用方向上的分布，主要针对新增的体育人力资源的配置。再配置是指在初配置的基础上，体育人力资源在地区、部门及使用方向上的合理流动，从而形成新的体育人力资源分布格局。体育人力资源初配置需要考虑存量问题，即有多少体育人力资源分配到各地区、部门及使用方向上。而体育人力资源再配置主要面对的是流量问题，即通过多少体育人力资源的合理流动达到有效的再配置。

随着社会的发展进步，特别是知识更新速度的加快，出现一批新兴学科和交叉学科，原来合理的人力资源配置变得不合理了，原来优化的人力资源结构变得不优化了，这时就需要进行人力资源再配置，推动体育人力资源在地区、部门及使用方向上的合理流动。另外，随着不断深入的体育体制改革和不断变化的体育人才需求，出现新的工作岗位或者一些岗位对人才提出了更高的职业要求，以前的体育人力资源不适应工作岗位提出的新要求，或者某一岗位急需相应的人力资源，这时都需要体育人力资源进行再配置。因此，随着经济、社会、知识、能力的不断发展，体育人力资源的配置也要处于动态变化中。

5．优化结构

通过体育人力资源的配置，调节各地区、各部门的体育人力资源分布，新的体育人力资源投放到不同的方向，优化体育人力资源使用结构。实践证明，多元的工作队伍结构，思路更为开阔，视野宽广，营造活跃的工作氛围和学术氛围，有利于开展综合工作；知识更新快的工作队伍结构，有利于吸纳符合现代社会发展要求的体育人才；年龄结构丰富的工作队伍结构，体育人才队伍不会出现断层和真空情况，有利于体育工作的可持续发展。优化人力资源结构，形成组合优势，具备高创造性和高效率的特点，因此，在资源配置过程中要坚持优化结构的原则，而不是"照顾关系"形成"小圈子"的体育人力资源结构。

6．合理配置

体育人力资源合理搭配是指体育人力资源投入的最高产出率，经济的投入方向、配置的合理，以及更为广泛的社会方面的内容。科学协调生产效率与分配公平的关系、社会劳动与家务劳动的关系，经济效益可以通过数字等直观的方式表现出来，而社会效益则较为隐性，不能直观地表现出来，需要通过一定的形式才能体现。因此，体育人力资源合理配置，需要从宏观和微观两个层面正确理解和把握，力争取得最大的经济效益和社会效益。

体育人力资源的合理配置在于最大限度地提高体育人力资源的劳动投入产出率，必须有效结合体育人力资源和物质资源，科学管理体育人力资源，达到对各类体育人力资源的合理利用。针对不同工作岗位的不同要求，在人力资源的配置上，要最大限度地发挥每个人的工作才能，深入挖掘工作潜能，利用个人专长，调动劳动积极性和创造性。

7．充分就业

当今世界不同经济体制、不同经济水平的国家都共同追求的目标就是充分就业，它不仅是经济目标，而且是一个重要的社会目标。充分就业可以从两个角度分析，从总供给与总需求的关系分析，充分就业是总需求增加时，总就业量不再增加的状态，也就是凡接受市场工资水平愿意就业的人都能实现就业；从劳动力供求关系分析，充分就业是劳动力供给与需求达到均衡的状态，国民经济的发展充分地满足了劳动者对就业岗位的需求。

在宏观经济学的原理中，充分就业是人力资源的供给可以满足社会需求，有劳动能力和就业要求的经济活动人口，基本上都能获得社会劳动岗位。但是，由于经济活动的复杂性和不确定性，就业情况千变万化，充分就业在实际操作中有一定困难。从微观层面上看，生产的边际效益往往是影响人力资源需求量的主要因素，在资金投入固定的情况下，用人单位人力资源的需求总是有限的，但通常情况下人力资源供给又具有无限弹性，使得充分就业只能是一种相对的概念，在实际操作中充分就业很难完全实现。可以肯定的是，当充分就业实现时，失业现象并不会消失，摩擦性失业及其他类型的自然失业与充分就业会同时存在。

体育人力资源配置是通过调节体育人力资源的供求关系来实现的。人力资源供求矛盾客观存在，一部分人力资源在流通过程中沉淀下来，形成失业。失业是价值规律调节人力资源供求关系的结果，是在人力资源市场活动中形成竞争机制、价格机制的重要条件。但是失业的弊端又要求政府通过各种手段将其控制在一定范围内，避免无限扩大。通常，在人力资源供不应求或供求基本平衡的状况下，就容易实现充分就业，但是如果人力资源供过于求，就无法实现充分就业。这时就需要采取各种调控手段扩大岗位需求，尽量减少供给，达到人力资源的供需基本平衡，提高就业率。若采取一定平衡措施后仍然供过于求，这时未能就业人员的生活来源，就要从社会保障的费用中获得。经济学的原理中社会就业总人数只能达到经济总产值不继续下降的劳动力边际投入数量，但是在实际操作中，考虑到社会效益，有时还需要适量降低经济总产值，以便投入更多的劳动力，提高就业率来保持社会稳定。

二、体育人力资源的管理

（一）体育人力资源管理的概念

体育人力资源管理受到体育组织内外环境、社会经济发展水平的影响，是体育组织使用合适的体育人力资源，组成高效的体育人才队伍，实现体育组织目标的过程。体育组织要达到既定目标，就要运用科学且行之有效的管理理论和方法，提高体育人力资源的使用效率，借助考核和激励的手段管理体育人力资源。体育人力资源管理并不是直接管理劳动过程，而是对体育组织中人与人、人与事相互关系的管理，彼此相互适应、相互促进，事得其人、人尽其才，促使人与人、人与事的关系达到最佳状态。

体育人力资源管理常用的手段有组织、协调、监督，组织就是将人与人组织起来；协调是通过利用行政等各种手段，调整人与人、人与事的相互关系，避免出现各种矛盾，使其始终保持最优状态；监督是按照体育人力资源管理的相关法律法规对组织、协调等管理工作进行监察。

体育人力资源管理的核心要素是人和事，对人要竞争择优，对事要因事择人，竞争聘用、择优选拔、考核奖励、进修培训都属于管理手段。体育人力资源管理不是强迫人被动地接受，而是挖掘每个人的优势，使其在最适合的工作岗位上发挥自身长处和特点。根据每个人能力的变化，及时调整工作岗位，促使人力资源的合理流动。

体育事业的发展变化对体育组织中的人提出新的要求，体育组织成员素质能力的提高又对体育事业的发展起到促进作用，二者相互影响，形成了体育人力资源管理的基本规律，不同于自然规律和社会经济规律。

（二）体育人力资源管理的意义

体育人力资源管理的实质是根据体育市场客观发展变化的规律以及体育组织中人与事的相互关系，对其进行组织、协调、监督的活动。目前，我国体育人力资源的管理面临许多问题，加强人力资源的管理已经成为我国体育事业可持续发展的迫切需要。

1. 构建科学的人才培养体系

当前我国体育市场的发展由计划经济体制向社会主义市场经济体制转型，"一带一路"倡议的提出，推动了体育事业的进一步发展，各类体育组织在这一过程中遇到了很多问题，急需建立适应市场竞争的、有助于人才选拔、培训、激励的人才培养体系。我国各级体育组织由体育行政部门逐渐向协会性质的非营利组织转型，一些体育事业单位逐步转为市场机制下的营利组织，原有的国有体育企业转变为股份制企业。这些组织在转型过程中，都会遇到体育人力资源管理的相关问题，建立科学的人才培养体系，有助于提高人力资源的管理效率。

2. 改革创新体育人力资源管理培养模式

由于政治、文化、体制的不同，我国与外国的体育组织在人力资源的管理上具有很多不同点，外国的人力资源管理理论和模式并不完全适用于我国体育组织，需要将国外人力资源管理理论与方法改革创新，形成一套适应本国国情的管理模式。结合体育组织自身的特点，一些在通用的、成熟的理论模式未必适用于我国体育组织。针对我国各级体育组织的实际情况形成合适的体育人力资源管理培养模式。

3. 培养高层次体育人才资源

国家间体育的竞争就是体育人才的竞争，有效的体育人力资源管理可以增强体育竞争力，科学的体育人力资源管理可以推动体育事业的快速发展。目前，我国各类体育组织中专业的体育管理人才比较匮乏，缺少特别是高层次专业管理人才，体育赛事组织、运营和体育产业开发方面的高级管理人才，人才培养工作迫在眉睫。随着我国在国际体育组织中的地位日趋上升，需要有一大批懂外语、精通技术业务和管理经验的体育人力资源进入国际体育组织。

4. 实现个人职业目标和体育组织的战略目标

体育人力资源的管理有助于实现个人职业目标和体育组织的战略目标，为体育组织提供人力资源开发模式、培训途径，提升人力资源价值，建立公平、公正的绩效考核体系和分配体系，激发员工的工作热情，提高满意度，帮助员工实现职业发展规划。

（三）体育人力资源管理的目标

对体育组织来说体育人力资源管理的最终目标就是获得体育人力资源的最大使用价值，以实现体育组织的目标。要想获得最大使用价值，就要努力提高体育人力资源的适用率、发挥率和有效率。

对体育人力资源来说,体育人力资源管理的最终目标是实现体育人力资源的价值,即体育人力资源的个人理想,既包括物质理想,也包括精神理想,既有国家理想,也有社会理想,体育人力资源管理从根本上来说是对人的全面发展。

(四)体育人力资源管理的内容

体育人力资源管理的内容主要是对体育人力资源的建立、维护和开发,从宏观层面看就是识人、选人、育人、用人、留人,从微观层面看主要包括人力资源进入体育组织,体育组织管理组织内成员的关系,成员与组织终止关系的一系列管理内容。

1. 识人

识人是体育人力资源管理的核心,是选人、育人、用人和留人的基石。精准的识人为体育人力资源的选人和用人奠定了坚实的基础。首先要确定工作的具体要求,如年龄、力量、运动素质、观察能力、性格、态度等,其次要确定对工作人员的具体要求,如心理、生理技能、知识和品格等。识人最主要的是综合考虑体育人力资源的职位胜任力,一方面使识人更加科学、客观,另一方面也提高了识人的效率和质量。

2. 选人

选人是体育人力资源管理进行实际操作的第一步,可以看出选人的重要性。如果选对合适的人,之后的育人也就相对容易,用人得心应手,留人更加方便。根据体育组织内的岗位需求和职责要求,利用各种方式方法从体育组织内部、外部吸引应聘人员,按照平等公平、择优录用的原则,招聘所需要的各种体育人力资源。选拔体育人才需要经过资格审查,从应聘人员中初步选出一定数量的候选人,然后经过严格的笔试、面试等环节进行筛选,试用一段时间后正式录用。

3. 育人

育人是体育人力资源管理的推动力。体育事业的发展靠体育人力资源的推动,育人是体育人力资源管理的助推器。为了提高体育人力资源的工作效率,对新员工开展的岗位培训大多是有针对性的短期培训,对高层次管理人员尤其是晋升前的培训,主要是尽快掌握更高一级职位中工作的内容和技能要求。体育人力资源的培训系统一般包括确立培训主题、制定培训目标、设计培训程序、实施培训计划、评估培训。

4. 用人

用人是体育人力资源管理的关键。识人、选人、育人、留人的最终目的都是为了让体育人力资源发挥效能,实现体育组织目标。体育人力资源在用人方面的管理内容主要包括机构与编制的管理、考核与奖惩的管理。机构与编制的管理,需要对体育组织的机构和各个岗位的要求进行分析,确定每一个组织机构和工作岗位对人力资源的要求。考核与奖惩是由体育人力资源自身对工作内容进行总结,体育组织管理部门进行审核,最后做出工作绩效考核的评价。定期进行绩效考核与奖惩挂钩,可以激发体育人力资源的积极性,检查和改进体育人力资源管理。

5. 留人

留人是体育人力资源管理的目的,如果能留住优秀的体育人力资源,不仅可以增强竞争力,而且可以推动体育事业快速发展。可以通过多种手段、渠道,全方位考虑体育人力资源的需求,留住优秀的体育人才。

报酬福利是留人的重要手段之一，体育人力资源管理部门从工作人员的资历、能力和实际绩效业绩出发，制定有吸引力的工资报酬，随着员工的职务升降、岗位变换、成绩高低进行相应的调整。福利是工资报酬的延续，如"五险一金"等福利待遇，体育人力资源的保留需要国家、社会、用人单位、个人四方共同努力，国家、政府制定了劳动保护的相关条例和规定，在一定程度上保护了体育人力资源。

（五）体育人力资源管理的原则

1．以人为本的原则

在体育人力资源的管理工作中，要树立以人为本的观念，关注人本身在体育事业发展中的关键作用，不断激发工作热情，全身心地投入到体育人力资源的管理中去。各级管理者认真研究各类体育人力资源的特点、成才规律，激发其主观能动性，挖掘体育人力资源的潜能，通过定期开展教育培训工作，提高体育人力资源整体水平。

2．反馈原则

反馈就是由控制系统把信息输送出去，将结构返送回来，影响信息的再输出，起到控制作用，从而达到最终目的。在体育人力资源管理的过程中，由于受到内外多种因素的影响，或者是计划制定的不够完善，出现一些问题，这些问题需要及时反馈到体育管理部门，以便及时采取措施，调整策略，更好地实现目标。

3．休戚与共原则

体育人力资源的管理在实现体育组织的目标的同时也实现了体育人力资源自身的价值，如果过于计较个人利益得失，不仅降低了体育人力资源自身的价值，而且也阻碍了体育组织目标的实现，两者荣辱相生，休戚与共。

第三节　我国体育产业人力资源培养模式

一、体育产业人力资源培养模式概述

21世纪，人才将成为国家、民族、社会生存发展的推动力，体育产业人力资源既是体育产业各领域升级发展的基石，又是体育体制改革促进体育事业全面发展的推动力量。体育人力资源的培养是时代的需要，是体育事业发展的需要。可见，对体育产业人力资源培养模式的研究是非常有意义的。

体育人力资源培养模式包括三个方面，培养目标、课程设置和培养方式。

培养目标是整个体育产业人力资源培养模式的主导方向，培养目标向体育产业各类别体育产业人力资源展现了一种基本的工作状态，包括工作领域、工作报酬等内容，为体育产业各类别体育人力资源的培养确定了方向。

课程设置是连接培养目标和培养方式的重要纽带，培养人才首先要明确培养什么样的人才，其次是如何培养，课程设置起到关键的连接作用。课程设置体现了体育产业各类别人才的基础知识、技能和素质要求，根据培养目标，结合所需课程，确定科学合理的培养方式。课程设置并不是简单的罗列，需要配合其他措施，例如教学方式或教材。课程设置处于不断变化之中，随着体育产业的不断发展，人才要求的不断变化，培训内容的不断更新，培训方式的不断创新，课程设置也要与时俱进。

　　培养方式是体育产业人力资源培养的最终实施阶段，各教育培训机构通过办学方式、培养层次、考评方式以及师资队伍的建设等，实现体育人力资源的培养目标，使人才符合岗位要求，课程设置得到进一步提升。学生和用人单位在培养目标上存在一定差异，由于区域发展不平衡，目前我国体育产业人力资源的培养过程也存在着供需矛盾。体育产业人力资源的培养目标以国家和地区发展需要为前提，依据国家和地区的经济实力。

　　根据国家和地区经济以及体育产业发展对人才的不同需求，以及体育教育机构的自身条件，确定培养目标，构建合理的人才培养目标。在构建人才培养模式时，必须树立正确的办学指导思想，准确地定位，制定正确的培养目标，课程设置上要充分考虑不同区域对体育人才的不同需要，及时了解区域经济社会的发展动向，根据区域体育产业的发展，适时调整人才培养目标。

二、各类体育产业人力资源培养模式

（一）体育经济人才培养模式

　　体育经济学作为一个新兴专业，主要是培养从事与体育经济活动有关的体育专业人才，其研究内容包括体育产业范围内的一切经济活动，体育经济学与体育管理学存在一定差别，管理学更注重管理技能，而经济学偏向经济理论，因此，体育经济人才的培养具有自身特色。

　　1. 培养目标

　　体育经济人才的培养目标是：在体育及体育相关领域的政府、高校等机构，从事体育产业开发、体育金融、体育国际贸易以及体育教学科研等活动的专业人才。

　　政府部门、体育俱乐部、高校、体育企业等机构都需要大量体育经济人才，但是政府部门和高校的体育人才的缺口比较大，这是我国体育产业的发展现状所决定的。目前我国体育产业处于起步阶段，体育产业相关政策亟待完善，政府部门从政策的制定到调整体育产业结构都需要掌握经济学理论的体育经济人才。在高校中，由于体育经济人才供不应求，应加大对体育经济学教学的科研，为体育经济学人才的培养提供理论指导。

　　2. 课程设置

　　体育经济学专业的主修学科是经济学、体育学、管理学和数学。其课程设置要跟随社会和学科的发展变化而变化，根据学科特点确定开课学时，最好将社会实践作为必修课，在市场环境中遇到经济问题，最终还是要运用经济学原理解决实际问题，因此社会实践课显得尤为重要。体育经济专业应开展以实践为中心的开放式教学，这种开放式教学可以采用案例教学、模拟教学和项目教学等多样化的教学方法。体育经济专业可以没有指定教材，教师可以运用最有发展前景的、就业率较高的案例来进行教学，不拘泥于教材本身、注重社会实践的开放式教学模式更有利于培养出适应社会需要的体育经济人才。

　　3. 培养方式

　　体育经济人才的培养应以学历教育为主，由专业院校对体育经济人才进行教育培训。任何形式的在职培训或自学等方式既没有实施现实条件，也不会得到社会认可。体育经济人才的培养可以由综合性大学体育系与经济系联合培养为主，体育院校和经济类大学联合培养为补充。随着体育产业的发展，体育院校资源优势的逐步凸显，更有利于培养专业的体育经济人才。

在人才的培养层次上，体育经济人才应该至少具备本科学历，以硕士学历为主，适当培养体育经济学博士，研究生是我国高层次人才队伍的主力军，为实现科教兴国奠定坚实基础，需要扩大体育经济专业研究生的招生规模。满足社会各方的需求，可以招收委托培养研究生，培养经费由委托单位承担，研究生毕业后继续回委托单位工作。

在考核方面，对体育经济人才的考核应以考试为主，学制采用学分制与学时制相结合的方式。

（二）体育生产与研发人才培养模式

我国体育产业主要集中在体育服装、体育器材等体育用品领域，还没有专门从事体育产品研发的机构，体育用品企业大多集中于中小型企业，体育产品的研发能力较差，缺乏体育生产与研发的专业团队。自主创新要以人为本，只有拥有具有创造力的核心研发人才，企业才能将研发结果投入生产，才能实现自主创新。

1. 培养目标

体育生产与研发人才的培养目标是从事市场调研、设计方案、样品整合、生产管理、品牌策划等复合型技术人才，具有良好的思想道德素质，扎实的专业知识，较强的技术能力，对人才的综合素质要求比较高，主要针对体育产业中的体育用品制造业。

2. 课程设置

数学是培养生产研发人才最重要的基础理论课，它是培养技术人员形成数学思维习惯，提高逻辑分析能力，体育生产研发人才的培养将应用数学课设置为必修课或选修课，内容包括复变函数论、积分变换、数值分析、离散数学等应用较广的现代数学内容。课程的教学可采用少而精的方法，学时少可通过讲座形式介绍精华部分，便于学生开阔视野，接受更多更广的现代数学方法。

教学方式可以将大部分课程安排在工作厂房里进行实践授课，将理论与实践相结合，学生学习的同时可以直接运用到实践，一方面用理论指导实践，另一方面通过实践来检验理论。建立"讲授—训练—自学"开放式交流教学体系，注重师生之间的交流互动，不断从外界获取新的知识和信息，重视下厂调研，校企联手，营造开放式的交流环境，为学生毕业后能顺利走入社会，适应工作岗位奠定坚实的基础。

通过实验教学，传授知识、加强能力和提高素质，影响着体育生产研发人才培养的质量水平。组织学科水平高、教学经验丰富的教师教授公共基础课、技术基础课；有一定科研能力、熟悉专业生产的教师教授专业课。授课过程中不仅要传授知识，而且要传授治学之道，提高学生主动学习的能力。加强实验室建设，使实验的仪器设备达到较高的水平，为学生提供锻炼动手能力的条件。

建立一支具有创新意识的教师队伍，除了具备教师的基本素质条件外，要有科学研究与技术创新、解决实际技术难题的能力，有指导生产实践的能力，拥有创新的教育理念，善于进行教学理论方法研究和创新，注重培养学科骨干和学术带头人，形成教学、科研、生产相结合的教师队伍，担当起培养应用型生产研发人才的任务。

3. 培养方式

改革办学机制，实行校企联合办学。随着职业教育的发展壮大，实践教学逐渐受到人们的重视，但是依照原来的教学行政管理体系，高校难以靠自身的能力完成相应的实践实习教学安排，实行校企联合办学，与企业紧密联系，扩大学生的实习和社会实践空间，改革以高校和课堂为中心的传统人才培养模式。高校要及时掌握市场变化与企业人才需求的信息，与经济效益好、具有发展潜力的制造类企业实行联合办学，把一部分办学的主动权交给企业，树立为自己培养人才的观念，调动企业的积极性。学习内容最后一年以企业为中心，主要由企业组织学生进行专业实习，毕业后直接投身生产加工第一线，之前以高校为中心，主要由高校组织学生学习公共基础课和专业理论课。高校和企业应签订联合办学协议，明确双方责任，为校企联合办学提供法律保障。

生产研发人才是应用性很强的技术人才，建立新型的师徒培训模式，需要一支专业的企业培训师团队，技术工人经过师傅培训获得专业的师傅资格证书，之后便可以在企业承担带徒弟学习的培训任务，要加快企业培训师团队的建设，提高技术工人的理论水平。

（三）体育项目管理人才培养模式

体育项目管理主要针对与体育活动有关的项目管理活动，在有限的资源环境中，运用系统的理论和方法，对与体育有关的项目进行合理的计划、组织、领导和评价，最终达到项目目标，最常见的如奥运会、世锦赛的项目管理等。

1. 培养目标

体育项目管理人才的培养目标是培养体育产业领域内，从事项目策划与评估、项目组织与采购、项目实施与控制、项目风险管理等工作的高级应用型管理人才。体育项目管理人才要具备的能力素质有决策、组织、创新、协调和控制、激励、社交、领导能力，需要掌握一定的管理、财务和法规知识，有一定的外语能力，便于扩大沟通和交流。

2. 课程设置

体育项目管理人才培养的课程安排较多，核心以管理学为主，包括经费管理、风险及质量管理、战略管理、财务管理等。课程设置要能够鼓励学生进行基于实践和个人体验的探索性学习，项目管理不可重复性的特点决定了需要训练学生独立思考问题的能力。因此，在教学过程中要结合具体项目案例，最好是学生熟悉了解的项目，引导学生从宏观和微观层面分析项目实施情况、成本控制情况、项目实施后的经济和社会效益以及面临的风险等，使学生设身处地地思考和解决实际问题，尊重学生的独创性，采用以问题为中心、以任务为驱动、理论联系实际的方法进行教学活动。

3. 培养方式

体育项目管理人才属于应用型高级管理人才，综合性大学的许多学科都处于科研前沿，学科种类多、学科综合性强、人才荟萃，具有成熟的教学与管理经验，有完备的教学设施和办学条件，掌握最新的前沿科技信息，因此，综合性大学培养体育项目管理人才是人才和用人单位的最佳选择。充分挖掘现有的教学资源，提升体育项目管理人才的办学效益。综合性大学也要改变重科研、轻教学的情况，提高教师的敬业精神和业务能力，增加实践教学方式，改革教师考核及晋升制度，鼓励一线教学的教师提高体育项目管理人才培养的教学质量。建设一批体育项目管理人才教育培训基地，更加有计划、规范地开展体育项目管理人才的培养。

三、我国体育产业人力资源培养模式的建议

（一）加强政府的宏观调控

体育人力资源用人单位对体育人才提出了高要求、严标准，但是却没有对体育产业人力资源的培养模式进行开发，现有研究多集中于高校。政府需要发挥统筹协调的作用，营造良好的政策环境，保证政策充足供给并严格实施，集中利用企业、高校、科研机构三方优势，资源共享互补，创建具有中国特色的体育产业人力资源培养模式。

（二）充分利用高校资源

高校以及其他培养机构成为体育产业人才的供给方，及时了解市场变化动态以及人才资源的需求情况，确定人才的培养目标，实行学分制与学时制结合的课程设置，采取考试的测评方式，丰富课程设置，体育人力资源掌握体育基本知识的基础上，通过选修课拓展知识层面，引入数学、管理的相关知识，培养全面的复合型人才。

（三）加强专业建设

当前，我国体育产业人力资源存在供需矛盾以及区域不平衡的问题，应加强体育产业各分类人力资源培养的专业建设，开设新兴专业以满足体育市场对相关人力资源的需求，做好就业指导和职业生涯规划管理的课程，实现人才与用人单位的双赢，根据各个区域发展情况，因地制宜建立不同的体育产业人力资源培养模式。

第四章

高校体育教育专业人才培养模式目标及影响因素

第一节　高校体育教育专业的指导思想与目标

一、体育教育本科专业培养目标

体育教育本科专业培养目标，受当时的社会经济、政治、文化、教育等发展环境的影响极大，影响要素与生存发展环境也呈现出密切相关性。

改革开放后，受世界高等教育改革和市场经济的双重影响，旧有体育教育的绝对专才体制，已经不能适应社会发展对人才的需求，于是相对过去那种绝对专才培养思想更为宽松的相对专才培养思想得以形成，具体表现为培养口径变宽、就业适应面变大。

二、"厚基础、宽口径"的思想与目标

（一）"厚基础、宽口径"的界定

1. 关于"基础"的界定

"基础"的本义：指建筑底部与地基接触的承重构件，它的作用是把建筑上部的荷载传给地基。因此，地基必须坚固、稳定而可靠。

2. 关于"口径"的界定

"口径"的基本含义有如下三种：器物圆口的直径；泛指要求的规格、性能等；比喻对问题的看法和处理问题的原则。

3. 专业口径的界定

专业的形成源于社会劳动分工。为满足社会对各行业高级专门人才的需求，高校对人才进行分类培养，从而形成培养人才的专业。可见，专业与社会分工的结果——职业之间存在着某种对应关系。

4. 专业口径宽窄的利弊分析

专业口径的宽窄设置都存在利害相随的特点，宽口径专业在有效避免窄口径专业弊端的同时，也有自身无法克服的缺点。过宽的专业设置，意味着其不是行业所需的"特效药"。现实情况是大多数行业要求招聘的员工能很快适应工作岗位，并且由于用人单位对大学毕业生的定位属于高级人才，往往对其赋予技术创新的重任。如果大学专业口径设置过宽，毕业生专业特长不突出，其将因不具备"特效药"特点而丧失某些专业地位，面临外部竞争。

（二）"厚基础、宽口径"的实质与优点

1. "厚基础、宽口径"的实质

"厚基础、宽口径"的实质是通才教育在人才培养领域的反映，是培养"复合型人才"问题，具体是"A"型人才结构，即要求人才具有厚实的基础理论知识体系，宽阔的专业方向口径，较强的工作能力和较高的自身素质。归结起来实质就是对知识、能力和素质三

个方面的基本要求。"A"型人才模式结构中，左边一斜竖，代表人才的基本能力结构，右边一斜竖，代表人才的基本素质结构，中间一横"一"代表人才的基本知识结构。这三者有机结合构成"A"型人才的基本目标模式框架。人才的基础知识结构、能力结构和素质结构共同有机构成人才的知识，是能力和素质的产生源泉。离开了知识，能力和素质的发展将受到质的限制，强的能力可以促进高素质的发展，高的素质也同样促进强的能力的发展，二者的发展需要知识的支持，并对知识提出新的要求和新的目标，促进知识的飞跃。知识、能力、素质这三者是相互作用、相互关联的有机整体。

从教师专业化的视角分析，"厚基础、宽口径"的思想和目标的实质，就是一种摆脱专业的培养思想，是一种淡化专业的思想。

2."厚基础、宽口径"的优点

依据对"厚基础、宽口径"的长期相关研究得出，总体上存在两种不同的观点。

从国家的课程方案来看，其培养目标蕴涵一种主流的观点：体育教育专业的口径必须得到拓宽，体育教育专业毕业生的社会适应性必须得到提高，这样才能在近年体育教育专业大量扩招而体育师资需求量下降的现实面前提高就业率。

然而，与之相对应的观点是："从理论看，现代社会供需双方的情况是多变的，作为供方的毕业生若能拥有较宽的知识面和多项技能，自然会有更多机会寻找到合适的职位。然而，现实却在时时提醒人们，离开自己的'主业'去谋他人'主业'领域的工作，一是低薪就职，二是自身发展受限，三是维持不久。因为那种文、理皆习的'厚基础'，可能是只'泛'而无'厚'，那种拥有多项技能的'宽口径'也是只'泛'而无'精'"。"厚基础、宽口径"的课程设置或知识传授是高等教育服务于社会发展、引导社会需要的一种积极意义的体现，其难点在社会不能不要效率、不要分工，一个人毕竟要从事某种专业，表现其专长。这后一种观点也是极具代表性的。

"厚基础、宽口径"这一理念是对高等教育改革具有指导性，但其也具有明显的局限性——具体到体育教育专业的改革上，还是要以时代发展为改革的背景、以体育学科本身特殊性为主要的改革依据，而不能完全用这一对高等教育具有普遍性的理念为主要改革依据。隐藏在这两种争论的背后深层面的问题有三个：就是在体育教育专业的人才培养方面是坚持按当今世界发展趋势——通才教育，还是坚持我国以往的经验——专才教育，或是二者的结合——体育教师教育专业化趋势的问题。

因此，通识教育取代专业教育成为一种新型教育模式是有条件的，它的出现应在专业教育高度、充分发展之后，也即没有一个成熟的专业教育体系做基础，推行通识教育只是一种幻想。明白这一点的实践意义在于，通识教育不一定适合在所有大学或所有专业开展，它应该首先在专业教育发展较好的大学或大学内某些基础比较雄厚、优势比较明显的专业予以考虑。因此，在我国当前本科教育阶段，"厚基础、宽口径"培养目标的提出、实施，也必须考虑其实施条件和范围。

第二节　高校体育教育专业人才培养目标体系的构建

一个适当的培养目标一定是一个可以进行实践的培养目标，这不仅表现在合理的目标定位上，还表现在其明确、清晰的定位要求上。因此，为实现高校人才培养目标，构建一个系统化、逐层分解的、具有可操作性的目标体系就显得十分必要。

按照系统的观点，一切系统都是诸要素之间以及其与外界环境之间相互协调构成的一定组织的整体，没有整体联系，就没有整体功能。因此，高校人才培养目标作为一个系统，它既受到所属系统及其外界环境的影响，又受到自身所存在的许多子系统的相互作用。所以，在研究高校人才培养目标体系的时候，需要从整体上用系统观点来建立完整的构建图景，从整体上考察高校人才培养目标体系中诸要素之间与外界环境间相互协调的作用与方式。

高校人才培养目标体系包括总目标、高校层面的人才培养目标、专业层面的人才培养目标这三个主要因素。

一、总目标

高校人才培养的总目标是以国家总的教育目的为基础，根据高校的特征制定的，是国家的教育方针、教育目的在高校活动开展中的具体体现，规定了高校的发展方向，体现其价值取向，发挥功能，指导着高校人才培养活动，以便实现教育目的。这一总的人才培养目标的制定与社会制度、历史背景、民族传统等有着直接的联系，由国家以法律形式规定，或以政策形式规定。总目标具有高度概括性、方向性和指导性，是高校制定人才培养目标和具体的教育活动的依据。

二、高校层面的人才培养目标

高校层面的高校人才培养目标与教育目的相比，是相对具体的。各类高校结合自己的性质、任务以及特点，制订高校的培养目标。由于高校教育特定的职业性和地方经济服务的特点，就使各类高校在制定人才培养目标时，必须要反映本地区经济和社会发展对人才培养的要求，不但要考虑达到所规定的目标的必要性，还要考虑到所规定的目标的可行性。

国家确定职业分类，对规定的职业制定职业技能标准，实行职业资格证书制度。学历证书与资格证书并重是形成高等教育特色和提升学生就业竞争力的重要措施，也是国家规范、净化劳动力市场，增强企业和国家竞争力的重要途径。

而分科依据不同科类而言，不同科类以不同工作领域或行业培养专门人才为目的，由于学科性质与服务面向不同，都各有其特殊的培养目标。

三、专业层面的人才培养目标

专业人才培养目标既是分层培养目标的下位目标，也是分类培养目标的下位目标，是高校人才培养体系中的基层目标，是根据国家教育方针和教育目标，以正确的教育思想和观念为指导，根据高校定位、专业的学科性、社会需求等来确定。专业是人才培养的业务范围，是根据学科分类和社会职业分工的需要，高校里分门别类进行思想政治教育、相关学科专门人才培养的基本单位。专业人才培养目标是指在一定的修业年限内，通过高校组织的各种教育与教学活动，对毕业生在德、智、体诸方面以及知识、能力、素质的规格与质量所提出的应当达到的标准。因高校是以某一职业岗位为依据，职业定向到具体的岗位，因此专业培养目标其实是针对职业而言的。

第三节　高校体育教育专业人才培养规格分析

20世纪末以来，随着高校招生规模的不断扩大及高等教育入学率的显著提升，我国的高等教育呈现稳步发展的态势，突出表现在：我国高等教育步入了数量和规模扩张的黄金时期，很快实现了由"精英化"向"大众化"的转变。然而，我国经济的飞速发展，需要高等教育培养更多的能够满足社会多样化需求的通用型人才。同时，国民接受高等教育的需求日益旺盛，这些都对高等教育提出了新的挑战。当前我国高等教育发展状况下，体育教育专业的学生作为一名未来的建设者和接班人，既要有足够精的专业知识，使学生的学科视野更开阔、学术氛围更浓厚；又要有足够强的文化陶冶，使学生的人文素质及思想水平更高、文化底蕴及人格内涵更深厚；最终使学生的个性及特长得到充分发展。

因此，体育教育专业的学生各方面能力还需要强化。首先是专业知识与能力。事实证明，高等教育发展下对体育教育专业人才培养依然要求学生具有能胜任高校体育教育、教学、训练和竞赛工作的能力，也即作为体育教育专业的学生，最基本的能力就是怎样做一名合格的体育教师，然而仅有这些已经满足不了市场对体育人才的需求。其次是综合素质。再次是"实践能力"和"创新精神"，其中"专业知识与技能"所占比重更大。说明不论是专家还是学生都认为，体育教育专业的基本知识和技能是基础，是重中之重。只有在扎实地掌握了基本知识和技能的基础上，才能去更好地培养学生的综合素质，充分发展学生的个性等；只有培养出这样的人才，才有可能满足社会多样化的需求。

此外，人才培养目标与人才培养规格是两个不同的概念，但又有一定的联系。前者是人才培养的总方向和总原则，后者是前者的具体化。高校人才培养规格表明了人才培养在理论和实践能力等方面应达到的水平和标准，是组织教学的客观依据，是社会相应职业岗位对劳动者在知识、能力、素质等方面的具体要求。不管是制定培养目标，还是确立培养规格，两者都是面向我国经济发展的实际，在深入市场、深入行业，明晰社会职业岗位需求和理清职业岗位特征的基础上确定的。高校人才培养规格由人才的职业定向规定，是把上述人才培养目标对知识、能力、素质的概括描述，分解为若干细化知识、能力和素质，说明要达到的基本要求。高校人才培养规格目标主要涵盖知识结构、能力结构和素质结构三要素。

一、知识结构

传授知识是各类教育首要的基本的职责和任务，不同类型的教育培养出来的人才的知识结构不同。知识结构是各类人才的内核因子，对于高校学生而言，他们的知识结构主要有基础理论知识、专业理论和专业技术知识。那么，协调基础理论、专业理论和专业技术这三类知识的逻辑关系和比重，是优化技术性人才培养过程的一个关键问题。高等教育培养的是高级技术应用型人才，它是一种面向职业岗位的专业教育，而不是通才教育。这就要求高校必须以"必需""够用"和"管用"的原则来构建学生的基础理论知识和专业知识，即这部分知识应满足学生即将参加工作岗位的实际需要，又能支撑他们将来可持续发展的需要，保证其一定的知识基础、结构弹性，体现出针对性和适应性的特点，而并非是要一味地追求知识的系统性、完整性、深厚性。

知识结构主要由复合知识构成，复合知识包括基础知识、专业性知识、其他知识。它们之间相互联系、相互作用，从而发挥整体功能。

（一）基础知识

基础知识主要是指适应职业岗位所必需的前提性知识。基础知识既是求职谋生的文化基础，又是终身学习、转职换岗、创业立业的前提条件。

（二）专业性知识

专业性知识主要是指适应职业岗位所必需的本专业的常规技术知识和最新科技知识。就高校人才培养规格而言，专业性知识分为基础层次、中间层次和最高层次三个层次。基础层次主要是指作为就业与创业所需要的专业性知识；中间层次主要指就业与企业所需要的专业技术知识；最高层次主要是指创业所需要的复合性知识和最新技术知识。

（三）其他知识

其他知识主要是指转岗转业所需要的，适应科学技术进步、产业结构调整、技术结构提升所需的相关的专业知识、行业知识、产业知识，如适应 WTO 所需的商贸知识、法律法规知识和现代管理知识等。

总而言之，复合性知识是以专业知识为核心，以基础知识和其他知识为两翼，形成协调优化的、均衡发展的、高度开放的知识结构体系。其中，基础知识要过硬，打好立足基础；专业知识要专精，突出一技之长；其他知识要宽厚，突出一专多能，使学生既成为专职专业的行家，又成为相关职业的多面手。

二、能力结构

能力是个心理学的概念，是指人顺利地完成某种活动所必须具备的那些心理特征。现代科技日新月异，知识呈现出几何级数递增的特点，导致社会生产方式、生活方式发生极大的改变。我国任何类型的教育都应摆脱"应试教育"的理念，摒弃"灌输式"的教学方法，切莫把人当作机器来培养。对于人才培养针对性强的高校教育来说，更应注意这一点，以避免学生产生适应能力差、后劲不足等问题。高校学生的能力结构，可分为独立获取知识的能力、灵活运用知识的能力和创新能力三大块。

（一）核心能力

核心能力包括接受新技术能力、决策能力、管理能力、认知能力和语言能力等这些能力相互影响，其交集能力越多，核心能力越强，自然而然可以形成具有综合优势的竞争力，从而体现技术应用型人才和高技能型人才的鲜明特色。

（二）相关能力

敬业能力、合作能力、交流能力、创业能力、信息处理与加工能力等都属于相关能力。这些能力是巩固和强化核心能力，加强核心能力的基础，对提高技术应用型人才和高技能型人才的综合素质都将产生积极的作用。

（三）其他能力

其他能力主要包括自学能力、发展能力、自我推销能力和社交能力等。这是构成技术应用型人才和高技能型人才综合能力结构的基础，是开发、提升核心能力和相关能力的营养源。

总之，综合能力是要以实用为主，突出操作性、应用性的实践能力，加强技能训练，注重实际能力培养，并提高学生的智能和创新能力，鼓励个性自由发展。

三、素质结构

素质有先天素质与后天素质之分，这里所指的素质是指后天素质，是一个人在先天素质的基础上，经过后天的教育和社会环境的影响、培养、发展而逐渐形成的已内化于身的相对稳定的基本品质。对于高校学生来说，职业能力是他们就业竞争的主要砝码，但他们今后发展得如何主要看他们的素质。高校学生的素质结构根据培养目标特点可以分为职业素质、人文素质、身心素质。职业素质包括思想品德与职业道德、安全与质量意识、竞争与创新意识以及团队精神等；身心素质是指身体素质和心理素质。

高校人才培养中要求学生具备一定的总体素质，即促进人的"自我实现"，全面发展，提高人的总体素质为主要目标。理想的总体素质的培养，以理想、思想、品德和情操为基本框架，也同样是人的全面素质中的灵魂。

（一）职业素质

职业素质包括思想品德与职业道德、安全与质量意识、竞争与创新意识以及团队精神等，而且更应强调独立、创新、敬业等精神，这是一个人应对各种挑战和机遇、创业立业、待人处世的基本素质，在高校人才培养规格中，必须得到足够的重视和充分的体现。

（二）人文素质

人文素质是指人们在人文方面所具有的综合品质或者达到的发展程度。现代的"人文主义"，强调的是注重人的精神追求的理想主义或者浪漫主义，"人文"重点在如何去做人。

人文素质包括四个方面的内容：①具备人文知识。②理解人文思想。人文思想是有很强的民族色彩、个性色彩和鲜明的意识形态特征。人文思想的核心是基本的文化理念。③掌握人文方法。学会用人文的方法思考和解决问题，是人文素质的一个重要方面。④遵循人文精神。人文精神是人文思想、人文方法产生的世界观、价值观基础，是最基本、最重要的人文思想、人文方法。人文精神是人类文化或文明的真谛所在，民族精神、时代精神从根本上说都是人文精神的具体表现。

（三）身心素质

身心素质是指身体素质和心理素质。高校学生大部分要走上生产第一线，所从事的工作的竞争程度与劳动强度都较大，没有健康的体魄和良好的心理承受能力就难以完成工作任务。高等教育所培养的人才必须在知识、能力与素质之间得到有机融合，协调发展，相互支撑。

第四节 高校体育教育专业人才培养模式的影响因素

一、自然因素

（一）完全课程

完全课程是社会需求要素、学生素质要素、课程教学要素和条件要素四者最佳结合，是满足学生素质要素与课程教学要素协调一致、学生素质要素和条件要素协调一致、课程教学要素和条件要素协调一致，同时满足学生素质要素、课程教学要素、条件要素三者与社会需求要素协调一致的结果。完全课程是我们在课程设计的实践中努力接近的方向，是四要素彼此融合达成的最佳状态，是一种课程设计的理想境界。

（二）缺实课程

课程教学、学生与社会需求三者结合形成的缺少条件要素课程形式。这种课程不知道在什么条件进行课程教学，也无法判定优劣，本质上说是缺乏实际操作性，像一种空谈的课程，没有实际意义即"缺实"的课程。

（三）缺变课程

课程教学、条件与社会需求三者结合形成的缺少学生要素课程形式。这种课程没有考虑课程施加影响的主体——学生要素，没有以学生为本，缺少必要的针对性，暴露出死板的特点，是一种"缺少变数的课程"。

（四）缺理课程

学生、条件与社会需求三者结合形成的缺少课程要素课程形式。这种课程缺少对课程基本理论的研究，缺少对课程基本规律的认识，是一种缺少课程基本原理的"缺理课程"。

二、社会因素

从相对微观的视角分析，影响要素可从不同视角进行思考和不同纬度进行分类，可分为直接、间接的影响要素，核心、外围的影响要素，具体、抽象的影响要素，显性、隐性的影响要素，即时、长久的影响要素等。对这些要素的影响程度分析，是可以把尽量接近量化作为努力的方向，是可以按影响程度的大小、深浅、远近来排序的。

（一）人的影响要素

体育教育专业的"主营业务"是培养体育教师，相关人的因素是影响体育教育专业发展的关键因素。管理者的理念和思想，直接决定专业培养目标的确立和课程设计方案的内容；教师的素质直接影响教授课程的质量，间接作用于学生知识、能力与素质的形成；学生的素质直接关系对课程接受的效果，直接影响其培养过程的长短、培养效率的高低；服务人员素质影响对管理者、学生、教师提供服务的质量高低，最终影响学生培养的质量与效率。

（二）物的影响要素

物的影响要素是培养过程得以正常进行的保障，教学设施条件是培养过程得以正常进行的显性保障；教学人文环境是培养过程得以正常进行的隐性保障。

（三）媒介的影响要素

媒介的影响要素的实质就是课程，主要是指课程的目标、设计、内容，三者的关系是依据课程目标、进行课程设计、选择课程内容，最终形成所需的课程，并由教师用此课程去培养学生，完成培养过程。

（四）体育学科特性的影响要素

体育学科特性是由母体的多元性、知识的操作性、内容的复杂性、逻辑的非递进性、目标的多元性、一项多能性、一能多项性、学练的积累性、个体的遗传性、环境的影响性等组成。因此，其影响要素是多层次的、相互关系复杂多变的。

（五）学科发展历史的影响要素

任何学科的发展都是在继承过去的基础上走过的，学科发展历史就是学科的昨天，对今天的学科发展是以继承的形式进行影响的，并在学科发展全过程中主要以起源、进程、趋势来影响学科的发展。

三、影响因素之间的关系

（一）影响因素的关系

学生的运动技能的形成是其具体的、外在的表现形式，学生的体育学科能力的形成是其抽象的、内在的存在本质，体育教育专业的发展历史是其发展的参考路标，可使其少走弯路；国外相关的先进经验是其发展适度借鉴的对象，可起到加速发展、科学预测的作用；社会需求是发展的目标、方向、主要牵引力，课程是实现其发展的媒介。

影响培养目标的要素：社会需求是设定目标的主要决定要素；课程是实现目标的途径，教师是实现目标行为的指挥员，学生的身、心、智基础，努力程度、学习效率决定了目标实现的难易度、达成度，教学环境是实现目标的物质保证；专业就业率决定目标的认可度、是修正目标的"量尺"。

（二）影响要素中体现思想目标的环节

体现思想目标的环节有两个层面：

第一层面：思想目标需要什么？即课程设置的内容层面，就是依据实现思想目标的需要选择课程的种类，属于抽象的"种类"层面。

第二层面：思想目标需要多少？即课程内容的比例层面，就是依据实现思想目标中的针对性的知识多少、能力特点和素质的要求，选择具体的课程内容多少及比例关系，属于具体的"程度"层面。

第五章

高校体育教育专业人才培养模式的实践措施

第一节　高校体育教育专业人才培养模式机制

一、高校体育教育人才培养模式的基本内容

（一）高校人才培养模式的内涵

1．结构论

人才培养模式是以一定的教育思想或理论为基础建立起来的完整模型。这种模型可以为教育工作者在教育过程中提供实际操作的范式。它是集中人才培养的目的性、计划性、过程性和保障性于一体的一整套的体系，是教育理论作用于教育实践的桥梁。

2．过程论

人才培养模式是指在一定的教育理论或思想的指导下，按照特定的培养目标，以相对系统的教学内容、课程设置、管理体系和评估制度，实施人才培养过程的综合，即人才培养模式是人才培养目标、培养规格和基本培养方式的综合。

3．结合论

人才培养模式是指："为实现培养目标（含培养规格）而采取的培养过程的某种标准构造样式和运行方式。"这种理论认为人才培养模式既不能局限在教育过程中，也不能限制在教育结构中。它是过程与结构的统一，即教育当中动态与静态的统一。

综合以上观点可以看出，尽管它们在含义上有一些相同点，即基本上都是指教育思想和理论指导下的一种关于人才培养的方式。推及高校人才培养模式，应该是指在市场竞争的大环境下，高校为了提高自身竞争优势、实现毕业生有效就业的目标而建立的由明确的培养目标、高质量的培养规格、实时更新的课程体系以及科学的管理制度、评价方式等构成的一种育人模式。其内涵包括：第一，有一定的教育思想指导，教育思想是人才培养活动的基础，起着指导作用，社会科学领域所研究的"模式"针对的是社会人，而社会人具有主观能动性和目的性，不同的教育思想反映不同的价值观；第二，人才培养活动具有整体性和系统性两大特点，人才培养模式作为人才培养活动的外延应当包含目的性要素和技术性要素两大方面。

（二）高校人才培养模式的构成要素

人才培养模式的构成要素主要涉及四个层次：一是培养什么人，表现在价值层面的培养目标以及培养规格，属于目的要素；二是用什么培养人，表现为培养制度和培养内容，属于内容要素；三是怎样培养人，表现为行为层面的教育方法，属于方法要素；四是培养的人怎么样，表现为结果层面的质量评价体系，属于评价要素。

1．目的要素

培养目标是人才培养模式的核心要素，它包括知识培养目标、能力培养目标以及素质培养目标，它们分别决定了学生的知识结构、能力结构和素质结构，是一切教育活动的出

发点和归宿。而培养规格是基于培养目标而进一步规定的人才培养层次、服务方向等。

2．内容要素

内容要素主要体现在培养制度和培养过程上。其中，培养制度是保障人才培养活动能够顺利进行的前提，它直接影响着人才培养活动的进行。培养过程是指实施人才培养活动的全过程，它涵盖了所有培养活动的具体环节，是人才培养模式的关键，过程的成功与否直接决定着培养目标能否实现。

3．方法要素

培养方法是为了能够顺利实现培养目标而采取的方式和手段，目的是使学生真正掌握应当具备的知识、能力和素质，培养方法是多元的，它包括教师教学的手段、学生学习的方法以及考核方式等。

4．评价要素

评价体系主要对实施教育的过程和结果进行考核和测评，是检验人才培养质量的评价尺度，包括人才培养内容、评级标准和评价方法等。

（三）高校人才培养模式的特点

高校的人才培养目标是在服务区域经济建设和发展基础上培养适应相关行业（企业）需求的技能型人才，这些人才能够为相关行业的生产、管理和建设服务，他们在人才类型上不同于普通高等教育，在人才层次上不同于中等职业教育。高校人才培养模式在其发展的过程中具有自身的特点。

1．系统性

培养模式是一个系统，高校的人才培养模式是由培养目标、课程体系、教学方法、教学手段以及管理制度等诸要素组成的有机整体，从整体上勾画出了人才形成的规格，包括知识、能力和素质在内的网络体系。各个子系统之间的相互作用与影响，直接决定了人才培养模式的运行结果。

2．中介性

高校人才培养模式是以某种教育思想、教育理论为依据，然后将其转变为供高校教育工作者在人才培养活动中借以操作的既简约而又完整的范式。因此，高校人才培养模式具有中介性。

3．动态性

高校人才培养模式要适应经济和科技发展的快速性以及人才市场需求的多变性。因此，高校人才培养模式必须具有动态化的特点，能够不断变革、调整与发展，随着时代的发展而充实新的内容，但是在一定的时期内，又应该是相对稳定的。

4．多样性

多样性是我国社会经济现状及其发展的必然要求，高校人才培养模式具有多样性是我国高等教育内在规律和自身发展不平衡的必然结果。同时，高等教育走向大众化也是人才培养多样化的动因。

二、高校体育教育专业教材改革与建设

（一）体育教育专业教材改革与建设必须牢固树立目标意识

普通高校体育教育专业教材建设质量是实现人才培养目标的重要保证。目标意识即教材的改革、编写和选用要紧密围绕人才培养目标，符合课程教学大纲的要求。教育部颁发的新《课程方案》，明确了体育教育专业人才培养目标。培养 21 世纪具有创新意识和精神的"复合型体育教育人才"，不仅对教育、教学的各个方面提出了很高要求，同时也蕴含着对教材建设质量的高要求。教材改革与指导思想就是要不断适应社会发展的需求，不断提高教材质量，为人才培养服务。教材建设质量制约着人才培养的质量，因此教材不仅要具有很强的实用性，还要体现科学性、新颖性和系统性，具有很高的教育、教学价值。教材也是直接联结教师与学生的桥梁，作为含有各种信息和知识的载体，展现在教师与学生面前，为教师教学范围和深度提供基本依据，为学生学习提供基本内容和信息含量，使之更好地为培养目标服务。

（二）体育教育专业教材改革与建设必须牢固树立更新意识和创新意识

更新意识即加快教材的更新换代，缩短教材的建设周期，不断充实教材的新内容，努力保持教学内容的基础性、先进性和前沿性。随着现代社会的快速发展，世界信息更新速度异常快速，淘汰程度日益加剧。21 世纪体育知识信息也会空前丰富，知识陈旧、老化的速度不断加快，迫使我们必须主动地更新教材内容，扩充教材新信息含量，才能为培养适应现代社会快速发展需要的复合型体育教育人才创造条件和提供保证。

不断创建体育新学科教材，是培养新世纪复合型体育教育人才的重要举措。现代社会已进入科学知识高度分化与高度综合的时代，各种知识相互渗透、交叉和融合，不断地创建出适应现代社会发展需要的新兴学科。体育学科也是如此，在现代社会发展的大背景下，从自身快速发展过程中，创建出了一些体育新兴学科，如体育产业学、体育休闲学、体育经济学等，为体育教育专业培养"宽口径、厚基础"人才而服务。但是，新学科教材建设工作十分滞后，往往在开设这些新课程时，缺乏应有的教材是教学中遇到的主要难题，创编新学科教材已成为迫切需要解决的问题。广大教师和科研人员要主动积极地开采，进行有目标的探索与研究，逐步设计和形成创编新学科教材的思路、指导思想、框架体例、内容体系等，加强新学科知识的总结、归纳、梳理、重组和整合，不断充实、丰富新学科的理论与方法，创编出高质量的新学科教材。当前，尤其要重视创编适应社会体育和高校体育发展需要的新学科教材，为全面贯彻、实施新《课程方案》创造条件。

（三）体育教育专业教材改革与建设必须强化多样化意识

积极建设体育教育专业多种教材是丰富教学内容、提高学生综合素质的一项有力措施，有利于学生更好地理解、掌握基本教材的内容，为学习中的解题、解惑、解难提供更简洁明了的回答，为提高教学质量创造条件。多样化教材不仅为教师备课提供选择，有利于丰富教学内容，拓宽学生的知识面，而且还可以提高学生学习的主动性和积极性，培养学生自主学习的习惯和相关研究能力，有利于促进学生对体育知识的摄取、消化、转化和实际应用，培养学生综合运用知识的能力以及创新思维和精神。教材改革与建设必须强化多样化意识，即形成文字教材、电子教材、辅助教材和参考资料相配套的教学用书和教学软件，并紧密衔接、兼容基本教材的重点、难点内容，以适应现代化教学的需要，使多样化教材在深化教学改革、提高教学质量、培养学生综合素质中发挥重要的作用。

（四）把握体育教育专业教材改革发展趋向

把握体育教育专业教材改革发展的趋向，能够更好地明确教材改革与建设的思路。当前，体育教育专业教材改革发展趋向主要表现在以下 3 个方面：

1. 朝着多元化方向发展

体育教育专业的教材改革，首先表现在契合现代社会发展需要而朝着多元化方向发展，即教材由原来的基本教材（学生用书）建设逐渐发展为基本教材、参考教材（教师、学生）、试题（卷）库等相配套的建设；由原来的文字教材建设逐渐发展为文字教材、电子教材、网络课件等相配套的建设。注重字、像、声、图并茂，达到组合优化，进一步提高教材的全面功能以及可读性、可看性和参考性等，从而促进教材的全方位服务，充分发挥教材多元化的教育功能。

2. 朝着不断创建新学科教材方向发展

为了人才培养和组织教学的需要，为了及时介绍、推广多学科知识经渗透、交叉、融合而成的新知识以及新知识在体育教育领域中的运用，有关专家、学者勇于探索，大量开拓原始性创新，努力创建各种体育新学科和创编各种体育新学科的教材，供学生学习与参考，开阔新知识视野，这也是教材改革建设一个重要的发展方向。

21世纪信息发展非常之快，信息淘汰与更新的周期大大缩短，大量新信息的产生，积极地促进着人的思想观念、思维模式、知识结构、能力结构乃至精神与人格诸方面的变化，由此使人的综合素质与能力不断得到提高。同时，体育教育专业各学科知识的综合性大大得到了加强，并与其他学科知识相互渗透、交叉、融通，在实践中各种知识的碰撞，会产生许多新的体育现象，亟须运用体育理论知识加以解释与指导。社会发展是创新教育的推动力，而创编各种体育新学科的教材是不断促进创新教育开展的重要部分，是人才培养"面向现代化、面向世界、面向未来"的需要。

3. 朝着体育人文社会科学方向发展

分析新《课程方案》的培养目标，可以发现体育人文社会学科知识的教育占有重要位置，如高校体育管理和社会体育指导等，必须培养学生掌握一定的体育人文社会学科知识才能胜任今后的工作。鉴于此，大量的人文社会科学知识会不断被借鉴、移植、渗透和运用到体育教育中来，从而促进体育人文社会学科的建设与发展，并创建体育人文社会学类的新学科和创编相关的教材，为达成培养目标服务。人文社会学科的研究主要涉及"人—社会"方面，而体育学科的研究则主要与"体育—人—社会"有关，其知识底蕴容易相通，相互之间易渗透、交叉和融合，创建出各种体育人文社会学类新学科。因此，体育学科与人文社会学科之间不存在一条宽阔的"壕沟"，仅仅是一个"门槛"而已，只要努力学习、深入研究就可以使其为体育所用。随着社会体育事业的快速发展，对社会体育指导工作的要求越来越高，只有掌握大量的科学理论知识才能更好地指导实践，促进社会体育事业蓬勃发展。因此，体育教育专业教材改革与建设会快速地朝体育人文社会科学方向发展，架起社会体育理论与实践的桥梁。

三、高校体育教育专业综合素质教育评价体系的构建

（一）体育教育专业综合素质教育评价概述

1. 对体育教育社会评价的定义

社会评价的概念是指："从一定的社会角度来考察和评定现象的社会价值，判断现象对社会的作用之善恶美丑功过及其程度。"社会对教育的需要是当前的需要和长远的需要，与之相对应的是教育社会价值的社会现实评价与社会历史评价。社会现实评价是指以满足社会发展眼前需要为价值尺度的教育评价，而社会历史评价则是以满足社会发展长远需要

为价值尺度的教育评价。

教育社会评价的这种独特的视角或角度，是发展和构建教育社会评价的一个重要原因。另外，这些界定所规定的评价对象是教育活动或现象，这是一个整体概念。具体的则包括高校的整体办学水平和效益、高校的管理水平、学生的质量、科学研究能力及其成果水平、师资力量、在社会生活中的影响及其声望等。就是说，教育社会评价的对象，既可以是某一教育活动或现象的整体，也可以是组成整体的各个方面。

体育教育社会评价是教育社会评价的一个分支。通过以上对教育评价和教育社会评价的研究，以及这里所要研究的重点认为：体育教育社会评价就是对体育教育学生价值的评定和判断，是通过对社会用人部门的调查，来评定体育教育专业毕业生的专业综合素质的高低，以及了解社会对学生综合素质构成的需求变化，并对体育院校教育的结果做出价值判断，进而调整体育教育专业的培养目标、优化课程体系，促进体育教育专业健康发展的一种评价方法。据此，体育教育社会评价的概念表述为：通过制订科学的评价指标体系，对体育教育学生的综合素质以及体育院校教育的结果做出客观的评定。

2．体育教育专业学生综合素质社会评价的特点

所谓特点，就是某一事物具备而其他事物不具备或不完全具备的独特的性质。体育教育社会评价是对以往体育评价思想的反思与发展，在体育教育发展的不同阶段，其特点也会随之有不同表现。

3．体育教育专业的专业综合素质评价的意义

（1）有利于完善现行体育教育评价活动体系，提高评价的准确性

评价教育质量的主要标准是社会实践。各级教育部门和高等高校要有计划地对学生做跟踪调查并形成制度。要把培养出来的学生是否德才兼备，是否真正适应社会主义建设的实际需要作为衡量高校办学成败的基本标志，作为进一步开展教育改革的重要依据。这不仅阐明了教育评价的主要内容和意义，而且明确了高等教育评价中的人才培养质量和评价必须进行社会评价的根本观点。

多年来，我国体育教育的评价主要集中在对教学评价研究方面。表现在：一是对体育教学质量的评价；二是对体育专业学生学习成绩的评价。随着对体育评价的不断探索，体育教学评价的内容有了很大的扩展，开展了包括对教学效果的评价、教学内容的评价、教学环境的评价、教师的评价以及学生学习效果的评价等。评价的类型也从单纯的终结性评价发展到形成性评价和诊断性评价。评价的方法手段也更加科学，突出了定量评价，如采用模糊数学的方法对体育教学进行综合评价。但是，始终没有建立真正的体育教育评价制度，当然也不会有体育教育社会评价机制。目前，我国正对体育教育培养目标、课程设置方面进行着积极的探索，目的是要提高教育、教学质量，培养适应素质教育需要的体育教育人才。要实现这一目标，就需要构建相应的科学评价体系作为导向和保障。同这种变革相适应，体育教育评价也必须改变那种由政府下管部门或由其组织的单一行政评价形式。体育教育评价不仅应当有政府监管部门的评价，还应有自我评价、专家评价和社会评价等多种形式。通过多种形式的评价反映不同主体的意愿和观点，吸纳各个方面的意见，形成立体评价网络，使体育教育评价成为改良体育、发展体育事业的催化剂。各种形式的体育评价都有其所长，也有其所短。建立体育教育评价的立体网络，则可以扬多种评价形式之所长，避一种评价形式之所短，形成各种评价形式的互补，充分发挥各种评价形式的综合效应。因此，建立体育的社会评价机制，有利于完善现行体育评价活动体系，提高评价的

准确性，克服现行体育教育评价形式的不足。

（2）有利于加强体育院校与社会的交流

在课程结构的改革方面，首先，基础教育课程和专业基础理论课程得到进一步加强。其次，大幅度提高选修课的比例，使学生能够结合自己的能力、兴趣和未来的志向能动地学习。再者，运动经营管理和终身体育受到普遍重视。筑波大学、早稻田大学、大体育大学等都将运动管理列为必修课。此外，信息技术教育也受到普遍的重视。进入 21 世纪后，随着全民健身计划的实施，体育产业化的蓬勃发展，国际体育交流更加广泛，体育社会化、产业化已成为体育发展的趋势，这为体育人才提供了广阔的用武之地，同时也对体育人才的功能、质量、种类、数量提出更新更高的要求。体育科研人员、社会体育指导、康复保健人员将成为人才市场的一大热点。此外，体育翻译、体育宣传、新闻工作者、体育专业人员、体育旅游作者、传统体育人才也会应运而生，而社会对体育教师的需求将呈现平稳和缓慢下降趋势。因此，通过社会对体育人才的需求和要求、毕业就业市场的现状，把培养目标从过去只培养体育教师的单一目标转向培养具有较宽知识面和多种能力的复合型人才的总目标，以培养体育教育者、指导者、管理者、经营者和第三产业所需要的体育人才为具体目标。

（二）体育教育专业综合素质评价指标体系设计的原则

体育教育专业学生综合素质评价指标体系设计的原则是对指标体系的基本要求，是评价的有效性和可靠性的根本保证。提高社会评价活动的科学性是对社会评价活动的根本要求，要对体育教育毕业生做出一个科学化的社会评价，从作为主体的群体（社会用人单位）方面来分析，首先应明确以下两点：

第一，社会需求能正确地反映到评价主体的意识中来。这里的正确反映包括两个方面的内容：首先，群体需要能全面地反映到评价主体的意识中来，以形成完整的群体利益体系；其次，群体的各种需要与群体之间的客观关系能如实地反映到评价主体的意识中来，为评价主体进行比较和选择提供基础。群体需要比个体需要复杂，群体需要反映到评价主体意识中的过程比个体需要反映到评价主体意识中的过程曲折，这就增加了形成完整的群体利益体系的复杂性，也使评价主体更难把握群体的各种需要与群体之间的各种客观体系。

第二，评价主体对各种群体利益进行比较，权衡得失，从而正确地选择作为社会评价活动的标准。各种利益错综复杂地交织在一起，选择以群体的何种利益作为社会评价活动的标准，有时往往成为一个很复杂的系统工程。在社会评价活动中，选择评价标准的正确性不仅要受到当下社会实践的检验，而且要经受历史时间的考验。

为实现以上两点要求，在对体育教育专业毕业生实施评价时，应遵循以下几个原则：

1. 方向性原则

体育教育专业学生综合素质评价指标体系设计要有正确的价值取向，这是学生综合素质评价的有效性和可靠性的第一层次的最高保障。我们说进行评价方面的改革是实施素质教育的关键，制定完善的评价指标体系则是贯彻素质教育的可靠保障。改革体育教育综合素质教育评价、完善评价指标体系首先就是要确立体育教育综合素质教育的价值取向，以教育是否促进了学生的身心全面发展为评价的标准。学生不是知识的容器，而是有生命和情感体验的活生生的人，是心智有机统一在一起的整体，是处在不断发展变化中的生命个体。

因此，在设计体育院校学生综合素质评价指标体系时，要有正确的质量观和学生观，看教育质量的标准，以学生为评价指标设计的主体。看教育质量的综合性，突出体育专业的特殊性。

2．科学性原则

在体育教育专业学生综合素质评价指标体系设计过程中要运用科学的方法和技术。首先，要有科学的态度，对指标体系做到客观公正、实事求是；其次，要建立一个科学合理的评价指标体系设计程序；再次，在设计过程中要考虑定量和定性相结合的评价模式；最后，要用正确的价值判断的方法。

3．全面性原则

第一，全面性原则是指体育教育专业学生综合素质评价指标体系设计的全面性；第二，要面向全体学生，就是说该指标体系设计要在学生综合素质评价中看到全体学生的发展水平，不能以偏概全，双眼只盯在少数优秀学生身上；第三，要注意综合素质评价指标体系中各要素的整体功能综合效应，学生综合素质评价过程是一个复杂的、多因素的且带有鲜明专业特色的动态的过程，因此在设计体育教育专业学生综合素质评价指标体系过程中，要重视影响到综合素质教育质量的各因素之间的关系和结构，以发挥其整体优化的功能；第四，要重视评价效率，衡量评价的质量和效果，不仅要看评价所取得的成果，而且要看所投入的时间和精力；第五，对体育教育专业综合素质评价要自学生入校后一直到毕业的全过程进行评价，保证评价的连续性和全程性。

4．教育性原则

体育教育专业学生综合素质评价指标体系设计要体现评价的正面导向作用，发挥评价的改进和激励的教育性功能。综合素质评价指标体系在产生之初，主要是通过评价来证明学生是否达到了预定的目标。到了今天，发展为通过评价创造适合于体育院校学生综合素质发展的教育，在评价指标体系中能体现充分尊重和信任评价对象。

5．动态性原则

体育教育专业的可持续发展既是一个目标，又是一个过程，在一定时期其评价指标体系不仅应保持相对的稳定性，还应具有动态性。动态指标更要综合反映体育教育专业可持续发展的趋势和现状特点。

第二节　"体教结合"人才培养模式的实践措施

20世纪80年代，"体教结合"问题被提出并开始付诸实践。随着时代的发展及"体教结合"模式的内涵不断丰富与影响不断扩大，其逐渐成为越来越多高校高水平竞技体育人才培养模式的首要选择。从行政管理方面来看，体教结合模式能够保证竞技体育进一步可持续发展；从各级各类高校来看，此模式是高校教育的一个重要手段，能够促进学生的全面发展；从学生方面来看，体教结合模式能够使得学生在接受运动训练的同时，接受较全面的文化教育。同时，加强培养优秀的学生，提高大学生学生的综合素质是我国高校在"体教结合"模式下面临的重要任务之一。一直以来，我们国家高度重视学生的文化教育，相继颁布了《关于进一步加强学生文化教育和学生保障工作的指导意见》《教育部国家体育总局关于进一步加强普通高校高水平运动队建设的意见》等文件，为学生的发展保驾护航。2014年国务院颁布的《国务院关于加快发展体育产业促进体育消费的若干意见》中明确提出，要鼓励有条件的高校设立体育产业专业，加强校企合作，多渠道培养复合型体育产业人才等。2016 年，中共中央、国务院印发的《"健康中国 2030"规划纲要》中指出，到 2030 年经常参加体育锻炼的人数达到 5.3 亿人，并继续加大高校健康教育的力度。可见，国家对于体育教育事业的发展及大学生学生的培养尤为重视。因此，结合国家和社会的竞技体育人才需求，为国家培养高素质的大学生学生，是我国高校在"体教结合"模式下培养优秀大学生学生人才的必然要求。

一、体教结合：高校体育人才培养新型模式

（一）体教结合的理论基础

1. 教育学基础

教育的基本问题是教育同社会发展以及教育同人发展的关系。社会要把每个人培养成合格的社会成员，最有效的手段是教育；而个人要适应社会的发展，唯一的途径也是靠教育来实现的，教育是社会生存和延续的纽带。现代体育由于受到过度商业化、职业化的干扰，只注重挖掘学生的体能，忽视了智能的发展，使许多学生成了金牌和物质利益的附属物，成为争夺金牌的机器。因此，有必要对学生进行必要的文化教育，使之通过教育成为一名对社会有所贡献的成员。

2. 生物学基础

生物学是研究生物的结构、功能、发生和发展规律的科学。可以肯定，生物学的理论是提高运动成绩的重要理论基础，但它绝不是唯一的理论基础。人体自身就是一个复杂的系统，我们应注意平衡发展，不能特意强调某一方面突出发展，应注意保持系统的平衡。单纯搞生物性的训练，只能挖掘学生的体能潜力，不能挖掘学生的全部潜能，这背离了耗散结构理论，不利于人体的平衡发展，应重视学生的生理、心理、社会三重属性的协调发展。体教结合在重视运动训练的同时，要求他们接受正规的文化教育，有利于培养大批生理、心理、社会三重属性协调发展的高水平运动人才。

（二）体教结合的现实基础

1. 体育与教育本是同宗同源

人类的体育文化与教育均起源于生产劳动，并为劳动服务。可以说，人类最早萌生的"教育"就是"体育"，即传授劳动技术与身体教育。人们将自己在生产劳动中获得的基本知识、打猎时射杀的方法、祭祀中的舞蹈技术、部落纷争时的格斗技巧等作为教育的内容传给后代，而这些教育的内容多与运动有关。可以说，人类早期的教育就是"体育"，体育与教育本是同宗同源。

2. 体育和教育部门都是育人机构

体育部门和教育部门都是育人机构，都担负着为祖国培养人才的重任。教育部门培养的是国家建设所需的各行各业的专业人才，高校可以说是人才的"基地"。并且，高校具备培养人才所需的专业教师，还拥有相对健全的体育训练设施。而体育部门培养的是在竞技场上为国争光的体育人才。虽然教育部门和体育部门职能不同，但都是育人机构，都担负着为国家培养人才的重任。

3. 体育与教育有共同的任务

体育部门的主要任务是为国家培养优秀的体育人才，教育部门除了要完成必要的教育任务的同时，也肩负着为国家培养高水平运动人才的重任。可见，培养高水平竞技人才也

是国家赋予高校体育的一项基本任务，体教结合可以很好地完成国家赋予体育部门和教育部门培养竞技人才的任务，为国家培养全面发展的"智能型"运动人才。

4．体育与教育集中培养的时间大体相同

高校有最为丰富的生源优势、文化教育优势和科研优势，两个部门要抓住这一特点，在保证系统文化教育的同时，开展业余训练，使学生的教育与训练尽可能的相协调。由于学生系统训练的最佳时间也是接受文化教育的黄金阶段，所以我们不能为了单纯追求运动成绩而荒废了学生的文化学习，而应该追求运动成绩与文化学习的"双丰收"，培养全面发展的"智能型"人才。因此，应对以往的"金字塔"人才培养模式做出调整，以适应市场经济发展需要，并要大力倡导体教结合人才培养模式，使体育运动实现可持续发展。

二、体教结合内涵分析

（一）体育管理部门与教育管理部门的结合

"体"是指政府中的体育管理部门；"教"是指政府中的教育管理部门。体教结合是针对各级政府中的体育部门和教育部门而言的，两个部门优势互补、强强联合，以共同的育人目标为导向，实现两个部门之间的结合。培养优秀体育人才，是教育部门和体育部门共同的责任，教育部门具有文化教育、人才资源等方面的优势，体育部门有专业教练和训练经验的优势，两者结合充分发挥各自的长处，既能推动高校体育的普及，又有利于竞技后备人才的选拔培养。

（二）体育运动与高校的结合

"体"指的是体育运动；"教"指各类教育机构——高校。自古以来，体育与教育就有着千丝万缕的联系，体育一直是教育的一个重要内容和手段，在促进人的可持续发展过程中起着十分重要的作用。把体育人才培养纳入教育体系，使体育与教育充分融合，不仅可以促进体育人才提高文化水平、人文素质和专项理论水平，为取得优异运动成绩奠定理论基础，还为学生的可持续发展提供充足的养料。我国教育界和体育界应转变观念，统一思想，充分认识体育在教育中的特殊地位和作用，使高校成为培养体育人才的"基地"，这是顺应时代的发展，是一种培养全面发展的人的系统工程。

（三）学生训练与文化教育的结合

"体"是指运动训练；"教"是指文化教育。学生应该在接受运动训练的同时接受文化教育，文化教育与运动训练同等重要。体能的开发是有限的，而智能的开发是无限的，用智能的发展来促进体能的发展，将是今后运动训练的主要手段之一。体教结合就是培养"智能型"学生，代替过去的"体能型"学生，让学生学习文化知识，接受正规教育，减少单纯的体能挖掘，注重学生的智能发展，为社会培养全面发展的"智能型"体育人才。

（四）高校人文精神与奥运精神的结合

高校管理的对象是学生，高校的根本职能就是育人成才，培养学生拼搏、努力、向上的精神，以及吃苦耐劳、敢于竞争、勇于创新的优良品质。

奥运精神也可以说是体育的灵魂，"更快、更高、更强"虽然只有6个字，却是每一个从事运动的人永远的目标和方向，还包含着在竞技运动中不畏强手、敢于斗争、敢于胜利的精神，鼓励人们在自己的生活和工作中不甘于平庸，要朝气蓬勃、勇于进取、超越自我、挑战自我。体育与教育结合不只为学生提供了接受正规教育的机会，使学生进入更好的学习环境，习得更多的知识，更好地感受高校带给他们的拼搏、努力、向上的精神和更好地体会敢于竞争的品质，还可以使普通学生更好地体会体育运动中不畏强手、顽强拼搏的精神，并把这种精神带到学习和工作中来，更好地实现自身的价值。同时，可以为更好地开展高校体育提供了契机，使体质较差的学生能够在良好的运动氛围中从事体育锻炼，养成锻炼的习惯和终身体育的意识，以增强体质来保证更好地学习文化知识。体教结合应是高校人文精神与奥运精神的相互结合，其目的是设计出"以人为本"，还要兼顾科学发展、适合高水平竞技体育人才成长以及淘汰人员分流去处的培养体系，来培养优秀的社会主义建设者和接班人。

三、体教结合模式的特点

（一）教育与体育紧密地结合起来

目前，世界上大多数国家体育人才的培养，都是在高校中进行的，如英国、德国、加拿大等，都重视学生的全面发展，始终以"育人"为主线，坚持教育与体育并重的教学思想，高校中制定了严格的学习、训练、生活制度，并辅之以人性化的管理，在保证他们文化课学习和训练时间的基础上，充分关注学生的道德教育，培养"身心双修"的高水平学生。而文化课学习和运动训练的"双重任务"都给学生带来无形的压力，学生对人生目标的定位更为清晰，能够自觉刻苦训练并主动勤奋学习，使体育与教育紧密联系起来。

（二）选拔和输送一体

从学生中选拔优秀体育人才向高校高水平运动队输送，在培养过程中自成一体，选拔标准立足于长远培养，训练实行教师负责制，由教师为学生"量身定做"训练计划，重点是提高身体素质和专项运动技能，为竞技能力在将来进入大学高水平运动队达到"巅峰"做准备。由于整体把握了一体化的培养过程，加之贯彻了科学的训练原则和方法，赢得了很大发展空间，避免了过早、过度训练导致到高校阶段"江郎才尽"。

（三）学生具有双重身份

体教结合培养模式下的学生，其首要身份是学生，完成高校规定的学习任务后，方可进入运动队训练。运动队也应把学生的学习成绩作为定期考核的项目之一，应做到首先是学生，其次才是运动队的学员。对一些运动成绩突出而文化学习成绩较差者，应使其明白学习文化知识的重要性，也可以找专人对其补课使运动成绩和文化素质同时提高。

四、发展的基本思路与创新

第一，在学科设置方面，体育学院全面考虑到了高水平学生这一特殊群体的初始文化水平，聘请专业教师成立专门的教研室，研究合适、有效的课程，加强学生的文化知识，并积极与商学院国际经济与贸易学科教师的沟通，保持教学水平与深度的一致性，保证了高水平学生培养水平的先进性。

第二，在课程与运动训练方面，学院努力消除高水平学生运动训练与课程学习之间的矛盾，做到合理安排，并积极对其进行心理引导，提高高水平学生学习科学文化知识的兴趣。

第三，学院提出并实施了"类别＋层次""课堂＋网络"学习方式，按类别、分层次，采用课堂教学与网络教学相结合的方式对大学生进行培养，通过多元化创新方式进行教学组织与实施，注重对学生的全面综合评价。

第四，学院积极拓展校企合作思路，突破了高校体育与社会的合作模式，联合多家体育材料科技企业、体育用品企业等合作共建实践平台，使高水平学生进一步理解自身从事的运动专业与学科方向之间的联系，同时拓展了学生的社会实践基地，为企业提供高素质的人才储备。

五、体教结合模式的实践与探索

（一）分类培养，保证培养体系的全面性

根据高水平学生的不同来源，体育学院在保证培养目标的前提下，采用不同的方式对其进行分类培养。对于国家健将级、一级学生，任课教师会根据训练和参赛档期安排教学环节，提前给学生布置具体的学习任务，并提出明确的学习要求。学生在训练和比赛之余，可以通过网络进行远程学习，在线和教师进行沟通，提交课程作业或报告，完成学习任务。无赛事期间，他们则和其他学生一起正常参加高校的课程学习。对于二级学生和通过高考渠道录取的其他学生，学院按照正常在校大学生的标准和要求对其进行授课，但灵活安排学习、训练与比赛的时间及网络教学环节，注重自主学习方法的传授和答疑解惑。

（二）分层次开展教学，保证培养体系的连贯性

对于各类学生，学院采用面授和网络教学相结合的方式，按照层级开展教学。

第一层级为基础教育阶段，主要集中在大学一、二年级，采用必修为主、选修为辅的教学模式，要求学生在校通过面对面教学方式（在校学习的大学生学生）或网络教学方式（专业体育运动队挂靠的大学生学生，其运动训练任务重，常年在校外训练比赛，在校进行文化课学习的时间很少）修完规定的大部分必修学分。

第二层级为巩固提高阶段，在大学三年级完成，采用选修为主的方式。在教师指导下，学生制定个性化修读计划，教师组织讨论交流，学生最终以课程报告等方式提交作业。

第三层级为应用拓展阶段，在大学四年级完成。学院选择一些信誉良好的体育或经贸相关企业，作为产学研合作教育基地，并与其签订联合办学协议。企业在实习环境、实习工作及指导教师方面对高校给予支持，高校则主动了解企业对人才的需要，为企业输送人才。双方互聘教师定期开办讲座，举办学术报告会。学院会选派大学四年级学生到企业参与实践项目，使学生提早进入、了解、熟悉并逐渐适应社会环境，锻炼实践操作能力。同时，企业向高校选派兼职教师，反馈各种信息，提供帮助。教师通过与企业的联系，了解本专业的发展动态和用人单位的需求，加强教育的针对性和应用性。

上述三层级教学以素质和能力培养为重点，增加了适合大学生学生的实用性课程的比例。学院责任教授、教学副院长、教研室主任、骨干任课教师及聘请的企业管理人员组成教学指导委员会，定期开展教学研讨，制定不同教学人员的职责范围，修订本科培养方案，构建层级式课程体系，确定相应的教学内容。

六、推进体教结合模式的制度与技术保障

（一）质量监控机制

在教学训练管理方面形成一套规范的体系，制定并执行科学的管理方法和规章制度，确保培养目标的实现。高校高水平运动队由校体育运动委员会直接负责管理，下设竞赛训练教研中心、国贸专业教研室、学生工作委员会和体质检测中心等部门，分别负责各个运动队（包括乒乓球、网球、篮球、田径、武术、射击等项目）的训练和比赛、高水平运动

员班的教学工作、高水平学生的学生工作和高水平学生的体质检测工作。在整个教学和训练过程中，专职教师负责训练，专业教师负责教学，高水平学生的日常管理由学院专门分配的辅导员和班导师承担，体质检测中心定期检测高水平学生的体质状况并给出科学指导。

在专业教学方面，学院本科教学指导委员会（由教授、教学骨干、管理干部、企业专家组成）负责研究、指导和审议本科教育发展规划和全局决策。教学副院长及其领导下的专业责任教授、教学督导及教务员等全面负责学院教学的组织、督导、管理和协调工作及专业的建设工作。教研室主任和专业教师负责教学计划、课程教学等工作的具体实施。

（二）基于持续改进的质量保证体系

在体教结合模式下，围绕培养满足当今社会需求的高水平学生这一目标，高校制定了各教学环节的质量标准，建立了质量保障制度和质量保障体系。为了持续提高大学生的培养质量，优化人才培养目标，高校建立了毕业生质量跟踪反馈体系，通过用人单位走访、校友座谈会及用人单位问卷调查等措施，及时了解课程体系、实践环节、教学管理等存在的不足和社会对人才培养的新要求等，持续改进专业人才培养目标和课程体系。

（三）综合性考核评价机制

在考核评价方面，高校应建立先进的考核与评价机制，改革考试方式与考试内容，通过多样化的方式对大学生的能力进行考核和评价，尤其重视高水平学生的理论知识、创新意识、应用能力等综合素质的评价。考核内容包括课堂出勤、平时作业、课堂表现、理论考试和社会实践等。高校减少了客观题型，增加了主观分析题型的比例，以强化对学生分析和解决问题能力的考核。

同时，教学中采用多元化形式认定学生学分。高水平学生在日常学习中会受到训练要求及体育竞赛等各方面的制约，无法完成课堂学习活动并获得相关学分，因此高校增加了获取学分的渠道，包括课堂学习、在线学习、听讲座和参加学术报告会、进行社会实践，以及参加与课程内容相关的重大赛事，以此解决部分高水平学生参加体育竞赛与进行课程学习之间的矛盾。

第三节　"校企合作"人才培养模式的实践措施

一、校企合作人才培养的必要性

校企合作人才培养就是：紧密结合行业、企业对高技能人才的需求，建立高校和企业联合培养高技能人才的制度。鼓励企业结合高技能人才的实际需求，与职业院校联合制定培养计划；为高校提供实习场地，选派实习指导教师；吸收教师、学生参与技术攻关。

（一）校企合作人才培养是我国当前就业形势的迫切需要

由于我国人口众多，当前和今后一段时期，就业形势仍然很严峻，劳动者整体素质不能适应就业需要的矛盾仍继续存在。党的十九大报告提出，要大力发展职业教育，这是建设人力资源强国的重要途径，也是实现社会就业的重要措施。

（二）校企合作人才培养是企业人力资源开发的迫切需要

加强高技能人才队伍建设是提高企业核心竞争力和国际竞争力的一项重要的基础性工作。高技能人才匮乏，已经成为制约我国经济发展和产业竞争力提高的一个瓶颈。"中国制造"要走向世界，仅仅靠劳动力的低成本难以参与国际竞争，更难以占领国际市场，迫切需要高素质的劳动者，特别是大批高技能人才。

（三）校企合作人才培养是职业教育提高自身竞争力的迫切需要

工学结合、订单培养、产学研一体化等，都是完善以就业为导向的办学模式，都是职业教育在办学过程中，促进就业、促进办学水平和培养质量提高的成功举措以就业为导向的办学模式，要求培养的学生与用人单位科学、有机地实行"产销"连接。也就是运用校企合作人才培养模式，充分发挥教育在人力资源开发中的能动作用，利用市场的力量使职业教育在促进人力资源开发中发挥更重要的作用。而职业教育也只有在促进人力资源开发的过程中认识自我、完善自我、发展自我，才能提高自己的核心竞争能力。

二、校企合作人才培养的可行性

（一）职业教育的培养目标与企业人力资源开发的需求相吻合

职业教育以培养生产、服务一线应用型人才为目的，是培养数以亿计高素质劳动者和数以千万计专门人才的平台。社会劳动力就业需要加强技能培训，产业结构优化升级需要培养更多的高级技工，因此需要大力发展职业教育。

（二）职业教育是企业人力资源开发的重要途径和手段

职业教育是适应社会和经济发展的产物，与行业、企业、农村和社会用人部门密切相关，市场需求是职业教育最根本的切入点。职业教育与经济建设同呼吸，共命运，可以保证直接有效地开发人力资源。

三、校企合作人才培养的具体实施途径

国家要求加快人才培养体制和机制的改革，积极推进产学研合作教育。鼓励高校与企业开展合作办学，联合建设重点领域学科和专业，按照企业对人才的要求实行"订单式"培养。聘请行业主管部门和企业共同参与制订人才培养目标、确定课程设置、开展教学质量评估，加大人才培养模式和教学管理制度的改革，工科在校学生要到企业去进行毕业实习和毕业设计，时间不少于 6 个月。建立"双师型"教师队伍，积极邀请企业专家兼课，派教师到企业学习校企合作协议书就是用人单位的"订单"，这张"订单"是一张"用人"需求的预定单，包括从培养目标、课程计划到教学方法、评估方法等在内的订单培养计划。在满足用人单位"需求"的前提下，充分发挥用人单位人力资源与物质资源在办学过程中的作用，具体做法如下：

（一）教学层面的合作

第一，企业参与高校招生和专业教学计划的制定。在招生阶段校方选一个班学生作为"签约准员工"，企业就缺口岗位与校方达成培养协议，将每年所需专业人数通报校方，由校方负责招生、培养，企业接纳优秀学生顶岗实习一年。校企双方合作共同研究培养高技能人才的专业教学计划，使高校的专业教学计划能够与市场需求良好对接；注意把企业人力资源开发计划与高校的教学计划、课程标准对接，使企业人力资源开发和高校教学环节紧密结合，增强教学针对性。

第二，企业为校方提供实践基地，由企业指派人员辅导学生实训；加强高校教学与生产实际的结合，弥补高校教育与企业生产脱节的缺陷，培养和锻炼学生解决企业生产一线实际问题的能力。校企共同研究开发培养高技能人才的教材，并将与企业生产密切相关

的、直接从企业生产一线提炼出的生产性案例纳入教学，在校内对学生进行案例教学，或直接放到校企合作企业，由企业工程技术人员或生产骨干，根据教学内容和要求在生产现场实施教学。

第三，高校根据企业需要对企业的在岗人员进行专业知识培训或取证培训。

（二）师资队伍培养的合作

校企共同培养高技能人才的师资；高校积极引导各专业教师深入企业生产一线顶岗进修，紧贴企业实际进行培训课题开发。同时，聘请企业有丰富实践经验的技师、高级技师一起参与课题开发和直接从事教学。

（三）教科研合作

拓宽产学研一体化办学思路，在条件成熟时，积极承接企业生产中的难题，由教师带领冠名班学生进行技术攻关，成功后将其开发成冠名班教学课题。

（四）文化层面的合作

将企业文化与理念传输给教师和学生。每年请企业有关部门主管为学生做名为"企业需要什么样的员工"的讲座。企业还参与对学生的评价、学生管理模式的制订，有针对性地培养学生的职业责任感和敬业精神。

搞好专业文化建设，通过引入企业文化，校企结合，培养学生适应企业需要的专业文化素质，即：专业化的工作技能包含技术、资质和通用管理能力；专业化的工作方式包含形象、思维、语言；专业化工作操守包含道德、态度、意识。

四、校企合作人才培养的作用和意义

对国家来说，校企合作培养人才是加快国家人力资源开发，促进就业、再就业的重大举措；是全面提高国民素质，把我国巨大的人口压力转化为人力资源优势，提升我国综合国力，构建和谐社会的重要途径。

对企业而言，"订单培养"是快速造就人才的有效途径，开展校企合作能有效地保证企业对技能紧缺型人力资源的开发需求，可以较好地解决企业对人才的培养途径与质量要求等问题。在校企双方紧密合作过程中，由于教学计划是校企双方共同制定的，所以学生在实习前初步具备了顶岗生产的能力，使企业感受到接受学生顶岗实习不是负担，而是有效的劳动生产力。同时，高校让合作企业优先挑选、录用实习中表现出色的学生，使企业降低了招工、用人方面的成本和风险。高校在教学中充分体现"订单培养"为企业"量身订制"人才的功能，突出企业岗位要求，注重工学紧密结合，加强学生对企业文化认同感与归属感的培养，并最终实现订单学生综合素质与企业岗位的完满对接。将校企合作作为营造"学习型企业"的重要组成部分，提高企业竞争力，并可以通过对教育的支持，起到宣传效应，树立企业形象。

对高校来说，开展校企合作能有效地使高校了解企业对人才需求的数量与质量的要求，从而能确定人才培养目标，明确人才培养的质量要求，创新人才培养方案的制订，变革人才培养的途径与方法，使之满足企业对技能紧缺型人才的需求。在招生宣传方面，注重突出订单企业及其合作的成效，让学生与家长更多地了解企业发展前景与岗位要求，努力使他们对自身发展做到"心中有数"，体现了"以学生为本，为学生发展考虑"的办学理念，使高校人才培养结构基本适应劳动市场的变化需要，全面提高学生的就业水平与发展能力，提高合作企业及劳动市场对学生的认可度。

对学生来说，校企合作人才培养模式使学习内容与企业需求、实践锻炼与岗位职责合理衔接，促进实践能力和综合素质的提高。同时，能使学生亲身领略企业文化，培养学生对企业文化的认同感与归属感，让学生更多地了解企业发展前景与岗位要求，从而对自身发展做到"心中有数"，提高自身的发展能力。

第四节　"五重型阶梯式"人才培养模式的实践措施

"五重型阶梯式"人才培养模式的内涵与目标，主要通过改革人才培养方案、调整课程设置、改革实践教学形式、加强教学条件保障等具体措施，以培养"多能一专"的体育教育人才为出发点和归宿。

一、"五重型"的具体内涵

"五重型"即"重教、重能、重实、重异、重健"5个方面，针对5个不同的侧重点，采用了不同的培养措施。

（一）重"教"

重"教"即突出师范性，加强学生教的能力的培养，提高学生教育知识与能力。包括：制定教学文件能力、动作示范能力、语言讲解能力、教学组织能力、教学评价能力和钻研教材运用教法能力等。为实现上述目标，在制定和调整培养方案的时候，进行了大量的调查和论证，因此新的培养方案增设了教师教育必修课程和选修课程模块，师范教育特征明显。重"教"的特点适应于学生考取教师资格证书的面试环节，考取教师资格证不仅要理论知识丰富，教学能力也非常重要，重"教"同时有利于学生通过教学技能考试，这也是学生通向面试的必经环节和成为一名合格教师的必要技术。

（二）重"能"

重"能"即突出"多能"基础上的"一专"，提高学生综合能力。在新生一入学就开始专修，在着重夯实学生某一专项技能的基础上，再着重科研能力、创新能力、社会适应能力和就业能力的培养。在科研能力的培养方面，要求学生能够查阅文献资料、撰写开题报告、文献综述，进行大学生创新性实验的课题申报等。为提高学生的社会适应能力，在培养过程中开设了学生社团，如贫困生创业协会、家教协会等，组织学生参加各类社会活动。为加强学生就业能力和创业能力的培养，新开设了职业生涯规划、就业指导等课程。

（三）重"实"

重"实"即重视"实习、实训、实验"。为成功通过教师资格证笔试和面试，成为一名合格的教师打下坚实的实践基础。

首先是重实习。实践证明，实习是学生学会各项技能最有效的途径，而且教师资格证的面试试讲环节正是考察学生的实践和经验。因此，高校大力加强实习基地建设，延长实习时间，新的培养方案中教育实习的时间由原来的8周延长到16周，同时开展小课堂教学实践、模拟实习及教育见习等，建立稳定的教育实习基地。

其次是重实训，即加强专项技能训练。开展周末运动选修实践，组织各类运动竞赛；开设学生社团，加强专业技能训练。目前常见的学生体育社团包括街舞协会、轮滑协会、体育舞蹈协会、瑜伽协会、武术协会、跆拳道协会，等等。

再次是重实验，即加大力度深化实验教学改革。在实验教学中，树立先进的教育理念，坚持"以人为本"，确定"以实验项目为载体，强化专业特色，重视过程培养、综合训练与自主创新"的改革思路与目标，构建了"两类课程、三个模块与五个层次"的实验教学体系。以实验项目为牵引，强化课程，淡化学科，重视过程、综合训练与自主创新，通过集约式整合，将原有实验课程进行整合重组，使"实验教学、创新教育与实践教育"三个平台及各个环节与层次之间形成了相互交融。

（四）重"异"

重"异"即注重学生个性，因材施教，为学生提供多种考取教师资格证书的培训、就业培训和指导。对于不同性别的学生选取不同的专修和普修；对于不同体能的学生选取不同的专选班；根据体育老师的不同要求进行培养学生；对于不同的文化水平如高水平学生适当减免学分；对于不同高水平和普通体育专业大学生，保送研究生的评价方法不同；对于学习层次想法不同的学生在考研等方面灌输不同难度的理论与技能知识等。

（五）重"健"

重"健"即坚持"健康第一"的宗旨，与"体育与健康"课程接轨，开设健康类课程如"体质健康测评"等，重视培养学生对"学生体质健康测试系统"与"国民体质健康测试系统"的操作与使用能力，以及提高学生对心理健康与社会适应力的测评能力。为基础教育培养优秀师资的同时，提高体育教育专业学生对健康的认识，在提高学生自身保持健康能力的同时，学习去教会别人测评和提高其保持健康的能力。

二、"阶梯式"的培养目标

"阶梯式"指的是在分析职业岗位能力的前提下，依据体育教育的"教育"和"育体"特性，不断调整和创新培养方案，明确阶段培养目标，形成四年阶梯递进式人才培养方式，形成"学实研"一体化的培养流程。

（一）大学一年级

主要进行入学教育和教师基本技能训练，入学教育包括思想态度教育、专业态度教育、现代教育思想和教育观念，培养学生热爱体育教师职业。熟读教师资格证的考试科目，尤其是教育学和心理学，同时这两门课也是在本科要开设的课程。军训及礼仪教育：行为规范、道德准则、道德修养等。

（二）大学二年级

培养"多能一专"型人才，即：专项技能扎实、科研能力强、创新能力高、社会适应能力好、就业能力强。培养多类辅项技能，十一项专项技能，即"一人多证"，要求获得学生等级证、教师资格证、毕业证、英语四级或六级过级证、计算机等级证、二级以上的裁判证、社会指导员证、健康管理师证、运动营养师证、运动按摩师证等。

（三）大学三年级

明确就业方向，培养专职型体育教育人才。着重培养学生的教学能力：制定教学大纲、备定教案、命题、评卷、双目细分表、组织考试、教学观摩、动作示范、语言讲解、课堂组织等。进行小课堂教学实习、模拟实习、外出观摩、专业教育见习，并邀请专家和特级教师来校讲学，从而提高学生的教学能力。学习体育教材教法，适应新课程标准下的体育教学，为基础教育培养师资。提高现代教育技术运用能力，举办多媒体课件制作大赛等。

（四）大学四年级

延长实习时间，教育实习由原来的 8 周延长到 16 周。单独实习与集体实习两种形式相结合，同时进行就业指导，开设职业生涯规划、体育教师就业指导等课程。开展面试礼仪教育、传授试教技巧与方法、开设就业咨询服务和收集就业信息。严格要求毕业论文质量，采用教师指导，以个人或小组的形式自由组合，设计实验方案或问卷调查，自主实施。大学四年级是考取教师资格证书的最佳时期，前三年为此打下的基础，在大四这年是最好的检验与收获时期。

三、"五重型阶梯式"人才培养模式教学资源体系的构建

（一）更新人才培养方案，建设特色专业培养方案

这就要求高校要使核心主干课程更加明晰，"多能一专"特征明显，师范性更加突出。新的培养方案一是突出了"多能一专"中的"专"的技能培养，新生一入学就开始进行专修；二是师范性的特征更为明显，增设了教师教育必修课程和选修课程模块；三是注重学生实践能力的培养，教育实习由以前的 8 周改为 16 周，大大提高了学生的教学技能；四是实验教学改革特色明显。运用教育学、心理学以及体育教学与训练的基本理论，熟练掌握体育教学的基本方法与手段，培养学生具有良好的教师职业素养和从事体育教学、教学研究的基本能力。了解高校体育改革与发展的动态以及体育科研的发展趋势，使学生掌握基本的科研方法，具有一定的自学能力和体育科研能力。要求学生掌握一门外语，能阅读本专业的外文书刊。掌握计算机的基础知识、应用知识和现代教学手段。主要课程设有田径、体操类、球类、武术、运动解剖学、运动生理学、体育保健学、高校体育学、高校教育学、心理学、德育与班级管理、体育课程与教学论、"三字一话"、教育见习、教育实习等。

（二）依托实验教学平台，构建"立体交叉式"的实验教学改革体系

依托"双基合格实验室"的评估，通过"运动人体科学实验室""体适能与运动康复实验室"的建设等，遵循"自主学习、自我训练、自主设计、自主实施与自主评价"的自主创新原则。树立先进的教育理念，坚持"以人为本"，确定"以实验项目为载体，强化专业特色，重视过程培养、综合训练与自主创新"的改革思路与目标。"以实验项目为牵引，强化课程，重视过程、综合训练与自主创新"，通过集约式整合，多门实验课程进行整合重组，构建"立体交叉式"的实验教学改革体系框架，实现"实验教学、创新教育与实践教育"三个平台及各个环节的相互交融。重视实践教学环节，逐步完善实验课程建设。

（三）依托教育教学实践基地，完善分阶段多形式的教育实践体系

根据体育教育专业学生成长规律，对学生的培养涵盖专业思想教育，从理想教育、教学观摩、模拟实习、教育见习、技能训练、综合实践、教育实习和教育研习在内的实践教学内容体系，使学生通过系列实践，在大学四年期间每年均有不同的收获。逐步完成"循序渐进、逐步养成、四年阶梯式"的教育实践组织体系，同时建立稳定的教育实习基地，并强化教育实习与专业实践的管理。

（四）依托课外实践教学活动，完善全方位立体化素质养成体系

学生的自选实践活动包括专业社团活动（老年人保健协会等）与社会实践（长沙市健身、休闲等机构的体育指导员、教师）和实验室见习等，建立大学生创新研究会、老年人保健协会、青年志愿者协会、健美操健身俱乐部、街舞协会、体育舞蹈协会等学生社团。同时，组织学生到多个地方开展暑期实践活动，使学生逐步提高在实践中发现问题、在实

践中解决问题的能力，逐渐完善和提高自身的综合素养。

四、"五重型阶梯式"人才培养模式教学保障体系的完善

（一）实施教师能力提升计划，促进教师教学水平

为了加强引领示范，造就一批过硬的教学队伍，坚持以人为本的方针，采取有效措施，鼓励和吸引高水平的教师进入教学队伍，努力优化教学队伍的年龄、知识、学历、职称结构，形成结构层次合理的高素质教学团队。支持年轻教师报考博士研究生，加大对教学人员的培训力度，鼓励继续培训和教育，切实提高教学人员的综合素质和教学能力。同时，在政策和待遇上给予倾斜，造就了一支高质量、高水平、结构合理、相对稳定的教学队伍。

（二）教学管理制度改革，教学管理队伍专职化

实现网上选课、挂牌上课制度，实现一人多课、一课多人、考教分离，教、学双方互评互查。教学管理部门每天进行教学检查，每月开展比课、查课、示范课、研究课活动，每年进行教学比武。教学大纲、人才培养方案、考试大纲、教案定期检查评比。规范学生本科毕业论文开题与写作，强化教育实习与专业实践管理。综合性、设计性和研究创新性实验的比例达到100％，实验室全部对学生开放。

（三）加强教材教学资源开发，建设优质资源

紧跟学科发展前沿，改革教材内容。通过更新、增设专题等方式，将学科前沿知识融入教材与教学过程中，重视培养体育教育师范生的学术性和专业化。学科专业带头人和骨干教师大多参与了国家和省部教材开发建设，经费资助立项编写与体育专业特色建设配套的教材。

（四）加强精品课程资源建设，推进网络课程开放共享

完善体育教育专业课程体系，夯实师范专业基础。按照专业、专项的结构，完善师范生应具备的基础课程、专业主干课程和模块方向课程，申请省级和校级精品课程。建设网络课程，其中涉及理论学科、技术学科。此外，成立网络办公室，建成一流的网络共享平台，及时使各种信息资源达到共享。

第五节　"以人为本"人才培养模式的实践措施

人才培养模式是对人才培养过程的一种设计、建构和管理，关系着人才培养质量，影响着学校的办学效益和效能。中国高校教育的地位、声誉及成效对构建社会主义和谐社会具有重大的战略意义。优化中国高校人才培养模式势在必行，"以人为本"将是一个重要的切入点。

一、"以人为本"高校人才培养模式的内涵

坚持"以人为本"是科学发展观的精髓。教育领域的"以人为本"以育人为目的，尊重和满足不同个体的教育需求和受教育权利，促进人的全面发展。高校人才培养模式突出"以人为本"，就是认同学生的主体地位和个体差异性，并以此为基础大力推进每位学生的个性与潜能在职业领域的充分发展。从内涵来看，实现高等技术应用型人才的全面、高水平、可持续发展始终是"以人为本"高校培养模式的出发点与落脚点。

（一）致力培养独立、富有创新意识和良好职业道德的高等技术应用型专门人才

高校教育以培养高等技术应用型专门人才为基本目标，体现了高校办学的优势和特色，以人为本培养模式对此予以了坚持和发扬。唯一不同的是，该模式侧重在提高学生职业综合素质的基础上实现高校教育的社会效益，促进学生个体的发展是以人为本培养模式的首要目标。此外，以人为本培养模式针对高校学生群体的思想弱点和社会发展新趋势相应地设置目标。21世纪，学会认知、学会做事、学会生存和学会共同生活是人才的必要综合素质；独立自主、诚信、实干、积极进取、团结、创新必将成为现代公民的应有素养。大学时代是个体自我意识觉醒和思想成熟的关键时期，高校教育应与普高教育异曲同工。面对当前高校学生群体普遍存在自卑、焦虑、自律不足、依赖性强等问题，"以人为本"的高校教育以塑造学生健全人格为主要目标，努力培养学生的独立人格、创新精神和良好的职业道德。

（二）专业设置充分兼顾学生个体的可持续发展需求

中国已在专科层次制定和颁布了全国统一的指导性专业目录，各高校可据此灵活设置专业。高校设置专业往往会考虑社会职业分工、学科分类、科学技术和文化发展状况、经济建设与社会发展需要、高校自身条件以及学生喜好等因素。

"以人为本"模式的专业设置强调发挥高校的能动性。主张高校深入研究行业和地区导向，把社会需求与学生个人需求充分结合起来，最大限度地实现人与社会的长期协调发展。高校还要理智地对待所谓的热门专业，不能只盯着就业率，应该综合评估一个专业能多大程度地推动学生的可持续发展，包括促进就业、培养个体的兴趣爱好和特长、实现个人的价值追求、为学生终身学习奠定基础。"以人为本"培养模式鼓励高校多设置那些较好地满足了上述条件的专业。

（三）构建知识、能力、素质三位一体的多元化课程体系

以人为本的高校人才培养模式关注人的全面发展，其课程体系集知识、能力和素质为一体，具有较强的灵活性。

首先，重视素质课程的基础地位。除了坚持开设体育课和心理健康指导课以保证学生身心素质的和谐发展外，还积极开发精品通识课程，培养学生的博雅精神和优美情感，提高审美能力。

其次，突出专业课程的实用性和综合性。一方面，结合具体职业要求，把必要的知识和素质渗透到职业技能培养中，使知识和经验得到有效整合，便于学生理解和掌握核心知识。另一方面，扎实推进专业基础课和实践课程。专业基础课程着力提高学生一般认知技能，使学生能够适应未来工作的需求变化，并具备继续学习的能力；实践课程把教育与生产劳动相结合，密切联系理论，切实锻炼学生的综合能力。

再次，优化各课程板块的内部结构。在现有高校的必修课、选修课、活动课"三板块"基础上，可把每种课程板块再分解为两组甚至两组以上的课群，最大限度满足不同个体的多样化需求，让学生个性得到充分自由的发展。

（四）推行以学生为中心的教学模式

在"以人为本"培养模式里，学生在各项教学活动中占据主导地位，彻底颠覆了传统教学的"三个中心"（以教师为中心、以教材为中心和以课堂为中心模式）。以学生为中心的教学是师生双向相互传递信息的过程，教师的知识垄断地位被打破，学生通过自身的主

动建构获得了学习的主动权，学生成为知识的传播者和创造者。每个学生都是独一无二的个体，他们的经验与生活经历背景的不同，决定着对知识的构建也各异，而教师在学生积极的建构活动过程中则扮演促进者和协调者的角色。

任务教学法是以学生为中心教学模式的常用方法之一。以任务组织教学，在履行任务的过程中，以参与、体验、互动、交流、合作的学习方式，充分发挥学习者自身的认知能力，调动他们的已有资源，让学生在实践中感知、认识、提高应用能力。传统的"三个中心"教学转变为以学生为中心，以任务为中心，以实际经验为中心，充分发掘学生的创造潜能，有效提高学生解决实际问题的综合能力。

（五）实施多方参与的发展性综合评价

"以人为本"的培养评价应该是发展性的。通过对培养全过程进行质量监控，促进学生的主动学习和教师创造性地教学。"以人为本"的高校人才培养评价体系以专业技术标准和职业素质为基础，把学业成绩和职业资格相结合，在评价内容选择上，既要体现人才培养目标和课程自身的要求，又要有利于培养学生运用所学分析和解决问题的能力。

在评价专业技术和职业素质方面，高校可以积极组织学生参加国家劳动和社会保障部推行的相关职业资格鉴定和技术等级考试。对于校内课程，可以实行技能考核和文化考核的"双会考制"。对理论学习的评价应重视知识的分析、迁移、应用和综合能力的考核。

在评价学生学业成绩方面，应该采用课程教学过程的形成性考核和期末课程的总结、鉴定性评价并重的形式，包括期中评价、阶段评价或单元测验、作品设计、课堂评价，以及教师观察和与学生交流等方式。对学生在平时提问、作业、测验、实验课中反映出来的创新精神，应当认真记载，适当加分，通过平时成绩计入这科的总成绩。

二、"以人为本"高校人才培养模式的实施对策

（一）积极打造办学特色

随着市场经济的发展和高校办学自主权的确立，高校之间的竞争更加激烈，竞争的核心是教育质量和办学效益。高校只有以特色求生存，以特色求发展。办学特色有利于高校形成教育品牌，并更好地满足个体千差万别的职业技能培训要求，有效促进个体的发展。

科学准确的办学定位是一所高校快速、稳定、健康发展的重要保证。高校可以根据经济和社会发展需要，以及自身条件和发展潜力，找准高校在人才培养中的位置。具体而言，高校要对现有经济社会状态，包括主要产业结构、发展规划和方向、发展动态、现有人才状况和各类人才需求等情况进行分析，并且结合自身发展的历史积累、现实条件，从中确定高校的发展方向，明确高校服务的社会领域和区域范围，以此拟定人才培养目标和规格，以及与之相适应的教育风格和运行机制。

（二）提高通专结合教育的成效

高校推行通专结合教育，能够使学生在掌握必备的知识与技能的同时，树立正确的价值观、就业观，提高学生自学能力、培育终身学习精神以及基本人文素养。通专结合教育是立体和多维的，可以通过课堂学习、生活体验和环境熏陶等多渠道实现。为了提高通专结合教育的成效，高校要注意处理好通识教育与专业教育的关系、通识课程设置的广度性与差异性关系，以及通识教育与通才教育的关系。

推行通专结合教育的关键在于寻求二者的均衡点与结合点。通识教育和专业教育不是两种教育，而是一个人所应该接受教育的两个方面，两者是可以相互渗透与结合的。

在通识课程的设置上，注意通识课程的内容能涵盖人类知识的主要领域，既要有一定的广度，又要在一定程度上考虑学生个体差异性和课程计划的弹性，应分为必修课、限选课与任选课三种模块，以调动学生的学习积极性。另一方面，通识教育不同于通才教育，它追求的是知识的文化底蕴及由此对人的心灵和智慧的陶冶作用，着重于教育的内在价值。因此，不必刻意强调通识课程的知识量和工具性价值，没必要在教学计划中将其课程学时安排占很大比例，而主要是通过实践教学、环境熏陶等环节加以实施。

（三）大力加强"双师型"师资队伍建设

"以人为本"培养模式对教师素质提出了更高的要求：教师既要有较强的问题感知能力和选择最佳教育方案的能力，又要有较高水平的实践操作技能，并且还能够遵循学生的思维方式，以及知识、技能、能力的形成规律，充分调动学生的学习兴趣与自主性。建立一支结构合理、德才兼备、高素质的教师队伍是高校实施"以人为本"培养模式的重要保障。

教师素质的提高非一朝一夕之功。从长远来看，国内高校可以从两大方面逐步改善教师队伍的质量：一方面，加强制度建设，建立"公开、平等、竞争、择优"的人才引进机制和以能力素质为核心的师资培养机制。另一方面，采取一系列措施不断提升队伍水平，加强课堂教学常规管理与指导，促进教风建设。通过课程建设，特别是精品课程建设，促进师资队伍建设。从企业聘请专家担任兼职教师，从知名学府聘请退休教授，充实院校的优质教师队伍，进一步营造老中青教师"传、帮、带"氛围，有计划地安排教师进修提高，定期派教师到国内外交流学习。

第六章

高校体育创新创业型人才
培养模式构建

随着经济社会的发展，大众健身运动逐渐普及，体育产业快速发展。对于高等体育院校的大学生而言，日益发展的体育产业为其提供了新型岗位。而传统的教育观念和教育模式使得体育院校的毕业生普遍缺乏创新和创业能力。为了促进体育院校毕业生更好地实现自身价值，应积极建立和完善创新创业型体育人才培养的教学体系，实现学生、高校与社会的多方共赢。

第一节　高校体育培养创新创业型体育人才的优势

一、高校培养创新创业型人才的优势

大学生群体进行创业是有着多方面的优势，具体而言，高校培养创新创业型人才的优势主要有如下几个方面。

其一，大学生有着一定的文化水平，其知识结构较为稳定，并且具有一定的专业技能。

其二，大学生群体是最为活跃的群体，他们有激情，思想活跃，充满信心，并且很容易接受一些新事物。

其三，大学生是一群年轻的群体，他们精力充沛，没有供养家庭的沉重负担。

以上方面都是大学生这一群体进行创业的优势方面。需要注意的是，大学生的成长经历、家庭背景等都会有一定的差异性，从而使得他们具有个体差异方面的强项和弱项。大学生应对自身的情况有着理性的认识。

二、高等体育院校培养创新创业型人才的优势

对于体育院校的大学生而言，他们相比于非体育专业大学生有着不同的特质。高等体育院校进行创新创业型人才的培养具有其自身的独特优势。具体而言，其主要表现在如下几个方面。

其一，体育院校的大学生做事更为果断。在运动比赛中，必须果断行动才能够掌握主动，在长期的运动训练中，处事果断的特点成为体育院校的大学生的重要内质。运动竞赛中的竞争和对抗也在一定程度上培养了竞争精神和不服输精神。和同学们一起进行训练，在集体类运动比赛和训练中进行默契配合，这也培养了体育院校大学生的交往合作意识。另外，体育院校的大学生在长期的运动训练过程中，培养了吃苦耐劳的精神，同时在艰苦条件下依然保持充分的信心。总体而言，体育院校的大学生富有挑战精神，具有较强的竞争欲望、良好的抗挫折能力和实践能力，具有良好的交往合作意识。这些品质和能力也是一个创业者所应具备的。

其二，相比于普通院校的大学生，体育院校的大学生具有健壮的体质和良好的形体。他们具有健康、向上的良好气质。

以上这些方面的优势条件使得体育院校的大学生在大学生群体中具有更好的创新创业方面的优势。

第二节　高校体育创新创业型人才培养教学体系

一、构建创新创业教育体系的指导思想

高等体育院校创新创业教育体系的构建，就是要创新教育模式，让学生更好地掌握创业方面的知识和技能。其核心是建立培养体育大学生创新创业素质的教育系统平台，强化专业技能的实践应用，尝试创业活动，培养创业者特质。

创新创业教育与传统的教育形式具有明显的不同，其更加注重创业实践教学体系的建设，通过进行相应的创业实践来提高学生的创业能力。在开展创新创业教育时，应积极打破理论教学与实践教学之间的界限，将课堂教学与课外实践结合在一起，建立相应的创新创业教育教学实践体系。

构建创新创业型人才培养教学体系时，应深入调查和分析，充分了解市场需求，在此基础上全面实施创新创业教育工程。创新创业教育体系的建设过程，具有如下几个方面的特点。

（一）注重能力培养与全面素质培养相结合

实践教学课程的内容和环境与社会环境更加接近，在传授学生相应知识的同时，也加强了实践能力的训练，将能力，思想、理论知识等方面的培养融为一体，对于学生素质的全面发展具有积极的意义。相应的教学实践体系应与经济社会和技术等方面的发展相适应，大学生各方面的素质应与社会发展需求相适应。通过学生在校内外积极开展相应的实践活动，促进其知识、能力、心理品质等方面的提升，这要比理论说教的效果好很多。

（二）注重课内与课外相结合

在注重课内教学的同时，还应充分利用时间，加大课外实践教学的开展，使得两种教学相结合，充分拓展个性化教育的空间。具体而言，应注重以下几个方面。

第一，在教学过程中，应进行开放式的综合训练实践，让学生根据自身的兴趣和爱好来进行自主选择，而教师给出相应的标准、目标和要求。制定相应的目标和要求时，应注重由易到难、由浅入深，逐步开展。创业方案应由学生自己来设计，在这一过程中，使得学生能够充分运用所学的知识和技能，从而达到有效的提高。

第二，在教学过程中，对于那些由于课时所限而没有充分讲解的内容，可设置相应的实践作业，让学生通过自身的努力在课余时间完成。通过这种方式使得学生学用结合，全面提高。

第三，在创新创业教育过程中，应通过多种手段开展课外创新创业活动和模拟实践活动，并且安排有经验的教师进行指导和管理。为了提高学生的实践能力，可使学生参与相应的科研课题，或参与到企业实体中去。

（三）注重产学研的相结合

在创新创业教育过程中，应注重理论、技能的应用。在开展课程实践时，应将第一线的实用性岗位的课题与教师的科研工作紧密结合。教学中所采用的资料应真实有效，学生

通过自身所学的知识进行思考、分析，制定相应的对策，撰写报告。通过这种方式来发展学生分析问题和解决问题的能力。

二、创新创业教育的目标和内容体系构建

（一）目标体系构建

创新创业教育最为重要的目标是要让学生身心的发展适应经济社会发展的需求，成为新时代的知识创新者，科技创新者和自主创业者。在开展创新创业教育时，应在这一总目标的指引下，制定相应的目标体系，逐步实现各子目标。我们对创新创业的总目标进行了横向和纵向分解，建立了相应的目标体系。

1. 横向目标

高等体育院校创新创业教育的横向目标主要是一种通识性的创新创业教育素质要求。可将其分为：创新创业意识，创新创业品质、创新创业知识和创新创业能力。

2. 纵向目标

高校条件和个人条件等方面具有一定的差异性，这就使得学生在发展方向上具有差异性。可根据高校的办学定位，将高校创新创业教育目标体系分为不同的等级。

其一，"教学型"的大学可以考虑培养模仿型的创新创业人才，能借鉴成功创业方式进行模仿创业。

其二，对"教学—研究型"的大学来说，可以将创新创业教育目标锁定在综合型创新创业人才的培养上。

其三，具有较高办学水平的"研究型"的大学，其创新创业教育应当培养具有开创能力的创新创业人才。

（二）内容体系构建

创业的基本素质由创新意识、创业心理品质、创业知识结构和创业能力四个方面构成。构建创新创业教育内容体系时，要遵循知识、能力和素质三位一体的原则。

三、创新创业教育的管理体系构建

体育院校应成立相应的工作部门，建立相应的领导小组，在纵向方面有效领导，在横向上通力协作，建立完善的管理体系。需要注意的是，创新创业教育是一个长期的系统工程，需要各个部门协调工作，共同努力，这样才能够取得良好的教育和管理效果。创新创业教育中心（研究室）应积极贯彻创新创业教育思想，积极做好制度建设，课堂教育、教学实践活动开展和环境建设等方面的工作。

四、创新创业教育实践教学体系的框架结构建设

在教学过程中，每个平台贯彻实施"以学生个体发展和社会整体需要为结合点，分层次和个性化差异教学为手段，理论指导、实习实训和社会实践为突破口，培养专业能力和创新创业素质为教育目标，全面提高学生择业、就业和创业力为归宿"的教育模式。

（一）课堂教学平台

根据创业者所需要的基本知识结构的要求，构建相应的创新创业课程体系，并设计相应的课堂教学模式。具体而言，课堂教学平台建设应包括以下两个方面。

其一，构建创新创业知识掌握的课堂体系。可根据高校专业人才培养的课程体系结构来设置课程，如设必修课和选修课。通过必修课的学习，促进学生创新创业技能和方法的掌握，培养创新创业精神和心理品质，激发创业的兴趣。在选修课方面，则围绕创业过程中的知识需要来组建相应的课程，学生根据自身的情况来选修。

其二，构建创新创业模拟课堂的学习模式。对创业的全过程进行模拟，从发现好的创意到最终的融资和管理，促进学生实践能力的提高。

（二）实习实践平台

实习实践平台的建设就是要在校内建立相应的创新创业教育孵化基地、第二课堂教学活动体系，最终建立完善的创新创业教育实践教学体系。具体而言，就是应建立校内创新创业园区，建立基于创新创业教育的专业实践教学模式。

（三）社团活动平台

学生社团活动平台就是以学生社团或俱乐部为载体，开展各种形式的创业实践活动，在校园中营造良好的创新创业教育氛围，对于创新创业教育的开展起到良好的促进作用。良好的文化氛围往往能够对人形成潜移默化的积极影响，最终影响其思想和行为。通过开展各种形式的社团活动，使得具有创业兴趣和偏好的学生团结在一起，在高校中发挥积极的影响。在高校中营造良好的创新创业教育环境，能够对学生创业意识的形成产生一定的外在推动作用，同时也是创新创业教育开展的保障。

（四）社会服务平台

在创新创业教育过程中，还应积极利用社会力量和社会资源，促进学生更好地适应社会发展。具体而言，高校可与相应的企业、体育俱乐部、全民健身中心，社区服务所等建立合作关系，使得学生在实践中得到历练。

五、创新创业教育行为评价体系的构建

在开展创新创业教育工作时，为了对工作效果有一个清晰的认识，需要建立相应的评价体系，对开展的各个方面的工作进行量化考评。

一般对创新创业教育工作的各个方面进行考评时，可分为五个方面，即：高校层面、管理层面、教学层面、教师层面与学生层面。在进行教学评价时，主要围绕这几个方面开展。

高校为学生奠定良好的创新创业教育基础保障，创造浓郁的创新创业氛围，才可能有效地实施创新创业教育工作，获得良好的成效。

制度是否健全，管理是否到位是创新创业教育工作的重要体现，也是主要的影响因素。

教学是落实高校创新创业教育培养工作的具体环节，是实现培养创新创业型人才的具体操作过程。

教师是实现创新创业教育的根本保障，其行为活动对创新创业教育成效产生着极为关键的影响。

高校创新创业教育工作水平最终反映在学生的能力素质和各类竞赛获奖等方面，这是创新创业教育活动的最终结果，也是衡量创新创业教育绩效的重要一环。

第三节　高校体育创新创业型人才培养实训体系

一、课堂平台建设

（一）基于创新创业教育目标的理论课程体系

创新创业教育课程可以设为必修课模块和选修课模块两部分，可以在第一、二学年安排公共必修课程，第三、四学年安排选修课模块，学生结合自身需要科学合理地选择学习内容。创新创业教育课程体系如表6-1所示。

表6-1　创新创业教育课程体系结构

创新创业教育课程体系	公共必修课程	创新思维与方法	创造学；创新思维与技能；人才潜能开发学（导论）；创新能力测评等
		创业知识概论	创业概论；创业资源；公司创建；职业道德；创新创业心理品质；国内创新创业案例介绍；体育市场分析；体育产业介绍；创业计划；国家政策规定；社会调查方法；公文写作
	选修课程模块	商业计划与融资	商业机会；风险投资；创业融资；商务创意与实践；企业经营分析
		市场营销与策划	消费者行为学；市场营销计划；营销策略与方法
		企业管理与法律	创业法制；人力资源管理；法律与税收；企业管理；公共关系学

（二）基于创新创业教育的理论教学模式

1. "专业教学渗透"模式

在专业课堂教学中，将创新创业教育的思想、目标、内容和方法渗透到课堂教学中，训练学生的创新创业思维。

2. "课题研究学习"模式

"研究学习"模式是指在课堂教学实施中以提出问题、研究分析解决问题为核心的一种教学模式。

3. "协作互动学习"模式

"协作互动学习"模式是指采用师生、生生之间互动协作学习形式促进学生对知识的理解与掌握的过程。在进行分组时，通常将认知、知识结构和成绩等方面互补的学生结为一组，共同提高。这一教学模式要求教师变革教育理念，充分尊重学生的主体性。另外，互动学习需要一定的环境支持，如组织环境、空间环境、硬件环境和资源环境等。

4. "模拟创业学习"模式

"模拟创业学习"方式是指从寻找商机开始到制订创新创业计划，组建创新创业团队，进行创业融资和创业管理的全过程模拟。可采用模拟模式的课程主要有：风险投资、创业计划、商务沟通技能训练等。

学生可分组协商每个人的角色，做好公司的主要业务、经费来源、合伙人、人力资源的分配等前期准备，拟订公司的创业计划及发展规划，模拟公司的运行。

二、实践平台建设

（一）基于创新创业教育的校内实践孵化基地活动体系

高校利用自身的优势成立大学生创新创业活动中心或创办一些实体，为学生提供创新成果转化为生产力的基地，提供进行模拟创业建立虚拟公司的演习场所，提供亲身创业的实战体验。兴建创新创业园区是比较通用的做法，如建立科技开发创业园、商业服务创业园、信息技术创业园，以各种方式指导学生自主设计、创办、经营商业企业或科技公司，从事商务活动、技术发明、成果转让、科技服务。

可积极鼓励学生在不影响学习的情况下利用业余时间创立一些投资少、见效快、风险小的实体，使得学生充分体会创业实践过程，提升创业能力。

（二）基于创新创业教育的第二课堂活动体系

第二课堂活动作为课内教学活动的有益补充和发展，是一种最能体现创新创业教育特点和性质、最能激发学生个性潜能的不可缺少的方式，同时又能创造条件促进学生面向现实需求，使其成为学生科技成果转化的孵化器和提高学生创业素质和能力锻炼的有效载体。

（三）基于创新创业教育为导向的专业实践教学新模式

1. 基于创新创业教育的实验教学体系

将教学体系所包含的各门实验课，按照创新创业教育培养目标的要求，统一制定培养方案和教学大纲实施，适当增加自主型实验、综合型实验、开放型实验、设计型实验及应用型实验等。

2. 基于创新创业教育的实习模式

结合专业实习教学来培养学生的创新创业意识与创业品质。按照创新创业教育所要培养的主要目标，专业实习中可以采取创业公司实习模型。

3. 基于创新创业教育的毕业论文（设计）模式

毕业论文（设计）是培养学生分析和解决实际问题、增强创新创业意识、提高独立工作能力的重要途径。基于创新创业教育的毕业论文（设计）模式可包括时间宽度延长、自主选题方式、成果形式多样化、指导模式多样化、过程控制以及成绩评定的改革等六个方面。

三、活动平台建设

（一）基于创新创业教育的校园网页平台模式活动

在高校网站上设置大学生创新创业教育专栏，搜集市场上的各种信息，向学生做详细介绍，并向学生推广创新成果、创业成功经验。设置创业政策与法规、创业典范、创新成果大赛、创业计划大赛、创业信息、创业咨询等栏目，给创新创业大学生提供准确、快捷的信息服务和指导。

（二）基于创新创业教育的社团、俱乐部模式活动

其一，聘请校内外专家、学者、教授及企业界人士对学生创新和创业活动进行指导、咨询，成果鉴定和信息发布，通过创新创业沙龙、创业论坛、人才论坛的讲座、学术报告等多种形式进行宣传，积极营造浓厚的创业氛围。

其二，成立创新创业俱乐部或社团等学生团体，开展研讨、辩论、科研竞赛、创业交流、创新创业知识培训班、创业计划大赛等活动。

其三，成立各种形式的创新创业园，指导学生开展自主设计、创办、经营企业，科技公司或体育商品经营店等创业实践活动，提高大学生创新创业能力。

四、社会平台建设

（一）基于创新创业教育的校企联合的实践孵化基地

高校主动与一些企业、公司、俱乐部等单位进行协调，建立产学研合作基地，搭建起一个合作模式的创新创业指导服务平台，培训平台和项目孵化平台。学生接受由企业管理人员组建的团队的指导，或者以"员工"的身份参与生产、销售或管理工作。

（二）基于专业优势的创新创业社会服务模式

学生依托高校或自发成立创新创业社会小分队，凭借专业技能优势或个人意愿，通过下企实践、社会调查、社区服务、培训辅导等实践活动，尤其是与社区建立良好的关系，以社区为教育载体，从中选取对象开展专业技术指导工作。在这一过程中，充分了解市场情况，在实践中积累经验，提高技能。

（三）基于职业资格的"设岗指导"的社会实践模式

学生在社会上选取一个岗位，自己选取指导对象，利用课余时间进行知识传授或专业技术指导。高校根据学生岗位的多少、被指导人员的反馈评价和参加高校专业技能比赛的成绩，得到学生专业技能的质量认可。对符合考核标准的学生颁发专业职业资格证书。高校将学生是否获得专业职业资格证书作为评优、毕业资格审查的重要标准之一。

第四节　高校创新创业型体育人才培养战略趋势

一、创新创业型体育人才培养目标定位

（一）将学生的创业意识激发出来

对于人才培养来说，教育活动是一项重要的社会活动，通过教育活动能够有效提高我国国民素质。这对于创新创业型体育人才的培养也同样适用。

在培养创新创业型体育人才时，首先要做好主体意识的培养，这是非常重要的。具体来说，就是要通过多种手段，来使创新创业型体育人才的依赖性和被动性得到有效的改善，同时，能够使环境适应能力和独立思考能力得到有效提升，进而使自身的主动性和创造性得到发展和提高。对于创业者来说，囿于陈规是最大的障碍，因此，这就要求其必须具有敢于挑战权威的优良品质。其次，创业者要不断发展自我、开拓进取，从而使自身得到进一步的发展。要想成为一名个性鲜明的创新创业型体育人才，创业教育是一条重要的途径。

就业难是非常重要的社会问题，要解决这一问题，创业这一途径不可忽视，并且往往能够取得理想的成效。因此，这就要求积极鼓励大学生进行创业。另外，在创新创业教育过程中，还要通过各种方式和途径来促使学生的就业观念有所转变，使其具有良好的创业精神，并且将自信心树立起来，以此来使个人价值得到充分体现。

（二）使相关创业知识得到进一步补充和丰富

对于创业的学生来说，不仅要具有一定的创业意识，还要具有丰富的知识储备。但是，当前的实际情况则是，高校教学过程中，学生所学的知识往往只限于校园和课堂，却比较缺乏创业方面的知识。

对于学生创业者来说，必须具备一定的创业基础，即具有扎实的专业知识。与此同时，也要广泛涉猎其他一些非专业知识，从而能够更好地为创业服务。除此之外，相应的企业管理知识、商业知识和法律知识等对于创业也有着重要的作用，因此，也是创业学生需要具备的重要知识。

（三）对学生创业能力进行培养和提升

一般来说，具有创业思想的学生，往往都具有一些共性的特点，比如，具有较为独特的思维，能够挣脱陈规的束缚，在遇到事情时具有较强的随机应变能力，自身的创造性也能得到较为充分的发挥；对于外界环境的变化具有较强的适应能力，能有效摆脱惯性思维，发现问题和解决问题的能力也比一般人要强一些。

创业能力并不是单一的，而是多元化的。因此，这就要求在创业教学过程中，对学生的组织决策能力、与人沟通合作的能力、自我管理能力、社交能力等进行重点培养。需要强调的是，创业的过程并不是一帆风顺的，而是非常艰苦的，并且最终不一定能成功，可以说，创业的成功率在很大程度上取决于创业能力的强弱。因此，培养和提升创业能力，对于创业者来说是非常重要且必要的。

要想使学生的创业能力得到有效培养和提升，需要借助于多种不同的手段。课堂教学和相应的实习、实践活动是较为常见的手段。

（四）使创业成功率得以有效提高

创业过程是非常复杂的，因此，存在各种不确定因素。成功的创业就是能够很好地将这些问题处理掉，如果不能妥善处理，就可能导致创业的失败。一般来说，创业者在创业期间都是自信心非常强，并且坚信自己能够创业成功，但是，最终能够成功的人寥寥无几。因此，这就要求在提高其创业自信的同时，也要使其创业知识和创业技能得到全面提高，使创业的风险尽可能降低，从而使创业的成功率有所提升。

当前，经济全球化程度越来越高，再加上我国各方面的支持政策和措施，一批具有开阔视野和广博知识的创业者掀起了一股创业热潮。需要强调的是，在创业人才的培养过程中，要对学生发现和把握市场机遇、发现潜在的市场、树立市场开拓意识进行积极引导，从而使其具备的知识和能力满足社会发展的需要，从而使其创业的成功率有所提升。

在创业教学过程中，有效提高创业成功率的方法和途径主要有以下几个方面。

第一，教学应立足于现实，把握经济发展的趋势，保持对经济和市场的敏感。

第二，教师在开展创新创业教育时，还要对学生的市场开拓意识进行重点培养，使学生能对当前的市场有深入的了解和认识，从而对市场规律有更加准确的把握。

第三，在教学过程中，教师要对学生的独立思维能力加以培养，使学生能够养成良好的思维习惯，能够从多个角度来发现问题、解决问题。

第四，学生本身在积极学习的同时，也应该适当摒弃或者转变一些传统的市场观念，这对于创业市场的开拓往往会产生积极的影响。

二、创新创业型体育人才培养规划制定

要制定出科学合理的创新创业型体育人才培养规划，不仅要遵循一定的原则，还要采取适当的策略，二者缺一不可。

（一）创新创业型体育人才培养规划制定的原则

在制定创新创业型体育人才培养规划的过程中，需要遵循以下几个方面的原则。

1. 效率原则

当前，我国创新创业教育已经取到了一定的成效，但是，仍然存在一些问题亟须解决，较为常见的有投入成本高、时间消耗多、学生学习激情不高、师资力量不足等。为了弥补这些不足，需要进一步完善我国的创新创业教育。在创新创业体育人才培养规划的制定中，首先要将创业教育的目标明确下来，然后选择的教学内容要尽可能丰富，同时，所采用的教育模式也要与创新创业教育规律相符。在选择教学方法时，实践性很强的教学方法往往是较为合适的。做好这几个方面的工作，可能会对创新创业型体育人才培养与教育效率的提高起到积极的促进作用，从而使高校的教育投入成本有较好的回收，进而更好地培养高素质的创新创业型体育人才。

2. 满足个人特征需要原则

创新创业型体育人才的培养，不仅要进行理论知识方面的培养，还要进行必要的实践教育。具体来说，这方面的需求可以大致分为两个方面：一是市场对学生的需求，二是体育专业学生群体的需求。

创新创业型体育人才培养的创业实践教育往往是形式多样的，这就要求高校要尽可能多地开展不同形式的创业实践教育活动，同时，还要对学生的个人特征需要进行充分考虑。具体来说，主要涉及体育专业学生的学习特征、个性特征以及职业发展需求等，除此之外，还要将其与体育专业教育有机结合起来。

一般情况下，具体的实践创业活动是形式多样的，并没有特殊的规定，可以是校园文化活动，校外实践活动、体育专业实习或见习等形式的活动。通过这些活动的参与，学生往往能够将自己的发展方向与社会发展的需求结合起来，这对于自身创业素质与综合素质的不断提高与完善会起到积极的促进作用，不仅能够较好地满足其创业发展要求，同时，还能够使适应经济社会发展要求的能力得到进一步提高。

3. 满足社会需要原则

对于创新创业型体育人才来说，要创业，首先要达到的一个基本目标，就是适应生存需要。在此基础上，才能够追求更高层次的目标，也就是所谓的适应发展的需要。

在创新创业型体育人才的培养规划过程中遵循满足社会需要原则，具体来说，就是要做到以体育人才的全面发展为基本思想，在培养过程中，要使课堂教学与校园活动、校园活动与社会实践活动有机结合起来，从而为创新创业型体育专业的学生参与社会创业实践活动提供更多的机会，使与社会、与体育企业或行业之间的交流和互动得到进一步加强，积极培养体育专业学生的创业素质与创业技能，使学生创业竞争力得到有效提升，使创新创业型体育人才全面发展的目标得以顺利实现，从而使这部分人才能够满足社会发展的需要，并且能够在一定程度上为社会发展做出自己应有的贡献。

4. 满足职业需要原则

对于创新创业型体育人才的培养规划来说，在满足了社会和个人需求之后，还要使其职业需要得到满足。高校在实施创新创业实践教育的过程中，要充分发挥价值趋向的教育引导作用。具体来说，要做到以下几个方面。

第一，高校要与时俱进，及时转变一些传统的教育观念，并且要建立起先进的教育观念，从而对创业的内涵有更加深入的理解和认识，同时，也要通过各种途径来使学生形成一种正确的认识，即创业不仅是一种职业选择，也能够代表一个人的生活方式及其对生活的态度。

第二，高校要想方设法将体育专业学生的创业热情充分激发出来，同时，还要使学生为国家和社会的建设与发展贡献自己力量的想法和信念得到进一步的强化。

第三，创新创业型体育人才培养过程中，要想有效避免学生从传统意义的角度上理解就业的现象，就需要通过学生参与创新创业价值导向实践教育，对学生自身创新创业的动力产生重要的刺激作用。

（二）创新创业型体育人才培养规划制定的策略

在制定创新创业型体育人才培养规划时，需要采取科学的策略，从而保证其顺利实施。具体来说，可以从以下三个方面入手。

1. 因"群"施教

所谓因"群"施教，就是要求高校要以现阶段体育专业学生的群体分化现状为依据，来开展创新创业实践教育。具体来说，就是要分别对不同学生群体的特征进行相应的分析，有针对性地确定不同的创新创业实践教育目标，还要以不同学生群体的特征为主要依据来选择适宜的创新创业教育形式与载体。

要做到上述几个方面的要求，可以采取以下具体策略。

第一，可以通过不同类型、不同载体来开展相应的创业实践教育活动。

第二，高校要注重创业氛围的营造，因为良好的创业氛围对于学生创业激情的激发是有重要的促进作用的。

第三，高校要对体育专业的学生进行有针对性的创业方面的培养。对于有着高涨的创业激情的学生，可以为其提供创业实践平台，在实践中使其创业需求得到满足，同时，也进一步锻炼自身的创业技能；而对于那些没有创业激情的学生，则要首先对其进行思想教育，从而使其在了解就业动向的基础上，逐渐转变思想，另外，通过各种措施积极鼓励学生参与创业实践。这时要注意，切忌采用威逼政策，否则会起到相反的作用。

2. 因"势"施教

创新创业型体育人才的培养，会随着社会的不断发展而产生一定的变化，因此，这就要求高校在实施创新创业实践教育时，一定要与当前的时代特征有机结合起来，以不同年级的体育专业学生为主要依据，有针对性地开展相应的创业实践活动。同时，加强创新创业型体育人才对专业知识的掌握，在此基础上，使学生将创新创业的意识和精神树立起来，由此，学生能够对自身有一个正确的了解和认识，然后以此为依据，对自己的潜力进行准确预估，进而通过各种措施将自身的潜力激发出来，最终保证创业的较高的成功率。

要做到上述要求，高校就必须保证创新创业实践教育的顺利实施，而这需要多种形式的活动项目为载体。在开展活动的过程中，不要仅限于校园，还要充分利用相关的一些资源，比如大学生创新创业中心、创新创业见习基地等平台。除此之外，高校也要及时将国内外最新的创新创业信息传达给体育专业的学生，使学生对最新的创业信息有及时地了解，同时，教师也要引导学生对当前的创业形势和相关政策进行相应的分析，使学生能够在明确和掌握创业现状与最前沿的信息的基础上，有针对性和目的性地去创业，为创业成功奠定良好的基础。

3. 因"材"施教

由于体育专业的学生之间存在着一定的个体差异，因此，这就要求高校在开展创新创业实践教育时，一定要以学生的个体特点为依据来因材施教。具体来说，首先，要将不同学生的不同教育目标确定下来。其次，需要选择适当的教育载体，并且通过灵活多样的形式充分发挥学生的自主选择权，并且帮助学生选择自己喜欢的实践教育方式，因为这些都有助于其最大限度地将才能发挥出来，从而使创业需求得到满足。

三、创新创业型体育人才培养创业计划

（一）创新创业型体育人才创业计划的内容

1. 企业描述

企业描述是创新创业型体育人才在创业计划中总体介绍创业企业的有关事项。一般来说，主要包括企业概述、企业目标、产品或服务介绍、进度安排等几个方面的内容。

2. 营销计划

营销计划主要包括三个方面的内容，即市场分析、运营计划和销售计划。

3. 组织与管理计划

所谓的组织与管理计划指将企业的组织结构和企业中重要人员的主要情况加以说明。具体来说，就是指对企业的组织结构（具有变动性）进行说明，对企业中营销与管理团队基本情况进行介绍，对企业工作理念进行阐述，对企业中不同层次员工薪资结构进行说明，进而将人才需求及培训计划等制定出来。

4. 财务计划

财务计划主要包括企业过去的财务状况（资产负债表和损益表）现在的融资计划（融资用途、时机与金额）融资后财务预算与评估及未来五年的收益与损失平衡分析。

（二）创新创业型体育人才创业计划的撰写

在撰写创新创业型体育人才创业计划时，首先，要遵循一定的撰写原则，即明确目标，突出优势；内容真实，拒绝虚假信息；要素齐全，内容充实；语言平实，通俗易懂；结构严谨，风格统一；有理有据，循序渐进；详略得当，篇幅适当。同时，还要掌握一定的撰写技巧，主要涉及封面、目录、摘要、企业概况、市场分析、产品介绍、组织结构、营销策略、生产计划、财务规划、风险分析、附录撰写等方面。而最重要的，就是要知道撰写的流程和环节，具体如下。

1. 封面设计

创业计划书的封面就是脸面，给人的第一印象非常重要，因此，一定要仔细设计封面，使其风格与计划内容相一致。具体来说，要做好独特的封面，对创业者的审美素质与艺术要求非常高，但切忌怪异晦涩，而宜简明、大方。

2．企业介绍

企业介绍就是创业计划书正文的第一部分，由此，能够让投资者对整个企业有一个大致的了解。需要注意的是，这部分要涉及企业的名称、发展历程与发展现状、法律形式、注册地址、联系方式、企业产品或服务的特点与竞争优势、企业将来的发展目标与计划等基本情况。

3．市场分析

在整个创业计划中，市场分析有着举足轻重的作用与意义，如果做得好，往往能够较好地吸引投资者的注意。一般来说，创业者需要做的市场分析具体包括目标市场分析、行业分析以及竞争对手分析三个方面。

4．产品（服务）介绍

一般来说，投资者会对提供给消费者的产品或者服务非常关注，因此，这就要求将企业产品或服务的介绍作为计划的核心部分。一般来说，创业者在创业计划中要对产品的名称、制作过程、特征、品牌、在市场具有的竞争力、市场发展前景等内容进行详细说明。

5．人员及组织结构说明

人是所有创业资源中最宝贵的资源。创业计划的撰写过程中，对创业者和管理团队的介绍内容不可或缺。一般来说，主要管理人员包括董事会与营销部门的主要人员；企业管理架构就是企业组织结构。计划要涉及这些人物的权利和义务以及薪酬分配等内容。

6．市场预测

所谓的市场预测，简言之，就是创业者根据调查研究的结果来对市场发展进行分析和预测。市场预测有着非常重要的意义，能够大致把握市场的发展动态与走势，从而有效降低企业发展的不确定性和风险性。一般来说，市场竞争现状、市场需求现状等市场预测的相关内容是创业计划中不可或缺的重要方面。

7．营销策略叙述

营销策略与计划能够将该企业向市场进军的能力充分反映出来，因此，创业者在撰写创业计划时，一定要对此加以重视，并且保持专业、认真。一般来说，营销策略的撰写可以从整体规划产品及其价格、分销途径、促销方法三个方面着手进行。

8．生产计划说明

通过生产计划说明，能够使投资者较好地了解企业的研发现状与资金需要。一般来说，生产计划说明要涉及业务流程、企业的基本运营周期和间隔时间，季节性生产任务、生产中可能遇到的障碍以及解决方法等内容。

9．财务规划描述

如果创业者能够将财务规划工作做好，不仅能够降低企业经营风险，对提高风险企业评估价值起到积极的促进作用，而且还能有效促进企业获取资金的可能性提高，可谓意义重大。一般来说，财务规划主要涉及历史经营状况数据和未来财务整体规划两个方面的内容。

10．风险分析

一个好的风险分析，能够使创业计划有一个完美的收尾。通过风险分析，能够使投资者减轻疑虑，并且能够使其对企业有全方位的了解。一般来说，创业者对风险的分析主要从资金、市场、管理、技术等方面入手。

四、创新创业型体育人才培养评价体系

（一）创新创业型体育人才培养评价观

正确的人才培养观，能够对人才培养评价起到重要的导向甚至决定作用，因此，对创新创业型体育人才培养评价观进行分析和研究是非常有必要的。

1. 科学的知识观

科学的知识观的树立，需要做到以下几个方面的要求。

第一，从本质上来说，知识是不断更新或扩展的，因此，这就要求教师在教学过程中，对学生的批判精神进行培养，鼓励学生质疑权威、质疑书本，勇于知识创新。

第二，知识是多元化的，因此，要将此优势发挥出来，进一步发展学生的思维和能力。

第三，相较于拥有具体的知识，获取知识、选择处理知识的方法更为重要。

第四，教学的宗旨在于促进学生全面发展和个性发展。

2. 正确的人才观

由于高校传统的应试教育将成绩作为衡量人才的唯一标准，这就决定了这是一种僵化的人才观，已经与当前社会的发展需要不相符了。因此，要树立正确的人才观，具体来说，就是以德为先、能力为重、全面发展和个性发展。在这样的背景下对创新创业型体育人才进行评价，就要求不能只看考试成绩，还要将内在品质作为评价的标准之一，做到评价标准的多元化。另外，还需要强调的是，要以学生知识、能力、素质全面协调发展为标准对创新创业型体育人才进行评价，同时，还要加强对成长过程、全面发展和个性发展、创造潜质开发、综合能力提高等方面的重视。

3. 现代的教育观

传统的、陈旧的教育观是将学生当成知识仓库，从而使学生通过死记硬背来记更多的知识。但是，知识与素质和能力并不能画等号，只有经过内化和实践训练的知识才能转化为素质和能力。这种传统的、陈旧的教育观已经不符合当前社会发展的需求了，因此，树立现代教育观是非常必要的，具体来说，首先要将基础知识传授给学生，然后在此基础上对学生的综合素质和能力进行重点培养，使学生具有持续发展能力，适应未来变化的能力、创造未来生活的能力以及服务未来社会的能力。

4. 民主的教学观

教师的教学功能，传统意义上主要包括"传道、授业、解惑"，但是，这已经不能满足当前社会与教育的需求了。具体来说，现代教师的教学功能应该是以自身的民主的教学观和创新意识、思维及能力等因素去感染、带动受教育者的创新意识、思维及能力的形成和发展。换句话说，就是在教学过程中，首先要让学生对结论性的理论知识有所了解，然后要对学生进行积极引导，从而使其能够通过探究去获得知识，将发现知识的过程作为重点，对于其探索创新的精神及掌握创造性地解决问题的方法的能力进行重点培养。除此之外，还要求教师努力建立民主、平等、和谐的师生关系，营造学生积极参与的教学环境，将学生学习的主体作用充分发挥出来，从而使学生的个性和潜能得到有效开发。

5. 多元的考评观

多元的考评观，对于评价结果的客观、公正是有所助益的。具体来说，就是要做到以下三个方面的要求：一是能体现民主性的评价主体多元化；二是能够体现科学性的评价标准多元化；三是体现准确性的评价方法多元化。

（二）构建创新创业型体育人才培养评价体系的原则

1. 客观性原则

所谓的客观性，主要表现：第一，坚持从实际出发，以事实为依据，做到评价态度要客观；第二，评价标准要客观；第三，评价结果要客观。

2. 科学性原则

在人才培养评价过程中，科学性在整个评价体系中都有所体现。具体表现为：科学的指导思想，教育教学和人才培养规律，实事求是的态度，评价相关内容的科学设计，评价专家的选择，评价程序的规范等，这些都对人才培养质量的提升起到积极的促进作用。

3. 全面性原则

人才培养评价要将高校人才培养工作的整体面貌反映出来。因此，这就要求评价过程对培养内容和要求的多面性与综合性进行全方位、全过程的评价。还要采用诊断性评价、形成性评价和结论性评价相结合的方式，对学生的知识、能力、素质等多方面进行评价，以此来对高校全面提升人才培养水平起到积极的引导作用，从而对学生全面发展和个性发展起到积极的促进作用。

4. 主体性原则

要将高校人才培养质量的责任主体作用充分发挥出来，并且将高校的积极性、主动性和创造性充分调动起来，将高校发展的内在动力有效激发出来，从而更好地构建起自我评价机制，使校内质量保障体系得到建立和健全。

5. 导向性原则

导向功能是教育教学评价的重要功能之一。在创新创业型体育人才的培养过程中，要求在评价体系中设置具体的学生的学习能力、实践能力、专业能力和创新创业能力等相关指标，并且将应该达到的目标或要求确定下来，同时，还要给予相应的权重，从而对创新创业型体育人才的培养起到积极的推动作用。

6. 多样性原则

人才培养评价的多样性，主要取决于人才培养和社会的多样性，因此，这就要求做到评价主体、评价指标、评价方法多样性。在实施人才培养评价时，要做到多视角、多渠道、多层次。

7. 差异性原则

由于学生之间在兴趣、爱好、观念、思维方式、知识结构和知识水平等方面存在着差异，高校之间的类型，所属地区的经济发展水平等都存在着一定的差异，因此，人才培养评价过程一定将此作为考量的重要依据。

8. 发展性原则

要用发展的眼光来对待人才培养评价，具体要从两个方面着手：一方面，要对过程的改进和内涵的提升加以重视；另一方面，要对学生的全面发展和个性发展加以重视。

9. 实践性原则

实践出真知。学生创新创业精神的激发、引导和培养，实践能力和创新创业能力的提高，都需要从实践中实现，这是人才成长的必由之路。因此，这就要求创新创业型体育人才培养的评价内容和评价指标必须严格贯彻"创新能力源于实践、服务于实践"的思想。

第七章

高校竞技体育人才培养模式构建

第一节　高校竞技体育的品牌效应

一、高校竞技体育品牌与大学精神

大学精神是高校竞技体育品牌之内核，高校竞技体育品牌的发展也为大学精神注入了新的活力。新时代语境下，大学精神需继续引领高校竞技体育品牌提升到新的高度和水平。大学精神应更好地融入高校竞技体育品牌建设之中，让大学精神内化为高校竞技体育品牌的"神"，引领高校竞技体育品牌的建设，让高校竞技体育品牌的发展充满生机和活力。

大学精神是一个高校的内涵所在，对高校有着承载的作用。高校竞技体育品牌作为高校的一个名片，其创建的目的便是彰显高校的大学精神，从而提高高校知名度。高校竞技体育品牌的创建与大学精神的塑造应该有一个相同的灵魂，它们的核心都是为了推动高校的发展，加快高校的品牌化进程。

（一）大学精神

大学精神有着丰富的内涵，对大学的生存与发展起着至关重要的作用。世界上任何一所知名大学都有自己独特的大学精神，这不仅是一笔宝贵的财富，也是大学魅力之所在，更是大学持续发展的动力。在我国建设世界一流大学的道路上，在大学之间竞争愈演愈烈的今天，大学精神的塑造是必不可少且尚需加强的一个重要环节。面临知识经济的机遇和挑战，建设"大学精神"不仅是高等教育自身发展的需要，同时也是社会进步的需要。故大学精神是指一所大学在某种大学办学宗旨和办学理念的指引下，经过一代又一代高校人的努力，在长期探索实践中不断凝聚，并随着时代的发展日益丰富，逐渐形成全体共同稳定的理想和信念，这就是大学的灵魂，也是大学文化的精髓和核心的凝练，是大学学子今后人生坐标的动力和源泉。譬如"北大之创新，清华之严谨，南开之笃实，浙大之坚韧"，便是人们对于这些国内著名学府所特有精神的概括，也同样是无数学子为之奋斗的人生目标。

审视大学精神，具有如下几方面特征：

第一，大学精神的形成是一个长期积淀的过程。一所大学的历史愈长，它的精神就愈厚重。

第二，大学精神一旦形成便具有较强的稳定性。大学精神是一种共同的道德规范、行为准则和价值观念，它不仅表现在大学生活的方方面面，更重要的是它已经内化为"大学人"的精神气质和文化品格，影响着"大学人"的一言一行，一举一动。大学精神一旦形成，会随着时空的延展和人事的更迭不断延续。

第三，大学精神具有导向、规范、凝聚和感染的作用。大学精神通过代代传承，成为一所大学的灵魂和旗帜，成为一种约定俗成的习惯，在无形中影响着"大学人"的思想、规范着他们的行为，铸造出高校的形象和声誉，从而对"大学人"产生一种凝聚力和归属感。

第四，大学精神具有独特的个性。每一所大学都有它的大学精神，并且这些精神是千差万别和多样化的，一所成功大学的大学精神应该追求自己的个性、风格，不能人云亦云。

大学虽然是由一幢幢教学楼、图书馆、实验室等建筑群组成的，但大学绝不仅仅只是建筑物、人造景观等，也不仅仅只是人才的汇集地，新科技的研发地。虽然它作为一个客观存在的实体，切实呈现在人们的眼前，但寄于这个实体中的灵魂却不能仅靠视觉被人们所观察，必须进入到它的环境氛围之中才能被深切地感知。在大学里发生的一切都可以成为大学精神的一部分。而大学的精神就像是磁石一样吸引着人们的目光、鼓舞着一代又一代人，振奋精神、焕发力量、憧憬未来的理想。

要使一所大学办出特色、办出水平、办出活力，那就一定要用大学精神作为它的源泉和动因，这体现着一所现代大学的凝聚力、创造力和生命力。大学精神是一所大学定位的人格化，因此大学被赋予了典型的精神特征。大学精神就是一所大学根据自身特点、办学宗旨以及教育理念，结合当前的时代特征在办学实践过程中长期形成的具有鲜明特征的价值观念和行为准则。大学精神的存在，对大学的发展有其独特功能。因此，一所大学的日常运作也就离不开大学精神所具有的独特功能的维系。

一是大学精神的凝聚功能。大学是一个特殊的社会组织。虽说各个学科之间差异巨大，但它们同时也会合作交流，相互竞争，并在大学中协调专家和学者，而维系着大学办学宗旨的正是大学精神。它在教学和研究中凝聚并规范着大学各学科，各专业的人才，也通过交流合作与竞争使得大学的办学目标得以最大化地实现。二是大学精神的激励功能。大学精神原本是一种共同遵循的价值观念和行为准则，随后逐渐被人们内化成为一种处世的态度和道德的规范，并成为一种力量的源泉激励着一代又一代的继承者不断地探索真理、发现知识，并自愿为了维护学术真理和自由创新不惜牺牲，为此他们也留下了许许多多感人至深的故事。大学精神就逐渐在这样的条件下形成了一种旗帜和榜样的作用，那些为了科学、创新、民主和自由不懈努力的先驱们流传的精神力量也被后人继承和发扬着，年复一年始终鼓舞和激励着人们去勇于探索真理。三是大学精神的规范功能。大学精神时刻指引着大学发展的方向，并伴随着时代的要求调节着大学的行为轨迹，使大学始终都在办学宗旨和办学理念的引领之下，不断朝着既定的目标前行。也只有当一所大学的大学精神深深植根于大学的决策者和师生的心中，才能真正凝聚出一种力量，让每个人都自觉守望着大学的精神，并为此自觉地以这样的大学精神规范着自己的行为，并使得大学的每一个决定都遵循着同一个原则，探索真理并造福人类。四是大学精神的环境营造功能。大学是集中培养高级专业人才的地方，学习期间他们被大学精神所感染，当毕业后走出校门，进入社会的各个领域，他们也会把这种具有潜移默化作用的精神文化力量传播到社会的每一个角落，感染身边其他的人，从而带动社会文化的发展。

大学精神孕育出高校体育精神，而高校体育精神的发扬，是高校塑造体育品牌的必经之路。高校体育品牌作为一张名片，是对大学精神、高校体育精神、高校体育文化的一种凝练。同时，一个知名的高校体育品牌，对于彰显高校体育精神以及大学精神，有着积极的促进作用。体育是一个受众群体广，又相对于学术、科研而言比较轻松的话题，人们通过高校的体育形象来了解这所大学的精神所在，会更加清晰，更加容易理解，这对于提高大学的知名度，推动大学发展的影响都是积极的。

大学精神是指大学的办学理念和价值追求，是在长期的办学实践中逐渐积淀下来，被全体大学人所认同的群体意识和独特气质。体育，作为人类社会的一种文化现象，在社会发展中扮演着重要角色，体育精神是体育的灵魂与核心。从内涵上来看，大学精神和高校体育精神存在着诸多内在一致性。高校体育精神对大学精神的形成与凝聚有着积极的促进作用，与高校体育精神这一载体有着密切的关系。高校体育精神是高校体育品牌创建的前提，高校体育品牌必须反映该校的体育精神。大学精神与高校体育精神互为存在，而高校体育精神又与高校体育品牌相互依存。面对大学精神遭受冲击而日益衰微的境遇，我们应充分利用体育这一载体，在体育精神的层面上积极创建高校体育品牌，为大学精神的重塑、培育和弘扬注入一股"正能量"。这无疑对高校校园体育文化的建设提出了更高的要求，要真正做到追求体育的"真""善""美"，构建"文化—教育—人"的全方位育人的校园体育文化。在大学体育教学、体育赛事、体育社团等活动中，重视体育精神的培养与教育，以培养体育精神为出发点，强化体育的育人功能，培养学生的爱国爱校情怀、奉献精神、群体意识、竞争意识、合作精神、坚忍不拔的意志品质和探索创新精神，真正发挥体育精神强大的价值导向、群体凝聚、激励育人的功能。在体育实践活动中，倡导和践行大学精神，使大学精神得到进一步的凝练和升华，促进大学精神的重塑和弘扬，为大学和大学人的健康发展注入新的动力。因此，面对大学精神日益弱化的境遇，应该充分发挥体育的作用，以高校体育品牌传播高校体育精神，以高校体育精神促进大学精神的重塑。

（二）大学精神与高校竞技体育品牌的辩证关系

大学精神能够折射出一所高校的历史风貌、办学理念及特色品牌，并对一代又一代大学人的思想观念、价值取向、思维方式、精神风貌产生深远的影响，并通过高校的办学理念和校训表现出来。高校竞技体育品牌是以校名和某个体育项目为标识，以其独特个性和强大实力为特征，且被社会广泛认同，并成为促进高校综合实力发展和知名度提升的实体。高校竞技体育品牌的建设要根据自身的实际情况，以独特的大学精神为核心，充分利用优势资源，在高校激烈的竞争中彰显出不可替代的窗口作用。可以看出，大学精神与高校竞技体育品牌是相互依存的，前者是基础，后者是前者的外化。离开前者，后者无从谈起，没有后者，前者就缺乏实际支撑。高校竞技体育品牌以大学精神为根基和支撑，能够促进高校竞技体育品牌的形成和提升。高校竞技体育品牌的繁荣和发展，也会赋予大学精神更多的时代内涵和活力，使之不断更新和升华，从而铸就符合时代要求的大学精神。大学精神与体育品牌的紧密结合为建设国内一流、国际知名的大学做出了应有的贡献。

1. 大学精神是高校竞技体育品牌建设的内在核心

大学精神是一所高校在发展过程中逐步形成的独特的、稳定的价值取向，是高校整体风貌、办学理念及特色的高度凝练，为高校各项事业的蓬勃发展起到了思想引领作用。其中高校竞技体育品牌建设也不例外。当前高校竞技体育品牌的建设不仅需要打造一个强势的体育项目或者一支高水平的运动队，而且还需要在此过程中起到一个宣传高校整体风貌及办学水平的作用。因此，仅仅通过日常的训练和教学是远远不够的，必须把大学精神融入高校竞技体育品牌的建设中，并成为推动高校竞技体育品牌建设的思想支撑。充分发挥大学精神的导向、规范等相关功能，引导高校竞技体育品牌建设的相关人员思想上凝聚在一起、行为上高度统一，拧成一股绳共同为高校竞技体育品牌的建设而努力。因此，大学精神是高校竞技体育品牌赖以生存和发展的"养料"，它的功能决定着高校竞技体育品牌的发展方向及前景。

2. 高校竞技体育品牌是大学精神的具体体现

体育品牌是高校建设的重要组成部分。打造高校竞技体育品牌的目的，就是要把体育品牌作为对外宣传的窗口来展现高校的整体实力和精神风貌。高校竞技体育品牌的形成是经过许多体育管理者、教师、学生等有关人员的不懈努力、不断探索得来的。这样的过程是漫长而艰辛的，充分体现出体育人坚强的意志品质和永不放弃的精神风貌。这些实际上也是大学精神的衍生与外化。大学精神从高水平学生的训练和比赛过程中表现出来。大学精神是经过长期办学的历史积淀而形成的正确价值观念，并深刻影响着大学各项事业的发展。而高校竞技体育品牌作为大学的一种现象，在其形成过程中也折射出大学精神的存在。可以说，高校竞技体育品牌是大学精神的具体体现，通过高校竞技体育品牌去感受其背后相对抽象的大学精神，并受大学精神的熏陶完善其品牌自身。

3. 高校竞技体育品牌为大学精神注入新的时代内涵和活力

高校竞技体育品牌是大学的一种文化现象，在高校的建设和发展过程中扮演着重要的角色，其影响力远远超过其自身。体育精神作为高校竞技体育品牌的无形产物，它提倡的公平公正、团结协作、拼搏进取、开拓创新等精神，正是当今高校大学生成长所需要的品质。而大学精神在大学生成才的过程中又起着关键性的指引作用，需要在继承传统优秀文化的基础上吸收接纳从高校竞技体育品牌中提炼出来的体育精神，这样才能使其内涵更加丰富。

高校竞技体育品牌的形成和发展是一个漫长的过程，并随着时代的发展被赋予更多的内涵，其中所孕育的体育精神不是一成不变的，会随着高校竞技体育品牌的形成并结合高校的办学特色被最终定义，这样的体育精神一旦融入大学精神之中，就会为大学精神添加更多新的时代内涵和活力，就会突破陈规，紧跟时代潮流，促使大学精神在新的时代背景下更好地引领高校教育的快速发展。

(三) 大学精神引领高校竞技体育品牌建设的路径

1. 突出个性与特色，精准品牌定位

大学精神是高校竞技体育品牌的灵魂，每个高校竞技体育品牌的背后都映射出其独有的大学精神。打造高校竞技体育品牌的过程就是展现独具魅力的大学精神的过程。因此，在高校竞技体育品牌战略定位的过程中，要充分考虑到其中蕴含的大学精神，并以此为基础对将要打造的体育品牌进行全方位的精准定位，这样才能有利于高校竞技体育品牌的形成与提升。

2. 注重继承与创新，增强品牌价值

大学精神是在继承优秀传统思想的基础上，通过不断创新逐步形成的。然而，高校竞技体育品牌的形成过程也是一个继承与创新的过程。继承一些优秀的办学理念和品牌管理模式，并随着时代的发展和进步，接纳一些打造品牌的新颖观点和方式。所以，继承与创新成为大学精神与高校竞技体育品牌的共性，这样的共性更有利于大学精神与高校竞技体育品牌相结合，从而使大学精神成为高校竞技体育品牌的内在核心，以增加其品牌的历史厚度和认同感，并随着时代的发展变迁而不断推陈出新。大学精神是实实在在的精神力

量，它无形地影响着高校竞技体育品牌的管理模式、人才培养模式等问题。

3. 坚持以人为本，激发品牌活力

"以人为本"是大学精神的灵魂和核心，坚持"以人为本"是高校竞技体育品牌建设的出发点和归宿。"人"的生存和发展应被视为办学过程中价值取舍的依据和标准。因此，在高校竞技体育品牌建设过程中，必须坚持"以人为本"的核心理念，从各个层面都要体现出对人的关怀，为人能力的最大限度发挥创造足够的空间，以此激发品牌活力。在日常的学习和训练过程中，教师及专职辅导员都以队员作为出发点，关心、理解和尊重他们，通过聊天等形式了解他们的物质和精神需求，解决他们在日常生活中所遇到的困难。通过制定人性化的培养方案、提高学生入学后的生活待遇等一系列"以人为本"的举措，调动他们的主观能动性，激发他们的运动潜力，同时也较好地解决了他们文化课学习与运动技术训练相互矛盾的问题，实现学习与训练两不误，为他们德、智、体全面发展奠定坚实的制度基础。

大学精神是高校竞技体育品牌内在的"神"，而高校竞技体育品牌是大学精神外在的"形"。在高校竞技体育品牌的建设过程中，离不开大学精神的引领，大学精神指引着高校竞技体育品牌的发展方向并丰富着其内涵。而且，高校竞技体育品牌的建设过程也是大学精神不断升华和发扬的过程。

二、高校竞技体育品牌与校园文化

（一）相关概念界定

1. 校园文化

良好的校园文化氛围是无声的育人载体，对大学生的思想观念、价值取向和行为方式都会产生潜移默化的影响，具有重要的育人功能。因此，高校应该营造一种有利于加强和谐精神教育的校园文化氛围。

校园文化是相对于社会主导文化的一种亚文化，即以学生各类社团为主开展的各种活动，是全体师生在特定环境中所共同拥有的价值观念和价值观念在物质形态上的具体体现。它具备文化的三大要素：即物质文化、制度文化和精神文化。

2. 高校校园文化

高校校园文化属于校园文化，却又不同于校园文化，高校校园文化是校园文化的一种具体形态，是校园文化在高校的具体表现。具体而言，它是高校在长期育人实践过程中所积累的具有高校特色的物质和精神财富的总和。按照教育发展阶段，我们可以把教育分为初等教育、中等教育和高等教育三个层次，高等教育是最高层次。高等教育在教育中层次最高，地位也最重要，肩负着为经济建设和社会发展培养各类高级专门人才的任务。相对于其他校园文化而言，高校校园文化的层次也最高。高校校园文化的高，主要表现在两个方面：一是作为主体的高校师生员工的文化水平高，二是创造出来的文化产品层次比较高。高校校园文化不仅表现出层次高，而且对整个社会的影响也最大。高校校园作为知识分子的聚集区，不断产生各种新思想、新观点、新理论，创造出新文化，具有深厚文化底蕴和文化内涵，往往成为社会文化发展的引领者。尽管我们很难用量化的指标衡量高校校园文化，但我们可以通过高校师生日常的生活、学习和工作，自然感觉到它的存在。它作用于广大师生，让广大师生员工逐步认可、接受并融入其中，使自己的行为方式和思维方式与高校校园文化的标准相一致。这种文化辐射到社会，会影响社会其他群体的道德观念、思维方式和行为方式。高校体育文化是校园文化的重要组成部分，它对丰富校园文化内涵、提升校园文化层次、塑造校园文化形象具有不可替代的作用。体育文化是关于人类体育运动的物质、制度、精神文化的总和。高校体育文化的本质功能主要表现在传承体育文化精神、实施素质教育、培养学生终身体育意识和完成高校体育教学任务等方面。高校体育文化作为最受学生欢迎的一种群体文化，其在促进和谐校园建设以及促进学生个体综合素质提升等方面的功能、价值已为众多学者和社会所认可。高校体育文化开展的好坏直接影响着高校体育目标的实现，影响着学生参加体育锻炼的兴趣和习惯，从而影响学生终身体育观念的形成。把体育注入精神与文化，让更多的人在体育运动中了解奥运文化、了解高校校园体育文化，反过来让奥运文化、高校校园体育文化在实践中激发人们锻炼的热情和意识，引导人们用正确的科学锻炼方法进行合理的有序锻炼，更多地体现"以人为本、健康第一"的指导思想。

3. 高校体育文化

高校体育文化作为一种独特的文化形式，既受到体育文化特性的制约，反映某种体育文化的共性，又受到校园文化的制约，反映体育活动的特殊性。校园体育文化是以学生为主体，以体育课、课外体育文化、运动竞赛等为主要内容，以校园为主要空间，以校园精神为主要特征的一种群体文化。这种特定的文化氛围是高校的培养目标、校风校纪、生活方式或其他的文化形式所无法比拟的，其所表达和传递的信息也是无限的。体育文化是人类文化的有机组成部分，是关于人类体育运动的物质、制度、精神文化的总和，是社会文化的亚文化。体育文化包括体育认知、体育情感、体育价值、体育理想、体育道德、体育制度和体育物质条件等。单从体育运动的行为和方式来考察，体育不过是人自身强健和运动潜在能力的开发过程。但从文化学的角度看，体育不只是在简单地开发和释放着人的生物能量，更是在促进着人全面、自由、和谐发展和实现个体人格与社会人格和谐统一的要素。从社会学意义上讲，体育文化建设比单纯地开展体育运动更为重要和迫切。

高校体育文化在培养社会所需人才的总目标中担负着不可替代的重任，它主要通过有计划、有组织、有目的的教学、训练、竞赛以及课外娱乐活动等内容，形成一种有意义的校园氛围。在这一活动中，教师"传道、授业、传播体育文化知识"；一方面，他们又是一支稳定的校园文化主体，指导学生向着健康而有序的方向永无止境地发展。它在促进学生增长体育才干、增进其身心健康的同时，还要培养学生树立崇高的理想和锻炼坚忍不拔的意志。高校体育文化活动的具体内容丰富多样，形式多彩多姿。这些丰富的活动内容不仅使校园中的体育文化活动富有生机，而且使学生得到自身文化素养的提高，以及对学生掌握多种体育知识和方法起着积极的作用。另一方面，大学生最终将告别校园而走向社会，在此过程中，他们将所学到的知识、爱好、兴趣和体育锻炼习惯一并带入社会，传播于社会。这有助于社会体育风气的形成，促进全民健身计划的实施。

高校若想打造知名的高校体育品牌，必然离不开高校校园体育文化建设，一个高校若是没有在体育文化上进行建设，就试图创建高校体育品牌，就好比想要建筑一栋大楼，却没有打地基，要么在建筑途中便崩塌，要么建立起的大楼也只能稳固一时，脱离不了倒塌的命运。所以，在创建高校体育品牌之前对高校校园体育文化建设的重要性可想而知。高校是文化的传播者、发源地、辐射源。构建和谐校园文化就是要倡导和营造一种积极健康、活泼和谐的精神氛围，促进师生、高校和社会的和谐发展。校园体育文化是校园内所呈现出的一种特定的文化氛围，是现代教育与现代体育交汇的结晶，它是以学生为主体、以体育活动为主要内容、以校园为主要空间、以校园精神为主要特征的一种体育文化。它是高校师生共同创造并认同的价值观念，其本质是指在高校这一特定的范围内，按照体育文化和体育教育的基本规律及原则要求，以校园精神为主要特征，创造性地进行设计和优化组合的不同体育形态的复合型群体文化。因此，校园体育文化是校园文化不可缺少的一部分，在内涵上体现了体育与人文精神的结合，使人拥有健康的体魄和良好的体育道德，从而进一步影响到学生的世界观、人生观、价值观和生命观的正确走向，最终实现高校教育的目标——人的全面发展。

高校校园体育文化建设是以一定的社会政治、经济、教育、文化、体育等条件为基础，以高校师生员工为主体，由高校的体育环境和学生的需求相融合而形成的，以物质文化、精神文化、制度文化为载体，进而满足高校体育文化的需求。在高校体育文化建设这一系统中，包括了高校体育物质文化建设，高校体育精神文化建设以及高校体育的制度文化建设，它们彼此相互联系，相互促进，共同发展。高校体育文化建设以体育物质文化建设为依托，以体育制度文化建设为表征，以体育精神文化为核心，是三者的有机统一体，反映着高校师生整体的体育精神风貌。

高校师生作为校园体育文化的主体或未来的高层次的专门人才，企盼从事创造性的体育活动，继而创造出新的精神产品和文化财富，以符合时代发展的需要。从客观上来说，校园体育文化成为多种文化意识的温床，在这里容易产生新的思想、新的观念，产生强烈的创造意识和表现欲望，闪烁着师生的新异的思想火花。

在高校校园里，繁忙的教学科研工作，学生的紧张学习，使师生感到焦虑和疲劳。而松弛情绪、消除疲劳的方法莫过于校园体育文化，它可给人们在身心上得到娱乐。丰富的校园体育文化内容，不管是竞技项目还是休闲项目，普遍都带有浓厚的娱乐色彩，这正迎合了师生的生理、心理特点和文化的需要。在这些活动中师生暂时忘掉了工作和学习的烦恼、焦虑和紧张等心理压力，获得精神愉悦与自由，保持乐观情绪。而且，还能通过活动的氛围达到陶冶情操、净化心灵、享受生活乐趣的目的，有利于人们身心得以和谐、健康地发展。校园体育文化与体育教学及其他课堂教学等共同担负着育人的责任。丰富多彩、健康活跃的校园体育文化可以弥补体育教学和其他教学的不足，促进学生的体育知识、体育技术、体育技能的学习，扩大学生的知识领域，锻炼学生身体素质、身体机能、身体能力、自我锻炼能力及独立思考的能力，也为学生个性充分展现创造了理想的环境和条件，有利于增强学生的自信心和社会活动能力。总之，校园体育文化的育人作用，主要是提高学生的身体素质、思想道德素质和科学文化素质，培养有理想、有道德、有纪律的一代新人。

（二）校园文化的特征

校园文化的特性为互动性、渗透性和传承性。校园文化建设可以提升高校的文化品位。校园文化是以学生为主体，以校园为主要空间，并涵盖院校领导、教职工，以育人为主要导向，以精神文化、环境文化、行为文化和制度文化建设等为主要内容，以校园精神、文明为主要特征的一种群体文化。它主要包括：以青年学生为代表的文化观念以及学生特有的思维特征、行为特征和方式；学生课余生活中一切以群体形式出现的文化活动，如诗社、棋牌俱乐部、书社、文学社等社团活动，其中最能体现校园文化本质内容的是校园风气或校园精神。

（三）高校特色校园体育文化的建设策略

创建高校体育品牌作为高校特色校园体育文化的建设策略，首先要做到夯实校园体育文化的建设基础，树立并突出高校特色体育品牌意识。世界体育发达国家经验表明，大学是培养高水平体育人才和发展竞技运动的重要基地，而著名"球星"和"顶尖"运动项目往往成为大学尤其一流大学的亮丽名片。因此，创建高校体育品牌，实施"体教结合"发展战略，不仅是我国高校推进品牌化进程的实际需要，也是大学构建创新人才培养体系的重要举措。

校园文化是在一定的环境中，经过人们的长期努力下，在思想信念统一的基础上逐步建立起来的，同时校园文化对学生的影响是巨大的。一所高校的校园文化发展情况，能够反映出该校学生的基本特点，形成该校特有的精神面貌。在高校体育改革总目标的指导下，从高校实际出发，创自己的路，这是校园体育文化改革的活力所在。也就是说我们的校园文化要有个性文化，要建设有特色的校园体育文化。培养具有大学体育特色的项目，使体育文化逐渐融入校园文化，成为校园文化的品牌。树立高校竞技体育品牌意识，基于全面提高素质教育与体育文化的契合，适时在经济环境下进行包装营销，注重营销方式策略，对于高校体育的建设及繁荣高校校园体育文化无疑具有重要的推动作用。

总之，成功的校园文化建设不是一朝一夕的事情，校园文化的体现也不仅仅是一幅画、一个校训、一位学生或是一位老师所能体现出来的。它是长期传承与发展的结果，是一所高校一段时期以来整体形象的积累展示，代表着一所高校的灵魂与精神内核，是高校整体素质的体现，既代表了高校的现在也决定了其未来的发展。通过塑造高校体育品牌，加快校园文化建设，这一建设策略已经加入众多高校管理者的议程当中。

三、高校竞技体育品牌与商企赞助

随着我国体育事业的蓬勃发展，体育赞助已经成功介入了职业体育和竞技体育的各种赛事活动中，并形成了一套有效的运行机制和模式。

（一）赞助的概念

"赞助"一词在汉语词典中解释为赞成并给予物资或金钱上的帮助。传统意义上将其理解为公益性的社会行为，但是在经济社会发展的今天，赞助尤其是商业赞助很大程度上被看成是一种经济行为，其主要目的是通过各种形式的赞助向社会宣传企业、产品信息或塑造企业形象以实现其经济利益。本节将高校体育比赛商业赞助定义为：企业和商家为达到促销目的，实现经济利益而向高校体育比赛进行货币、实物、技术、服务等形式的赞助，作为回报高校赋予企业和商家一定的冠名权、广告权等，以达到互惠互利的双赢目的，具有较强的商业性质。

体育赞助（sports sponsorship），指向某一体育资产（体育赛事、体育场馆、公益性体育活动等）付出一定数额的现金或实物，作为与该体育资产合伙参与开发以达成各自组织目标为目的的一种特殊的商业行为。通俗地讲，就是指企业提供体育组织、运动竞赛及学生所需的物资（包括资金、产品、服装器材、技术和服务等），并凭借赞助关系来达到企业营销的目的，而体育赛事组织者或运动队以允许赞助商享有某些特权（如冠名权、标志使用权及特许销售权等）或为赞助商进行商业宣传作为回报的行为，这是一种双赢的结合。体育赞助包括体育商业赞助和体育公益赞助两大类。体育商业赞助指企业以推销企业产品和服务，建立销售渠道，扩大销售网络，塑造企业或企业产品公众形象，提高企业或企业产品社会知名度为目的而追求经济利益或经济价值的行为；体育公益赞助是指以发展社会体育事业为目标，不包含有经济目的为社会所做的贡献活动，它是一种完全地具有单向行为特征的"非营利行为"。

体育赞助是企业为了宣传自身及其产品作为赞助商和体育赛事的举办者为了获得资金的支持作为被赞助方，双方在自愿的前提下所实现的一种平等合作、利益双赢的商业合作，被赞助方获得扶持后体育赛事能顺利圆满地举办，赞助方则在比赛中使得其企业名称冠名、广告、促销等方面的利益得到了实现。

赞助者与被赞助主体（体育活动、体育运动事件、体育运动赛会、体育运动组织、体育运动场馆或学生个人等）之间，进行利益交换的过程，包括资源、权利或价值的交换；企业与被赞助主体之间，形成一种双赢的关系，且彼此具有相同目标的过程。可见，如今对高校体育竞赛商业赞助已经突破了传统意义上公益赞助的界限，其核心是双赢，商家达到促销的目的，能够在新的经济领域驻足，而高校得到所需财物，推动高校体育竞赛活动的大力开展。

高校体育赛事赞助是体育赞助的一部分，也是高校体育赞助中的重要组成部分。高校体育赞助是高校与赞助方就校内举办某一种体育项目而实现的商业联合，双方以体育为题材，资源为产品，竞赛活动为载体，通过支持与回报的内容，达到各自目的的一种特殊商业行为。

（二）商业赞助对高校竞技体育发展的重要性

现代体育不再只承担政治功能，向多元化发展是大趋势，群众对于体育从民族精神的追求，应更多地转向文化享受的追求，体育是一种生活方式和休闲方式。因此，高校须承办或举办各类别的高水平赛事，不断吸引学生关注体育运动；同时，让更多的学生投入到各种体育项目中，体验参与体育运动带来的满足感和价值感。这才是切实提高学生体质、推动高校群众体育发展并辐射到社区和农村中去的关键所在。而作为发展群众体育基础和条件最好的高校，要完成这一新的历史使命，体育产业化引入商业赞助是历史和现实的需要。

我国高校体育市场是以大学生为主的特殊市场，育人是其重要使命，同时，作为高等教育一部分的大学体育，具有教育和体育的双重性，因此，高校竞技体育市场也可称为"双育市场"或复合型市场。随着我国经济体制改革的不断深入，多种经济成分并存，开放体育市场取得明显成效，面向大学生开发的市场不断扩大。我国大学生体育市场的开发和发展水平，关系到在校大学生的课外体育活动、体育文化生活和身心健康，关系到高校高水平学生培养体制改革，关系到大学城区域经济的建立，关系到我国绿色经济的可持续发展，关系到未来大学体育的发展。高校体育市场有其独特的特点，根据消费决定市场的逻辑关系，目前高校体育市场是由竞赛表演、体育培训、体育保险3个市场构成。其中高校竞技体育赛事是主体市场，体育培训和体育保险则隶属于竞赛表演市场，其发展水平和规模明显受到后者的制约。因此，企业开发高校竞技体育市场，主要针对高校竞技赛事市场，进行商业赞助是最好的形式。而高校竞技品牌作为高校的一个闪光点，是吸引企业对高校体育进行赞助的有利因素。

（三）高校竞技体育资源与商企合作的互动效应

目前我国的大学生体育协会仍属于靠政府拨款运营的群众性社团组织。一直以来由于我国高校体育经费的来源渠道单一（主要由固定的训练竞赛经费和省市教育主管部门的少量专项经费支持），许多好的创意、策划、活动均因经费不足而无法实施，体育场馆设施的保养、修缮、改善也无法得到保障，制约了校园体育竞赛活动的开展。而体育商业合作的开展，吸纳了商家赞助及经费的介入，使得高校引进市场机制，建立起中介组织和机构，开拓校际体育竞赛市场，为激活校园体育竞赛组织资源提供了平台。高校体育竞赛活动集竞技、健身、文化、交往于一身，备受公众的关注，而且高校体育竞赛活动成本低，受众针对性强。企业通过体育商业合作，能快速有效地宣传自己，扩大影响，提高知名度，因此在激活高校体育竞赛组织资源的同时无疑也大大激发了企业参与体育商业合作的积极性。

高校竞技体育赛事与商企合作的过程中，不仅可以提升高校竞技体育品牌知名度，还可提高企业及其产品社会知名度。体育是一种文化，对于教育者来说，竞技运动的影响力非高校体育所能代替和左右，它在很大程度上取决于它所引起的公众效应。高校体育竞赛形式和竞赛内容的丰富多彩，使得高校体育赛事愈来愈多地成为公众的热点，成为一种社会品牌。知名度、美誉度和印象度是现代企业形象战略和品牌建设与开发所关注的三个主要指标。与一般体育商业合作相比，高校体育商业合作具有较强的公益性，对商业合作企业和品牌形象塑造具有促进作用。通过合作，高校体育活动可以使广大学生认知、接受和认可合作企业及其品牌，进而产生和增强好感及加深印象，这无形中又顺利达成了企业形象战略和品牌建设与开发的三个指标。

体育商业合作形式的出现，使高校体育赛事由商家赞助和组织者共同筹划，呈现出一种市场化的公益行为，它打破了原有高校体育竞赛的单一模式，变少数人的竞赛为多数人主动参与，保障了体育竞赛的健康、持续发展，在改变传统体育竞赛结构的同时，顺应了企业或品牌市场定位的需要。

高校以其深厚的文化底蕴，被视为神圣和崇高的地方。高校竞技体育作为体育的组成部分，不仅具有体育的功能，也具有文化的功能。体育赛事活动的开展无疑能够有效促进高校文化底蕴的加深。企业与高校竞技体育的结合，对高校竞技体育赛事进行适当的公益赞助不仅对企业及其产品是一个良好的推广，对企业的文化，也是一个很好的展示。

综上所述，可以看出，高校竞技体育品牌可凭借其品牌效应及品牌优势吸引更多的商企投资，商企赞助弥补了高校竞技体育资金不足的短板，有利于高校竞技体育的发展，同时赞助商可凭借其对高校的投资以获得更好的声誉以及相关盈利，但仍存在一些风险。

第二节　高校竞技体育人才培养新模式

一、构建我国高校竞技体育人才培养新模式的指导思想与要素

（一）我国高校竞技体育人才培养新模式构建的指导思想

1. 坚持以人为本的指导思想

以人为本是培养优秀体育人才的根本保障，它顺应了我国高校发展的科学化走向以及学生发展的主体化和个性化趋势。只有坚持以人为本的科学发展观，从培养理念、培养目标和培养途径等全方位实现创新，高校的体育人才培养才能取得实效。培养我国高校竞技体育人才，首先，要把人才的成长放在首位，彻底解决只为提升运动成绩而忽视文化教育的现象，充分挖掘优秀学生的各种潜力，尽可能满足学生成长所需的环境，为学生实现综合文化素质的协调发展和社会适应能力的最大化而努力。其次，要做到加强实践育人，提高学生思想政治教育工作的针对性和实效性，重视他们的全面发展，增强他们的自信心，满足他们的成长需要，促进人人成才。

2. 坚持培养理念与时俱进的指导思想

时代的发展召唤着高校要尽快培养出社会需要的高技能、高素质人才。我国高校竞技体育人才培养模式的教育理念应紧跟时代、社会、经济的发展，围绕培养对象、培养目标和培养途径等核心问题不断进行高技能人才培养教育理念的创新。我国高校竞技体育人才培养模式也应与时俱进，培养出"高文化、高修养、高技能"的三高型竞技体育人才。

3. 人才需求多元化的指导思想

随着市场经济的不断深入，社会对人才的价值期望和需求结构也发生了巨大的变化，社会各部门对人才需求呈现多样化的趋势，这就迫使人才培养模式也要多元化。高校单一化的人才培养目标早已不能适应社会发展的需要，与多样化的社会需求之间存在着矛盾；为适应社会对人才的多元化需求，高校也必须在培养专才的同时，注重复合型人才的培养。因此，我国高校竞技体育人才的培养需要高校、体育部门、企业、俱乐部、社区等多元化主体的共同参与。

4. 着眼学生职业生涯发展的指导思想

在学生的人生发展历程中，学生身份只是他们的一个发展阶段，其退役后的去向及发展同样是他们人生发展的一个重要阶段。但在我国高校竞技体育人才培养的现实中，更多的是将学生获得的奖牌数作为衡量学生及其培养单位是否优秀的标准。因此，高校在对学生进行专业技能训练的同时，还要着眼于学生的未来，要有为学生长远发展考虑的运作机制，即不断建立并完善相应的服务机制及体系，帮助学生正确处理专业训练与文化知识学习之间的关系，从而解决好学生矛盾，为学生的职业发展做好准备。

（二）我国高校竞技体育人才培养新模式构建的要素

1. 培养理念

培养理念，包括以人为本理念、全面发展理念和人文、科学、创新相统一的理念。我国高校竞技体育人才培养理念是指宏观、中观（培养主体）层面与微观（运动队、学生个体）层面的教育理念，也就是培养主体关于人才培养的本质特征、目标价值、职能任务和活动原则等的理性认识，及对人才培养的理想追求和所形成的各种具体的教育观念。

2. 培养目标

培养目标是人才培养的标准和要求，是人才培养模式构建的核心，对人才培养活动具有调控、规范和导向作用。高校竞技体育人才的培养可朝着两个方向的目标发展。首先，确立全面发展的人才培养目标。拥有高水平运动能力或取得出色的运动成绩并不是衡量优秀学生的唯一标准，还必须拥有较高的文化素质和完美的修养与人格。在我国高校竞技体育人才的培养过程中，学生除了要进行运动训练以使自己拥有高水平运动技能之外，还必须同时接受文化素质教育，以使最终培养出的体育人才既具有高水平的运动技能，又具有较高的科学文化素质和人文素养。在学生的就业指导上坚持"授人以渔，而非授人以鱼"，使他们在运动生涯结束后依旧可以在其他领域获得较大的发展。其次，确立多渠道、多样化的多元人才培养目标。我国高校竞技体育人才培养的运作机制基本上是在政府支持、高校领导重视的情况下实施的，而社会体育资源的作用和地位无法真正彰显。随着我国市场经济体制的逐步完善以及高校竞技体育的发展，打破较为单一的培养方式势在必行。近几年，如"清华模式""南体模式""北理工模式"等的成功范例证实了我国高校多样化、多元化培养竞技体育人才的可行性。除了体育部门和企业与高校联合培养竞技体育人才之外，体育俱乐部也可以看成是立于高校体育教育基础上的青少年体育运动发展的初级阶段，通过与高校的密切合作，可为高校的体育人才提供各种机会让他们参与一切体育健身活动。社区体育活动的广泛开展为体育运动的普及打下了良好的基础，同时也为高校学生的成长和发展提供了优质的"土壤"。因此，我国高校竞技体育人才的培养要采用多种渠道，综合高校、企业、俱乐部、社区等多种机构的优势资源共同培养。

3. 培养过程

培养过程是培养理念的重要组成部分，是培养目标得以实现的过程，是为实现一定的人才培养目标而实施的一系列人才培养活动的过程。具体地讲，培养过程就是培养方式与培养措施的有机结合。高校竞技体育人才的培养过程是为实现竞技体育人才培养目标、按照一定的竞技体育人才培养规律和培养要求而制订的一系列人才培养规划和计划，以及采取的一系列途径、方法手段的总称，它是对于培养方案的具体实践。各个高校应在培养人才的过程中遵循以人为本和全面发展的总体原则，依据高校培养竞技体育人才的现实情况制订出相应的调整方案，调动多渠道、多方面的力量，做高校基地多元化培养的尝试。

4. 培养制度

制度即人们要一同遵守的规章或准则。人才培养之所以能够持续长久，其原因就是相关规章制度可以规范人才培养的活动，只有将人才培养制度化，人才培养模式才能够有机的形成和发展。高校基地多元化培养模式要想长期稳定地发展并在实践中持续发挥作用，就必须制订相应的培养制度，可以从宏观、中观、微观的角度，通过完善体育竞赛体制落实高校竞赛制度、制订教师定期培训政策、设立高校高水平体育人才奖学金制度等。

5. 评价机制

评价机制是贯穿整个人才培养中的重要环节，它通过搜集人才培养过程中各方面的信息，依据一定的标准对人才培养的质量与效益，运用评价技术做出客观的衡量和科学的判断，对培养目标、培养制度、培养过程进行监控，并及时进行反馈和调节。评价高校竞技体育人才培养质量可以从校内和校外两个方面来进行，校内评价侧重于高校人才培养目标的实现程度，校外评价即社会评价着重于人才培养是否符合社会发展大环境的需要。在评价人才培养的过程中，要将二者有机结合起来，用社会评价来弥补校内评价中的不足。高校基地多元化人才的培养是一项系统工程，要充分发挥高校内部的教育评价机制以及社会评估的合力作用，就要通过改革教育评价机制和建立社会评估制度，加强科学督导，保证多元化人才的培养质量。

二、我国高校竞技体育人才培养新模式理论模型的构建及操作

（一）我国高校竞技体育人才培养新模式的理论模型构建

1. 我国高校竞技体育人才培养新模式的提出

在实践中，我国高校培养竞技体育人才培养模式多种多样，究其原因在于各高校所拥有的资源不同、具体操作也表现各异。同时各高校由于受财力、重视程度等诸多因素的影响使一些高校缺乏对运动队相关人员的合理奖惩体制与机制，致使学生和教师的训练积极性未能得到充分积极的调动，高校竞技体育人才培养之路依然任重道远。

以往竞技体育人才基本上是靠体育系统来培养。在当前新的形势下，竞技体育的发展理念和模式已发生转变，教育资源和以职业体育俱乐部为主的其他社会体育资源使得社会对竞技体育的关注度大大提高，这对竞技体育人才培养起到了积极的作用，也是高校要提出竞技体育人才多元化培养模式的现实基础。如今，高校竞技体育人才培养模式已经从过去由体育资源独家包办的单一发展格局，逐步向由以教育资源为主和体育资源、企业俱乐部等资源为辅的、其他体育社会团体等多家参与的多元化格局转变，即高校基地多元化培养模式。该模式的提出，首先，在于强调高校教育对于高校竞技体育人才的关键作用，创新人才培养模式，使得高校在培养体育人才过程中起主要作用，充分利用好高校资源进行科学的训练，不断提高训练水平，同时加强文化教育的力度，以促进高校培养高质量的竞技体育人才。其次，是在有关企业和职业体育俱乐部中加强对于竞技体育人才培养的投入力度，并发挥其对学生未来职业转化的启蒙作用。最后，将这些资源加以结合、整合，达到双赢、共赢乃至多赢。

2. 高校基地多元化培养模式的构建

高校基地多元化培养模式是研究现阶段高校培养高水平竞技体育人才的理论尝试，它结合了"体教结合""校企结合"等模式的特点，并综合各方面资源因素而建立，是新形势下培养全面发展的竞技体育人才的新尝试。高校基地多元化培养模式是以高校为基地，横向可与体育系统、社会企事业单位等合作，纵向可与中小学衔接（纵向向上还可延伸到研究生教育阶段），从而能形成全方位、系统全面地培养高文化、高修养（素质）、高技能的竞技体育人才的新模式。

在培养理念上，此模式以高校的教育资源为根本基地培养竞技体育人才，结合多个体育相关部门，整合社会上有利于培养竞技体育人才的各种资源，一切为学生全面长期发展的利益着想，以培养出符合时代发展的新型竞技体育人才为目标。在培养目标上，它旨在使学生既具备高水平的竞技体育水平又要有基本的高等教育文化知识素养，以高校教育资源为主体，综合社会上可以利用的相关体育资源、社会资源、市场资源等，培养多样化发展的竞技体育人才。在培养过程中，由于国家政策的引导，普通高校开设学生需要普及学习的文化课程，体育俱乐部等体育系统部门为学生提供科学的训练计划并加以合理的、系统的训练。此外，企业等社会资源为学生参加比赛提供一定的经费保障，全面营造有助于学生成长和发展的学习、训练环境。在培养制度上，该模式采用多元化方式，综合现阶段施行的有借鉴价值的多种培养模式完善相关培养体制与机制，以不断促进我国高校体育事业的全面健康发展。

从具体的构成方面来说，高校基地模式可以简化为"1+X"模式。从中（或宏）观上（即培养主体方面）讲，"1"是指高校，全面发展的竞技体育人才的培养离不开具有浓厚文化学习氛围的高校，除了要提升运动技能，文化水平的提高也必不可少；"X"是指有助于竞技体育水平提高的众多体育资源和社会资源，包括体育部门、企业、俱乐部、社区等，这些组织与高校的合作可以弥补高校在体育设施、训练、经费等方面的不足，用以培养全面发展的竞技体育人才。从微观方面（即学生个体）来讲，"1"是指学生的文化专业，作为大学生第一身份首先必须学好文化课。而作为全面发展的综合型体育人才，高校竞技体育人才不仅要具备相应的竞技水平，更应注重文化素质水平的提高，以防止出现退役后就业困难和社会地位较低的情况。"X"是指学生的体育专项技能、素质和素养。作为高校的一名学生，其第二身份是学生，竞技体育水平代表其作为学生的基本能力，在自己的体育专项中，保持较高层次的运动水平是基础，同时还要必须具备一定的品质、教养和个人修养，即实现高文化、高修养、高技能的三高型人才培养目标。本研究所构建的高校基地多元化模式是一种以高校培养为中心的、多渠道的人才培养模式。在这种多元化的模式中，高校培养、体育部门培养、企业培养、俱乐部培养以及社区培养模式不是各自为政的封闭体系，而是一种互相补充、相辅相成、相互联系的关系。

3. 我国高校竞技体育人才培养高校基地多元化模式的客观依据

（1）政府的支持，高校领导的重视

高校竞技体育人才多元化培养模式建立的前提是要有政府的宏观指导。也就是说，一方面政府要通过一系列的政策提供相关的法律支持，建立有助于人才培养的管理机构，同时完善高校竞技体育人才选拔及训练奖励机制，制定科学合理的分层分级竞赛制度，做到人才培养有章可循、有法可依。另一方面，政府要鼓励各级各类高校和俱乐部发挥各自的优势，集中人力、财力、物力资源，建立自下而上的高校优势项目训练竞赛体系。在项目设置上力争少而精，避免多而滥。此外，还要在各地的各级各类高校中有选择性地设立一定数量的重点项目，以此带动各种训练和比赛活动在高校中的广泛开展，从而增加参与这些项目的人数，夯实人才基础，同时提高其竞技水平以实现训练比赛成绩的不断突破。

（2）当前我国高校竞技体育后备人才培养的需要

随着市场经济的发展，传统的"举国体制"已经不符合培养新时代人才的需求，同时高校在培养竞技体育人才中也暴露出了一定的局限性，出现了一些新的、亟待解决的问题。当今时代，体育人才的竞争是全方位的竞争，伴随着国家各种政策的出台、现实中各种培养竞技体育人才模式的出现，以及各高校所拥有的资源不同，国家应鼓励各种有益资源涉足体育产业，并进入竞技体育后备人才培养的领域，为我国竞技体育事业的可持续发展提供有力支持。而高校基地多元化培养模式比较符合我国高校竞技体育人才培养的现实情况和发展需要。

（3）高校基地多元化培养模式的建立离不开现行培养模式的支持与配合

高校基地多元化培养模式的建立，有赖于现有培养模式的大力支持与积极配合。现有的实践效果较好的竞技体育人才培养模式是多元化培养模式的基础和重要实践尝试。毋庸置疑，多元化培养模式也是为了弥补现有培养模式的不足而提出来的。为更好地实践国家的体育战略方针，国家应指导体育部门、教育部门、体育俱乐部和其他体育社会团体开展广泛合作，以加强教学与训练的结合、理论与实践的统一。只有这样才能切实加强各阶段的系统训练与衔接，以发挥多元化培养模式的优势，从而形成高校体育人才培养的良性循环，并不断提升我国高校竞技体育人才培养的总体水平。

（4）高校基地多元化培养模式的优劣势

每种培养模式都是朝着其优势程度的最大化而构建的，高校基地多元化培养模式具有一定的优势，当然也存在一些不足。其优势在于弱化了单一的体育系统培养的主导地位，凸显高校培养的主体地位，倡导高校的基地龙头作用；调动各方力量进行培养，充分满足了社会资源的参与需求；实现多方支持、共同培养的局面，大大提高了竞技人才的培养效率与成才率；并能更好地促进我国高校竞技体育人才的全面可持续发展；培养体育人才将更加注重以人为本；在保证学生受到文化教育的同时，将更加注重学生各种素质的全面培养和各种保障工作。该模式的劣势包括项目间的差异较大，可能导致高校基地多元化培养模式不能在所有项目中实施运营；由于地域间发展的不平衡，不同地区的高校采用该培养模式时可能在实践中会出现高校基地多元化模式的各种变革模式，即使是同一区域因高校资源的不同，该模式的实际应用也可能会表现出不同的特点。

（二）我国高校竞技体育人才培养模式理论模型的操作思路

我国高校竞技体育人才培养多元化模式的运行成功与否与其合理化的运作方式紧密相连。因此，在培养过程中要遵循一定的标准和制度，对人才选拔制度、培养目标、培养任务，以及训练、竞赛等做出科学的规范，以发挥其模式的优势，避免模式的缺陷。

1．以人才的全面培养为出发点，正视教育资源对人才培养的核心地位

在高校基地多元化模式运行过程中应发挥竞技体育人才的全面培养这一优势，正视高校教育功能对人才培养的重要地位，仅仅从运动成绩这一体育资源的角度审视竞技体育人才培养的效果是一种片面的看法。学生身份作为第一身份的高校竞技体育人才，其首要任务是学习文化知识，然后才是作为一名学生的身份参加比赛完成为高校为国家争夺荣誉的任务。要发挥这一模式的优势既要重视知识的传递，又要注意学生对知识的真正理解，使其能力和素质全面得到提升。

2．调整项目结构设置，科学进行项目布局

受传统"三级训练"人才培养模式的影响，我国高校竞技体育运动的优势项目整体出

现滑坡现象，并且大部分地区高校运动项目设置不合理、分布不均衡。在运用高校基地多元化模式培养竞技体育人才时，各地区高校应因地制宜，发挥该地区市场机制，并根据现实条件充分利用自身优势，完善运动项目布局，使各个高校的资源得到充分利用。例如，对于在高校学生中比较普及的项目，可以通过"高校基地"＋"体教结合"的模式进行培养。对于市场化程度、观赏性较高的项目（如足球、篮球、排球、羽毛球等）可以采取"高校基地"＋"校企结合"的培养模式。对于一些难以在市场上进行产业推广的项目（如体操），可以采取传统的"三级训练"模式并在此基础上进行适当改进。对于竞技水平比较一般但具有一定市场的个人项目（如网球、武术等），可交给企业或者家庭进行培养，政府只需给予政策扶持即可。

3．以区域经济为基础，培养地方区域所需体育人才

我国地域辽阔，各个地区的发展程度不一，自然环境和人文环境差异较大，各地区的高校所拥有的资源也有所不同，因此各地区高校采取的竞技体育人才培养模式在当前乃至相当长的时段内也不尽相同。总体而论，在采用高校基地多元化培养模式时都是建立在院校化的基础上，具体来讲，东部地区的人才培养以市场机制为导向、计划机制为辅助；中部经济较发达地区的人才培养则是市场和计划机制并重；西部欠发达地区的人才培养模式中市场因素较小，以计划机制为主要运行模式。通过统领各地区体育人才培养模式资源，综合发挥资源的合力，培养地方区域所需体育人才，更好地为我国高校的竞技体育人才培养服务。

4．建立各资源竞技体育人才管理体系，发挥系统最佳效能

高校基地多元化模式培养竞技体育人才是一项复杂的系统工程，它涉及的领域和包含的因素众多，要使这一系统工程得以协调发展、高效运作必须进行宏观决策，建立层层衔接的各个资源竞技体育人才管理体系，以发挥系统最佳效能，提高科学管理水平。首先，着力建立并完善各地区高校、企业、俱乐部、社区这些社会团体的体育组织管理机构，从而更好发挥各自资源的作用。其次，严格完善体育人才培养管理体系，规范人才的管理工作，培养多个级别和类型的体育管理人才。

5．统筹规划，统一部署

高校基地多元化培养模式在于体育、教育、企业、俱乐部等各种资源的鼎力合作。高校和体育系统的合作是企业等社会资源加入的先导，要实现各方的通力合作培养竞技体育人才，国家政策资源的支持是前提，再在此基础上打破传统的壁垒，统筹全局，制订统一规划，统一部署工作，成立分工合理、权责分明、资源优化配置、人才优势互补、利益分配合理的多元化强强联合的培养制度，并形成有效的运行机制，为开展我国高校竞技体育人才的培养实现多方共赢提供良好的实施环境。

6．在高校基地多元化模式的基础上突出重点模式

我国是一个地域广阔、人口众多的多民族国家，而且各区域的经济发展水平参差不齐，各地高校的发展规模也大小各异、质量有高有低。强制性地在全国高校中推行某种固化的人才培养模式，显然不太适合中国国情，也不适合当今世界多元化发展的趋势。因此，部分高校在多元化培养理念的基础上可突出重点，根据自己的实际情况选择适合自身最优化的培养模式。"体教结合"模式是体育资源与教育资源的有机结合，适用于矛盾突

出的高校，可帮助解决学生的文化教育问题。"教学、训练、科研的三结合"模式是指高等体育院校、各级运动队和科研所三者合为一体，在体育系统内共同完成体育后备人才培养的过程，它是体育系统中"体教结合"模式的一种高级形式。"校、体、企"三位一体培养模式强调的是由教育、体育和企业三个系统强强联合培养高水平竞技体育人才，可以通过完善竞赛制度吸引企业加入，共同建立高校培养基地，协同研究，促使高校的科技成果迅速转化，产生经济效益，从而拓宽高校筹集经费的渠道，为完成世界大学生运动会及国际、国内重大比赛做出贡献，为与高校进行合作的企业创造一个新的发展机遇，最终实现校、体、企三方共赢局面。而"教学、科研、训练、医疗、服务"五位一体结合模式，是指高校（体育院校）除了在教学、训练、科研三方面有机结合外，还增加了医疗、服务两方面的结合，这样高校学生在完成体育训练和基础理论课学习之后，还可亲自参加高校和专业教师所承担的科学研究，通过项目研究培养学生的实践应用能力和教师的服务、训练、比赛等科技攻关能力。

第三节　我国竞技体育后备人才培养可持续发展影响因素分析

可持续发展是当今社会发展的主题，社会生态、经济系统如此，体育系统亦是如此。当前，如何根据可持续发展基本思想和理念创建一个既符合我国社会实际又与我国社会主义改革发展方向趋同的后备人才可持续发展运行机制，已成为业界和学术界共同关注的焦点。

从系统科学角度看，我国后备人才培养实质是一个受多因素影响的复杂系统工程。各因素之间关系错综复杂，不但涉及的节点数量大，而且类型众多，相互关联度紧密。因此，在众多影响因素中，如何取舍这些因素，确定节点，考虑节点与主题的贴合度，节点与后备人才培养的线性空间关系，并进行分析决策，这些都是构建后备人才培养可持续发展运行机制首先需要解决的问题。

一、我国竞技体育后备人才培养影响因素指标体系构建

（一）指标体系构建原则

1. 坚持竞技体育可持续发展原则

可持续发展（sustainable development）战略是指改善和保护人类美好生活及其生态系统的计划和行动过程，是多个领域的发展战略的总称。它要使各方面发展目标，尤其是社会、经济、生态、环境的目标相协调。概而论之，可持续发展的含义应该是在满足当代人需求的同时，不损害后代人满足其需要能力的发展。就竞技体育而言，我们追求竞技体育成绩优异的同时，更希望得到的是一种竞技体育持续而稳定的发展态势，内嵌为一种平衡的动态发展观。沿着这条思路进行下去，使我们不得不对传统后备人才培养的发展观提出质疑和批判，从而也催生了后备人才培养可持续发展影响因素指标体系的建立，寄希望以此为准绳，对后备人才培养可持续发展的深层次影响因素进行探究，为竞技体育走上健康可持续发展之路提供参考。

2. 顺应我国体育改革与发展趋势原则

当前，我国正处在社会发展改革的深入期，随着经济体制改革的不断深入，人们价值观念的不断改变，社会化和产业化方向是未来竞技体育发展的一种必然趋势。面对这种社会发展趋势，后备人才的培养必须加快改革步伐与发展进程，并保持与体育改革方向一致和社会发展趋势协同，才有可能迎来未来的可持续发展，进而推动竞技体育的可持续发展。

3. 遵循后备人才培养发展规律原则

我国竞技体育在过去几十年的运行中积累了后备人才培养的丰富经验，这是一笔宝贵财富。站在新的历史时期，处于市场经济的时代背景下，必须遵循后备人才培养的发展规律，并与时俱进，努力改革、创新，不断探索新形势下后备人才培养的新规律、新特点，才能真正实现后备人才培养的可持续发展。

（二）影响因素指标体系的构建

后备人才培养可持续发展是指为使后备人才培养能够长期持续、健康和稳定发展，而从数量、质量和时间三个维度上对其系统结构和要素进行综合调控的目标及其过程。这个概念包括了以下三方面含义：①后备人才培养随社会发展和进步而在数量、质量和时间维度上和谐发展，满足人们对竞技体育的需要是新时期后备人才培养的根本目的或目标；②后备人才培养有自己独特的逻辑层次、组成要素和系统结构，受一定因素及条件的影响和制约，不以人的主观意志为转移；③从数量、质量和时间三个维度上对其系统结构和要素进行综合调控是后备人才培养可持续发展的根本途径。

二、我国竞技体育后备人才培养影响因素分析

（一）影响因素的方法论分析

1. 基本原理和特点

层次分析法（analytic hierarchy process），简称 AHP 法。该方法不仅可以对非定量事件做定量分析、对人的主观判断做出定量描述，还可以对难以全部量化的大型复杂系统用数学方法进行描述以达到解决问题的目的，在目标或因素结构复杂并且缺乏必要数据情况下也比较适用。

AHP 法的基本原理是根据问题性质和评价要求，通过层次化将评价的问题分解成不同的组成因素或评价指标，再按照这些因素之间的相互关联、相互影响和隶属关系以不同层次进行聚合，形成一个多层次的、有明确关系、条理化的分析评价结构模型。再通过引入 1～9 比率表示方法来构成判断矩阵，对判断矩阵的最大特征根及相应的特征向量进行计算，求出下层因素相对于上层因素的相对重要性权值。应用这种方法，可以将复杂的问题分解成若干个层次或若干个因素，并对各个因素进行简单的判断比较和计算，对不同对象或方案提供评价，做出决策。

针对 AHP 法，在于它可以将复杂问题简单化，并具有一些突出的特点：①原理简单，研究者无须花大量的时间就能掌握该方法，使之应用于研究需求。②结构化、层次化明显。可以将复杂问题通过结构和层次的聚合转化为简单问题求解。③定性与定量相结合。AHP 法迎合了大部分同时含有许多定性与定量因素的复杂决策问题求解的需求。④理论

基础扎实。AHP法以系统科学为指导，运筹学理论为背景，通过建立严格的矩阵分析，给研究者搭建了深入研究的平台和应用基础。

2. 基本步骤

运用层次分析法的基本思想是把决策问题按总目标、子目标、评价标准直至具体措施的顺序分解为不同层次结构，然后利用判断矩阵求特征向量的方法，求出下层次各元素对上层次某因素的权重，再用加权和的方法递阶归并，求出各方案总目标的权重。根据这一基本思想，整个分析过程主要包括两方面内容：一是确定各层次目标权重；二是根据目标权重和方案的属性值，对方案进行综合评价。因此，明确问题、建立层次结构模型、构造判断矩阵、层次单排序及一致性检验、层次总排序及一致性检验、最终决策组成了层次分析法分析问题的六个基本步骤。

(1) 明确问题

运用层次分析法分析问题时，首先需要明确所要解决问题的范围、具体要求、所包含要素以及各要素之间的相互关系。

(2) 建立层次结构模型

面对复杂的决策问题，运用层次分析法进行系统分析时，处理的方法是先对问题所涉及的因素进行分类，即把系统所包含的因素进行分组，每一组作为一个层次，按照最高层、若干有关的中间层和最低层的形式排列起来，构成一个各因素之间相互联结的层次结构模型。

在深入分析实际问题的基础上，从利于进行决策分析的角度出发，将有关的各个因素按照不同属性自上而下地分解成若干层次，一般情况下，因素可分为三层，即目标层、准则层和因素层。同一层的诸因素从属于上一层的因素或对上层因素有影响，同时又支配下一层的因素或受到下层因素的作用。最上层为目标层，通常只有一个因素，最下层通常为方案或对象层，中间可以有一个或几个层次，通常为准则或指标层。当准则过多时（如多于九个）应进一步分解出子准则层。

(3) 构造判断矩阵

层次分析方法以一定的信息为基础，即研究者根据对每一层次各因素的相对重要性给出的判断。将这些判断用数值表示出来并写成的矩阵形式就是判断矩阵。从层次结构模型的第二层开始，对于从属于（或影响）上一层每个因素的同一层诸因素，用成对比较法和1～9比较尺度构造成对比矩阵，直到最下层，即构成如下一组多元素的判断矩阵表和比例标度法规定量化指标。

(4) 层次单排序及一致性检验

层次单排序是根据上层某元素的判断矩阵，利用和积法或方根法，计算出某层次的因素之间对上一层某因素的相对重要性权重，然后根据权重排列次序。

层次分析法中主要计算问题是如何判断矩阵的最大特征值及其特征向量的计算。

(5) 层次总排序及一致性检验

层次总排序是逐层间的元素排序，从上到下、顺序逐层，计算同层各元素对于最高层的相对重要性权值。由于最高层就是一个元素，所以最高层下面一层的单排序就是总排序。

（6）最终决策

通过层次分析法将各元素进行排序，最终可以得出备选方案，进而可得出最关键因素，确定最佳方案。

（二）影响因素指标体系权重赋值

依据构建的后备人才培养影响因素指标体系，在专家对影响因素重要性程度判别的基础上，运用 Expert Choice 软件对其进行运算，找出影响各层次指标的关键因素，对后备人才培养可持续发展影响因素的重要程度进行判别。

1. 竞技潜能培养指标

竞技潜能培养指标是后备人才培养的直接体现，主要是后备人才培养现实状况的描述性指标，这一指标群是反映后备人才培养可持续发展的基本能力、核心竞争力及内部影响因素的重要指标。

后备人才竞技潜能培养因素影响存在如下特点：①制度环境、科学训练是后备人才竞技潜能培养的主要影响因素。当前，法规体系的不健全，培养体制改革的滞后，竞赛体制的不合理成为制约后备人才培养可持续发展的首要影响因素，因此，应该引起国家政府部门和体育管理部门的高度重视。②传统的训练方式、方法有待改革，新时期后备人才培养更加注重训练的科学性、合理性，更加重视时间效率，原有的时间战、消耗战训练方式已然不适应时代发展要求。③科学化训练思维的凸显，对教师业务素质提出了挑战。同时，受训主体的激励方式也急需转变。④随着人们价值观念的转变，传统的单纯依靠体育系统"三级训练网"的封闭式训练模式有待打破，开放的多元化培养格局急需建立。⑤在当前现实条件下，再次证明经费的投入并不是制约后备人才可持续发展的主要因素。但传统的单向度依靠国家下拨经费的资助方式有待改革，与市场经济体制相适应的多元筹资渠道值得期待。⑥后备人才培养的后勤、医务、选拔、输送、出路等保障制度应该引起重视。"学生文化教育"与"学生保障工作"成为当前我国竞技体育人才培养过程中面临的最重要的社会主题。这看似是两个问题，实则是一个问题。那就是如何推动竞技体育人才的可持续发展问题。而这一问题的根本落脚点就在于如何改革后备人才培养机制。

2. 文化素质教育指标

后备人才文化素质教育指标主要反映当前突出存在的学训矛盾问题，如何加强学生文化教育，解决学生由于文化教育的缺失而带来的一系列社会问题而设置的。文化素质教育指标主要包括了后备人才培养的文化教育体制、自主性学习、文化教育目标、文化学习保障等。

后备人才文化素质的提升需要正视如下几个问题：①教育体制急需改革，竞技体育的可持续发展并不是体育系统的专利，而是全社会的共同责任。近年来，后备人才培养学训矛盾问题的凸显，体育系统在培养方式、方法、目标定位上固然难辞其咎，但教育系统也有一定的责任。特别是在当前大力提倡"体教"或者"教体"结合的大环境下，体育系统积极寻找突破口而向教育主动示好的形势下，教育系统不应视而不见。而是应该敢于担当责任，努力推动文化教育体制的改革，特别是高考制度的改革。因此，后备人才文化素质的薄弱归根结底还是缺乏一个制度的转换，尤其是国家宏观层面的文化教育制度的整体改革。②文化学习需要得到保障，特别是教师的育人意识与能力，文化课教师素质有待提升。同时，在训练占用大量时间的前提下，文化学习时间需要得到保障。③教育目标需要明确。如果把运动训练看成是后备人才的个性而把文化教育看成是共性的话，追求共性的可持续发展，则是为了更好地实现个性的自由发展。因此，应当把加强文化学习看成是学生实现竞技潜能提升，未来自由、全面、多用化发展的一种推动力。④自主性学习意识有待加强。时代发展和教育改革的不断深入，要求培养自我的独创性和自觉性。对学生来说，应该根据自己的学习能力，仅有的学习时间，积极主动地调整自己的学习策略和努力程度，确定学习目标，制订学习计划，主动地而非被动地进行学习。这同样要求教育管理部门、教师、文化课教师应该树立责任意识，因势利导，加强对后备人才自主性学习意识的培养。

第四节　我国竞技体育后备人才培养可持续发展系统动力学仿真

一、我国竞技体育后备人才培养模式系统动力学模型

从系统动力学角度来看，这些因素都是系统的影响要素，是系统动力学模型中的变量。但系统动力学模型中的变量一般被分为水平变量（level variable）、速率变量（rate variable）、辅助变量（auxiliary variable）和常数（constant）四大类。针对当前后备人才培养的实际情况，研究确定后备人才可持续发展模式的各主要变量如下：

水平变量是众多因素影响下我国高水平学生可持续发展人数。

主要的速率变量是受多方面因素影响的新增高水平学生人数及其退役人数。

主要的辅助变量：少儿业余体校人才输入，体育运动高校人才输入，专业体育系统人才输入，普通高校、体育院校运动队、业余体育俱乐部人才输入，职业体育俱乐部二、三线人才输入，职业体育俱乐部人才输入，社会群众体育人才输入。

主要的外生变量：后备人才培养可持续发展的主要影响因素。主要有法规体系、管理体制、科研与训练结合力度、竞赛体制、训练的科学性及合理性、训练的质量与效率、主管部门对文化学习的重视程度、高考制度、文化教育目标的明确性、文化教师素质、文化学习组织形式、教师育人意识与能力、社会价值认同、学生社会适应能力、自我价值认同、学生退役后生存状况、生活人文环境等。

二、我国竞技体育后备人才培养可持续发展模式的仿真分析

（一）系统仿真基本思路

当前我国后备人才培养形成了多种模式共存、多元结合并举的局面。从总体来看，后备人才的培养形成了四种主体模式：以体育系统为主的三级训练网模式、以教育系统为主的完全融入式模式、以职业系统为主的职业化培养模式和以社会群体系统为主的社会化模式，而各培养系统之间的结合虽然取得了一些效果，但并没有从实质上改变这四种主体模式的性质。因此，研究在对后备人才培养模式进行系统仿真时，严格按照这种培养现状，通过调整这四种主要模式的权重，来体现形成以某种模式为主，其他模式为辅的发展思路，从而对未来的走向进行连续的系统仿真。

（二）基于仿真结果的模式分析

1．三级训练网模式

沿袭计划经济体制下的三级训练网模式，即业余体校—体育运动高校—专业队、职业队，这种模式是我国后备人才培养的传统模式，也是现阶段仍存的主流模式，在整个培养体制中占据很大比重。

在这种模式下，国家奥运战略和各省市区全运战略的实施，学生的运动训练成效建立在"时间战""消耗战"的基础上，可用于文化学习的时间、精力与同龄人相比严重不足。再加上一部分学生主观缺乏对文化学习的兴趣，以及管理体制的不健全，训练方法、手段缺乏科学性，没有针对性等，造成绝大多数学生文化素质低下，升学或再就业渠道狭窄等一系列社会问题。学生文化教育问题已成为 21 世纪我国竞技体育是否能够持续、健康发展的一个重大问题。学生的文化提高了，智力才能得到开发，才能使竞技体育与科学有机结合，实现竞技体育的可持续发展。

2．完全融入模式

该模式强调连续教育体系在后备人才培养中的突出作用，即依托教育系统，将后备人才的培养完全融入教育系统，形成培养体系。

该模式下我国体育后备人才的培养数量将得以大幅度提高，再加上相应的素质提升，显然对后备人才培养在数量维、质量维、时间维上均表现出明显的可持续性，因此该模式在今后的发展中应受到国家的重视，民众的期待。

3．职业化模式

该模式是职业体育的发展模式，形成业余体育俱乐部—二三线职业俱乐部——职业队的培养体系。

该模式下运用市场机制理念和运作方式，融入并创新改造后备人才培养体系，形成培养主体社会化、投资多元化的充满活力的培养模式，特别凸显出俱乐部在体系中的重要地位。

4．社会化模式

社会化模式，即自由发展，打破三级训练网，发挥群众体育的作用，重视普及与提高的关系，强调以家庭为单位的培养方式。

该模式的主要矛盾来源于系统外冲突，亦即发展的外部环境中的政策缺失和制度障碍。其核心问题就是要解决发展过程中群众体育与竞技体育在普及与提高上的主要矛盾。因此，社会化模式发展的主要策略是在不断克服其内在模式的读训矛盾基础上，依托社会资源，拓展筹资渠道和训练竞赛路径，同时重点需要政府通过训练竞赛制度改革，在政策上予以扶植和引导，降低其家庭投资风险、成才风险，减少其在发展中的外部阻力。该模式发展策略的基本思路是要坚持以政府政策制度优势为导向，重点整合利用社会资本和人力资源，不断完善自身模式促发展。如果把以上相关资源整合，该模式的发展值得期待。

结合我国后备人才培养现实及项目发展特点，结合模型系统动力学模拟仿真结果，改革现有培养模式，创新运行机制，并结合现实国情，形成以"教体结合"和"校企联合"为改革过渡，将后备人才的培养引导到以教育系统为主，其他系统为辅，并允许多种形式并存，多元结合，从而构建更为科学合理的后备人才培养运行机制。

第八章

高校体育人才培养模式的协同创新

第一节　高校体育人才培养模式协同创新的理论思考

一、协同创新的原因

（一）"三结合"培养模式缺乏理论支撑

"教育、科研、训练"三结合人才培养模式由来已久，但是，一直缺乏理论支撑，对于三者之间到底应该如何结合也并不十分清楚，也没有非常明确的实施计划，只有国家文件提出的要求，一切都需要高等体育院校自己探索，摸着石头过河。为什么要协同，如何协同，协同以后要怎么样，都没有相对明确的回答。因此，一直以来，高等体育院校在实行"三结合"的过程中，争论比较多，大家都是各持己见，没有定论。归根结底，还在于没有为三结合模式的实践找到合适的理论基础。协同创新的出现，才让高等体育院校的领导者、教师等明白，"三结合"其实就是高等体育院校"协同创新"的具体运用。同时，协同创新又无异为"三结合"点亮了一盏明灯，指明了未来的发展方向。

（二）人才培养质量提高的必然选择

高等体育院校人才培养模式之所以会遭遇瓶颈，最主要的原因在于不同高等体育院校之间，高等体育院校与其他外部机构之间资源壁垒严重。一直以来，由于缺乏理念指导，同时也缺乏政策支撑，高等体育院校人才培养主要依靠自身内部力量，既难以做到与其他高等体育院校之间的协调，也难以与其他高校、科研院所等进行合作办学。一方面，对于高等体育院校内部系统来说，"教育、科研、训练"三者结合偏向于对受教育者三者能力的协同，忽视了整合校内学科、专业、教师等资源有效协同培养人才；另一方面，对于整个高等体育院校系统来说，由于缺乏有效协同，出现专业重复设置，人才培养定位雷同等问题，导致人力资源浪费严重、人才培养特色不鲜明。再加上高等体育院校在人才培养上各自为政，互相之间缺乏资源整合、缺乏合作机制，导致高等体育院校整个人才培养力量的分散，影响高等体育院校人才培养质量的进一步提升；其次，高等体育院校一直忽视了与其他高校、体育科研院所、企业、国际教学机构等的有效合作，即使有，宽度和广度都不够。加上缺乏有力的理论指导和政策支持，以往开展的合作缺乏保障，效果也并不明显，一些合作项目流于形式，没有达到合作培养人才的目的。

二、协同创新的目的

（一）体现整个体育院校人才培养行业特色

高等体育院校人才培养模式协同创新，一方面希望能够通过区别于其他高校、综合类以及师范类体育院校，体现整个体育院校人才培养的行业特色；另一方面则是希望体现单个体育院校的人才培养特色。

1. 与其他高校相区别

随着体育人才市场的需求，我国高等体育院校学科体系日益丰富，跨学科专业逐渐增多，体育学与其他学科的联系日益紧密，培养的跨学科体育人才种类、规模在不断扩大。要体现体育人才特色，提高体育人才竞争力，高等体育院校在对相关跨学科体育专业的人才培养上，要区别于其母学科所在高校的人才培养，要体现"体育"特色。

高等体育院校作为行业性专业院校，"体育"是其存在与发展的基础，体育赋予了高等体育院校鲜明的办学特色，体育院校的办学特征体现为"学术性"与"竞技性"相统一。高等体育院校在具体的办学和人才培养中，教育、科研和训练三结合，其中对于"体育训练"的贯彻是高等体育院校与其他类高校最本质的区别。以协同创新为理念，我国高等体育院校人才培养要体现鲜明的体育特色，关键在于有效协同教育、科研、训练三者关系。并且，要确保无论何种体育专门人才，都不离开其"体育"本质。高等体育院校要转变办学思路以及调整办学方向，建立以竞技体育人才培养为重点，与其他体育专门人才培养相结合的新体制，办出水平，办出特色。

2. 与综合类、师范类体育院系相区别

我国创办高等体育院校的初衷在于更好地服务国家体育，尤其是为我国竞技体育服务。但是，在随后的发展过程中，办学定位一直与师范类、综合类体育院系差别不大，人才培养目标与师范类等体育院系一样，也主要以培养体育师资为主，并没有体现出高等体育院校的特色。我国高等体育院校在中央政府、国家体育总局的规划指导下，与师范类、综合类体育院系区别开来，逐渐建立以"培养竞技体育人才"和"其他各级体育专门人才"相互结合的人才培养体系，不再局限于培养体育师资。以协同创新理念为指导，为打破计划经济时代造成的条块分割，减少人力资源的浪费，我国高等体育院校更要在办学定位和人才培养上，区别于一般师范类和综合性体育院系以"培养体育师资"为主的办学定位，办出自己的特色。

（二）体现单个体育院校人才培养特色

高等体育院校要体现人才培养特色，中央直属、中央与地方共建以及地方管理三种不同类型的管理体制，要根据国家体育总局的统筹安排与布局，凸显各自的特色。如：上海体育学院等共建院校，可继续深入探索"三结合"人才培养模式，主要服务于地方，同时为国家培养各级体育专业人才。地方管理院校主要立足于地方，服务于地方，为地方培养各级体育专门人才。

另外，要体现单个体育院校人才培养特色，还需要充分考虑中国地理、区域的差异，以及长久以来各个高等体育院校形成的传统来进行人才培养。中国地大物博，区域明显，有中央地方的差异，有南北西东的差异，还有气候、生活条件、民族差异等。若按所属经济带划分，分为东部沿海地区、中部内陆地区和西部边远地区；若按地理大区划分，分为华北地区、东北地区、华东地区、中南地区、西南地区和西北地区。我国高等体育院校建校初建立了华东体育学院（现上海体育学院）、中央体育学院（现北京体育大学）、中南体育学院（现武汉体育学院）等，服务于全国体育事业。

以协同创新理念为指导，我国高等体育院校的人才培养要在综合考虑不同区域的自然和社会资源优势后，各院校协同发展，办出特色。东北地区的院校可考虑在一般培养要求下，合理利用冰雪优势，促进与冰雪项目有关的专业技能和学科专业发展，培养高水平的冰雪项目人才。中南地区的武汉体育学院，其水上项目硕果累累，特色显著，可以考虑如何充分利用具备的水资源优势，在水上项目、学科上求突破、求发展。地处西南的成都体育学院，是西南区唯一的高等体育院校，可以进一步发挥其办学传统，培养具有特色的民族传统、运动医学、运动损伤等专业人才，突出传统优势。地处西北的西安体育学院，可以考虑地区文化优势，发展武术项目。地处华东的上海体育学院，身处国际大都市，一直以来以培养体育师资、教师、体育科研、体育管理等多规格、多层次的体育人才为目标，其拳击、摔跤、举重等重竞技项目多次获得世界级冠军，可考虑突出"重竞技"项目人才培养优势。其他的地方主管院校，始终不离服务地方体育的宗旨，可多在教师和全民健身指导上发展，为地方培养各级体育专门人才。

三、协同创新的要求

（一）教育与体育相统一

高等体育院校是服务于体育事业，具备较强行业特色的高等专门院校。它不同于其他高校，与综合类、师范类体育院系在办学定位、人才培养侧重上有区别。高等体育院校在办学定位和人才培养上既要体现其"教育"共性，又要体现其作为专业院校的"体育"个性。

教育与体育相统一，教育是高等体育院校存在的基础，体育是高等体育院校单独存在的特色。高等体育院校教育与体育相统一，其实质要求培养的人才应该是学术性与竞技性相融合，在培养环节上体现为"教育和训练"相结合。以协同创新理念为指导，培养高等体育院校人才，必须协调统一教育与体育，教学与训练的相互关系，既体现高等体育院校人才培养的共性，又体现特色。

（二）高水平竞技体育人才和其他体育专门人才培养相协同

高等体育院校要体现其人才培养特色，要区别于师范类、综合性体育院系，表现为体育院校既以"竞技体育人才"培养为主，又兼顾"其他各类体育专门人才"的培养。那么，在高等体育院校教学条件资源有限的情况下，要二者兼顾，必须充分整合校内外的教学资源，既体现高等体育院校与其他院校共有的特征，又体现出高等体育院校重在培养竞技体育人才的特色。以协同创新理念为指导，要求有效协同二者关系。在具体的操作过程中则表现为，培养不同类型的体育人才，资源如何配置、师资如何安排、课程如何设置等。

（三）教科训三环节相协同

"教育、科研、训练"三结合从开始之初，就有了协同创新的意义。高等体育院校"三结合"经历了"从体育师资培养的藩篱中解脱出来"——"打造成'三结合'的高水平基地，为国家培养能够争夺奥运金牌的学生"——"办成区别于综合类、师范类体育院系的特色鲜明的体育院校"——"优化体育教育资源，创办特色鲜明的体育院系"等内涵的不断丰富，其中协同创新体现的实质逐渐清晰。

以协同创新理念为指导，将赋予"教育、科研、训练"三结合新的内涵：三者的结合不仅仅局限于高等体育院校内部自身的结合，还可以将教育、科研、训练三者分别与高等体育院校外部资源进行有效结合，从横向和纵向来拓展"三结合"的宽度和深度，赋予"三结合"新的意义和内涵。在人才培养的具体实施过程中，院校对人才的教育应为基础，然后，根据不同类型的人才培养目标，有机结合"教、科、训"三方面能力，做到不同类型的体育人才培养的侧重点有区别。

四、协同创新的内容

（一）战略协同创新

运用协同创新理念培养高等体育院校人才，战略协同是核心。战略协同，即从思想上协同，是协同创新的深度融合。战略思想正确，其他问题将会迎刃而解。

首先，高等体育院校必须转变人才培养观念。高等体育院校管理层要做好有关本校发展的"顶层设计"。要以"协同创新"为理念，从战略高度重新定位办学目标，确立以"协同创新"为理念的办学模式、人才培养模式。要充分分析高校所属管理体制的人才培养分工、教学资源、传统和特色、办学优势等，合理分析能与本校协同的内外部创新主体，打破思想束缚，制定适合高校的协同创新模式。不同创新主体无论在定位，还是目标上均有明显差异，甚至会在某种程度上形成对立的行为准则和组织文化。如，企业以追求利润为核心，高等体育院校主要以体育人才培养、体育科学研究为目的，二者的出发点均不相同。所以在具体的协同创新过程中，如何充分调动创新主体的积极性，将协同创新效应最大化，战略协同无疑是最关键的手段。高等体育院校应在战略上思考如何真正培养企事业单位所需要的体育人才；在战略上关注如何为体育科研院所提供具有一定科研积极性和科研可塑性的人才。而企事业单位应该在战略上考虑，如何真正接纳高等体育院校提供过来的未来人才，给予他们机会，在实际工作中教导他们经验与实践知识，让他们快速上手，从而使自身一方面成为高等体育院校培养人才的实习实践基地，另一方面成为高等体育院校培养人才的直接受益者。

（二）组织协同创新

协同创新涉及各方利益群体，它们之间形成的是一种混合型跨组织的独特关系。任何单一的组织都无法取得合作的全部控制权。要想真正将协同创新的效果发挥出来，需要建立一种跨边界的新型组织机构或网络体系。因此，高等体育院校在具体的组织协同运作过程中，应该考虑校、院系、所室等不同层次的协同，学科、专业、教科训项目等不同范畴的合作，管理中不同序列、部门间的整合；此外，高等体育院校之间，高等体育院校与政府、企业、科研单位以及社会各界广泛联系，组成一个系统、功能、结构比较完善的网络体系。

具体来看，高等体育院校应高度重视过程协同与结构协同。首先，可考虑成立以高等体育院校、体育科研院所和企业为核心，以政府、非政府机构协助组成的委员会，打破原有各创新主体间的外部边界，打破原有的条块分割，使得资源可以按照人才培养、科学研究、企业需要实现无障碍流动；其次，加强协同创新组织协同的网络化，通过高校、企事业、科研院所等形成的网络化模式，发挥组织结构的信息网络化、组织结构柔性化等优势；最后，加大政府部门、金融机构、中介机构等支持性组织的共同参与力度，建立包括支持性组织在内的协同创新网络，优化内外部协同创新环境。

（三）知识协同创新

知识协同是指知识管理中的主、客体，以及环境之间达到的一种在空间、时间上有机协同的状态，知识主体或并行或串联协同工作，并将在恰当的时间、场所，将恰当的知识、信息传递给恰当的接收对象，从而实现知识双向或多向的多维动态创新过程。知识协同具有目标的准确性、知识流的多向性、时间上的准时性等特性。

经济大发展时代，知识成为决定组织成败的关键资源，知识创新是协同创新的关键。知识更新速度快，则竞争能力更强。高等体育院校作为体育人才的培养机构，因为运动技能的不断发展，体育理论知识更是日新月异，谁掌握了快速更新的最新知识，谁就拥有了竞争优势，而要完成知识的快速更新，靠单个体育院校难以完成，必须进行知识协同。高等体育院校的知识协同主要表现为体育院校与其他创新主体之间进行科研成果等之间的共享与创新。具体包括高等体育院校与其他创新主体之间通过科研项目联合攻关、联合研发、学术创业、非正式研讨、项目培训体育人才、体育人员互流等形式进行知识协同，从而提高人才培养质量。

（四）资源整合

高等教育资源是高等教育发展的保证，是从事教育活动的基础。高等教育资源指能够保证高等教育生存与发展的物质和精神资料，主要包括有形和无形两类。前者一般指教室、校园、图书馆、办公室、实验室、教师、学生以及办学经费等；后者主要指高校声誉、管理体制、科研成果等。为了研究需要，我们一般更倾向于将高等教育资源区分为广义资源和狭义资源。广义资源包括所有的人、物、财以及信息等有形和无形资源的总和。狭义资源一般用来指有形资源。与高等体育院校人才培养相关的资源，属于高等教育资源范畴，指参与、组成、维持以及服务于高等体育院校人才培养的资源，同样包括无形资源和有形资源两种。无形资源，主要包括与体育人才培养相关的技术资源和管理资源；有形资源，主要包括与高等体育院校人才培养有关的财力、物力和人力资源。其中，财力资源主要指经费投入；物力资源指进行高等体育院校人才培养所需的固定资源，如图书资料、教学场地、仪器设备、实验设备以及高等体育院校具有的相关知识、信息和技术资源等；人力资源主要指高等体育院校的教师、管理人员等。

协同创新理念指导下，高等体育院校与各创新主体之间资源配置若从系统角度考虑，可分宏观、中观和微观三个层次进行。宏观层次，国家统筹安排有限的教育资源分配于不同地区的高等体育院校；中观层次，各区域将区域内的资源分配于辖区内的不同体育院校；微观层次，高等体育院校对其自身拥有的资源进行有效整合，达到资源利用最大化。

（五）四者关系

以协同创新为理念指导高等体育院校人才培养模式的创新，战略协同是基础，各方主体在价值观念和文化上的求同存异最重要，协同创新主体要建立风险与利益的制衡点，确保知识创造、技术转化和商品输出得以互补、延伸；知识协同是核心，主体间要构建知识联盟，通过技术转移、学术交流、人员流动、合作研发等方式，促进知识流动和共享；组织协同是保障，通过采用协同网络化等模式，突破技术转移的单一模式，有效协调各方主体，实现协同创新的顺利进行；资源整合是手段，有效分析和整合资源，合理配置资源，实现效益最大化。

协同创新是一个动态的非线性过程，协同创新中的战略协同、组织协同、知识协同、资源配置之间应该是一种辩证统一、四位一体的关系，四者互为条件，相互促进又相互制约，形成一个有机的协同创新理论体系。

五、协同创新利益相关者

（一）综合类、师范类体育院系

由于体育事业的蓬勃发展以及我国对体育人才的需要，许多综合类、师范类大学也纷纷开办体育院系，与我国单科性体育院校共同构成了我国体育人才培养体系。综合类、师范类体育院系从办学之初，就有它们独特的先天优势。同样，与体育院校相比，也存在着明显的不足。综合类、师范类体育院系的优势主要体现在：①多学科性，现在的师范类、综合类院校大多囊括了文、理、农、工、管、医等各个学科门类。学科门类齐全，加上各类教师资源充足，为这类大学体育教育、跨学科等体育专业学生提供了丰富的资源，能够大幅度提高体育人才的综合素质。②学术性强，综合类、师范类大学文理学科齐全，不同领域的专业学者齐聚，为基础理论以及跨学科研究的开展提供了十分便利的条件。加上，综合类、师范类大学科研氛围浓厚，对体育人才学术能力的培养起着潜移默化的作用。因此，这类高校在培养学术型人才上有着体育院校无以比拟的优势。③其他，综合类大学和师范类大学无论是教学资源、实验设备等基本优于体育院校，同时，这类高校与国际体育教育教学机构的合作由来已久，关系紧密，这些优势对于体育人才的培养弥足珍贵。综合类、师范类体育院系与体育院校相比的不足体现在：缺少高水平专门的体育学科师资。综合类、师范类体育院系其前身基本是综合类、师范类大学的公共体育教学部，以前一直服务于高校的体育教学，并不涉及体育专业理论课程的传授等，开办体育专业以后，高水平的体育师资都相对薄弱。

综合类、师范类体育院系与高等体育院校各有所长，各有所短。综合类、师范类体育院系以培养体育师资为主，其他相关专业为辅，高等体育院校主要培养高水平学生、教师以及其他各级体育专门人才，二者既有区别，又有联系。以协同创新为理念，要求高等体育院校与综合类、师范类体育院系协同合作，实现资源共享，做到优势互补，相互提高。

（二）其他高校

随着国家、社会对体育人才的需要，体育院校逐渐开设了管理学、经济学、社会学、心理学、医学等许多跨学科专业。跨学科专业培养的体育人才主要属于复合型体育人才，既要求掌握体育理论知识、又要求了解体育专业技能知识，还要求掌握跨学科专业理论知识。高等体育院校作为单科性特色院校，无论是师资，还是教学场地、设备对于开设跨学科专业并不具备优势，有的院校甚至只勉强达到基本的培养要求。因此，这类人才虽然具有特色，但是往往培养的实际效果并不好，人才培养质量并不高，与用人单位要求的人才要求有差距，导致这一部分体育人才最终在择业时失去优势，很多就业并不对口，并且大部分还是走向了体育教师的工作岗位。

因此，对于跨学科专业体育人才的培养，体育院校应该与具有相关母学科的其他高校开展合作，向其他高校借力，这一借力包括共享相关高校的教学设备、课程资源以及教师资源。可以通过与其他高校共同开设有关课程、聘请其他高校相关专业的专家、老师来校兼职任课等形式提高人才培养质量。

（三）体育企事业单位

人才培养除了对人的基本教化之外，其最终目的是培养受教育者的职业技能，实现其就业需求。我国培养的体育人才包括优秀学生、教师、裁判员、体育教师、体育管理人员、体育科研人员、社会体育指导人员等。有体育人才需求的企事业单位包括各省、市、县级的各级各类体育俱乐部，体育用品企业，大、中、小三级高校，体育职业高校，体育运动队，体育管理部门，等等。高校与这些用人单位形成了一个卖方市场和买方市场，二者的需求不一样，利益诉求也不相同，但是"体育人才"是连接二者的节点。

因此，体育院校在了解企事业单位需要什么人，企事业单位在掌握体育院校能培养什么人的基础之上，双方协同合作，共同打造各类优秀体育人才将能够实现双方利益最大化。体育院校与企事业单位开展的协同合作，可以包括订单式人才培养模式，高校根据企事业需要按企业订单进行人才培养，也可以通过聘请企业成功人士为相关专业的兼职教师、学生到相关企业去实习等形式，提高人才的培养水平，从而满足企事业单位需求。

（四）国际体育教育教学机构

21世纪是一个信息开放、知识瞬息万变的时代。人与人之间的交流越来越趋频繁，国家与国家之间的相互影响也越来越明显。现代社会需要的体育人才，已经不再局限于具备坚实的理论知识、丰富的实践技能知识，还表现为具备一定的国际视野和创新能力，具有较高的综合素养。

我国高等体育院校人才培养要进一步发展，必须与国际体育教育教学机构等加强联系和合作。可以通过选派本科、硕士、博士赴国外留学，双方联合培养、聘请国外专家学者为兼职教授、邀请国外专家学者开展讲学讲座等形式，拓宽我国体育人才的视野，优化体育人才的知识，学习国外先进的教育教学理念等提高人才培养质量。

六、协同创新的辅助机构

（一）政府组织

协同创新利益相关体之间利益并不相同，在培养过程中，高等体育院校与协同主体之间的合作，利益肯定并不能够完全分配均衡。并且，在具体的协同创新过程中，来自不同利益集团的协作者之间如何有效协同，如何真正让协同落于实处，单靠个别组织领导或者个人力量无法实现，必须要政府机构提供相应的政策、制度以及相关的配套资金支持。

协同创新不同于原始创新，也有别于引进、消化吸收再创新以及集成创新，其本质是一种管理创新，即指打破领域、区域、行业、部门甚至国别壁垒，通过构建创新网络等手段，实现全球性、地区性的协同创新，实现创新要素利益最大化。政府是协同创新的推动者、管理者，为了确保各类创新主体、各种创新形式的有序开展和顺利进行，政府有必要根据现实需要，制定并颁布相关的人事交流保障制度、技术转让制度、风险承担制度、利益分配制度等政策法规。同时，政府对于各种形式的协同创新主体应该给予相应的配套资金支持，确保各项工作顺利开展。高等体育院校要与其他相关创新主体相配合，协同创新培养体育人才，政府在其中的作用必不可少。

（二）金融机构、法律机构及体育中介组织

不同的利益相关体之间相互协同，除了政府支持以外，还需要由一些非政府机构来协助确保相关协同的顺利进行。高等体育院校与其他相关主体谈项目、谈合作涉及的方方面面都很复杂，相应的金融机构、法律机构、体育中介等非政府机构能给予相应的资金、法律和技术支持。

金融机构指从事金融服务业的金融中介机构，主要包括银行、财务公司、保险公司、证券公司、信托投资公司、基金管理公司等。高等体育院校与相关创新主体在协同创新过程中，尤其是若成立相关协同创新中心，必然会牵涉到大额资金往来，此时需要专业的金融机构给予协同创新者资金支持。

协同创新培养体育人才，高等体育院校必须与其他创新主体进行相关项目的合作，或联合办学，或共建各级各类协同创新中心等，从合作之初，就牵涉到相关细节制定，利益的具体分配等，如何有效协同不同利益集团，确保协同创新顺利进行，必然要求法律机构提供相应的法律咨询和支持。

体育中介，按照有关学者的分类，主要包括有以体育本体规则为运作依据的国家体育总局管辖的项目管理中心、体育协会、赛事代理机构、学生代理等在内，以及以市场中介机构作为运作依据的体育资产评估、体育会计事务、体育信息咨询、体育律师事务、体育仲裁、体育审计事务、体育人才交流等相关机构在内的两种类型。高等体育院校人才培养模式协同创新，涉及人、财、物等各方面，协同起来非常复杂，除了金融机构、法律机构的支持以外，将需要借助体育中介组织的力量来完成相关合作。

七、协同创新的具体考量

（一）"三结合"人才培养模式的协同分析

综合来看，协同是系统内部各个子系统为了共同目标的最优同步，在一个开放的自组织系统内，各个子系统通过整合内部资源，以及与外界时刻进行着物质、能量与信息的交换产生系统的增效作用。协同的本质，指系统通过整合资源、优势互补等产生增效的综合能力。协同包含几层含义：①资源整合、优化配置，资源包括信息、知识、人才、技术等；②协同包括不同的参与主体；③参与主体之间指向同一目标；④参与主体为了同一目标，整合资源，联合行动，最后实现行动的最优同步。高等体育院校人才培养模式的协同则指各体育院校根据自身条件、优势和特色，在对体育人才培养的具体过程中，实现环向、横向及纵向的资源整合和优势互补。

1. 环向协同——教育、科研和训练三者协同

大学的首要目的是通过教育实现高规格的人才培养，其次，通过科研提升人才培养水平。对于培养体育人才来说，除了对受教育者提供教育、科研能力的培养外，要体现其鲜明的行业特征，还必须包括对其体育技术技能的训练。体育人才培养的过程，其实质是教育、科研、训练三要素有效结合的过程。教育、科研和训练三者之间，相互作用和互为影响：首先，教育是基础，它能提升科研能力，增强训练后劲，担负着通过传授知识、形成技能和提升素质等来培养各级体育人才的重任；其次，科研是先导，是桥梁。它架通教育与训练之间联系的桥梁，又能促进二者的协调发展：它服务训练，提升训练水平，同时又服务教育，将训练实践转换为理论成果用于教育教学；最后，训练是载体，它能够完善教育体系，丰富科研内容。教育与训练既可以看作包含与被包含的关系，如运动训练的知识、技能、管理等是体育教育的重要内容，可以看作是教育的一个组成部分。同时，训练作为一种实践，又是教育教学的重要理论知识来源。训练与科研之间则是相互促进的关系，科研成果能够促进运动技战术、动作方法等的改进，能够促进训练水平的提高，同时，训练实践中出现的各类问题又能作为素材反馈给科研，深化科学研究。教育、科研和训练三者结合方式不同、结合力度不同，培养的人才也不一样。协同创新理念下，无论何

种类型的人才培养模式，最后的落足点都应该在如何有机协同教育、科研和训练在人才培养之中的关系之上。

2．横向协同——高等体育院校学科、专业、部门、师资等资源整合

人才培养必然涉及学科建设、专业设置，以及相关的管理部门、师资条件、实验设备等。一直以来，高等体育院校学科较为单一，专业设置重复率高，各职能部门条块分割严重，各教学设备、实验设备隶属不同院系，专家、学者分属于不同科室，我国高等体育院校人才培养过程中人才、信息、技术等资源壁垒严重，导致人才培养模式僵化、人才培养质量上不去。

协同创新理念下的人才培养，要求打破学科、专业等之间的壁垒，实现资源整合。如，对于学科、专业而言，我们要进一步打破体育学的单一模式，协同医学、管理学、生物学、经济学、社会学、心理学、统计学等跨学科资源，设置并丰富完善已有跨学科专业，通过增强与各学科的横向协同，提高各类体育人才培养水平；从人力、财力、物力资源的角度来说，我们要逐渐淡化院系、科室之间界限，实现校内各类教学设备、实验设备、课程资源共享，校内名师、专家、教师共享；对于各职能部门来说，要加强相互间的联系，始终围绕人才培养这一核心目的服务，确保人才培养顺利、有序、高效地进行。

3．纵向协同——高等体育院校人才培养涉及的参与主体的资源整合

协同的核心理论包括协同效应、自组织原理和伺服原理。其中，自组织原理研究各种开放系统发展的经验事实，这些开放系统不断与外界进行物质、信息及能量等交换。高等体育院校作为一个开放系统，协同的不仅仅是内部学科、专业、师资等资源，它与其他体育院系、高校、体育科研院所等与之相关的其他开放系统同样可以进行物质、信息、人才等资源的交换共享等，提高人才培养质量。

我国教育系统中，除了高等体育院校培养体育人才之外，部分综合类、师范类等体育院系也培养体育人才。协同创新理念下，要大力提高高等体育院校人才培养质量，除了教育、科研和训练三要素的环向协同，高等体育院校内部学科、专业等横向协同外，高等体育院校要将重点放在与其他高校、科研院所、体育企业等主体之间的协同上。加强纵向协同，才更符合当前我国提出通过协同创新，提高高校人才培养质量的真正用意。

（二）"三结合"人才培养模式的创新分析

高等体育院校人才培养模式的创新，并非是要抛弃以往的"教育、科研、训练"三结合模式，构建一种新型的、从来没有过的人才培养模式，而是强调如何在现有的人才培养模式基础上，通过环向、横向和纵向充分进行多方协同，整合资源，丰富、完善和发展现有的"三结合"人才培养模式。高等体育院校协同创新的创新本质，是指对"教育、科研、训练"三结合模式的丰富、完善和发展。

"三结合"实际就是我国体育院校进行的"协同创新"的前期实践，最接近于"协同创新"理念提出的人才培养要求。"三结合"培养模式主要从高校办学使命的角度，重在考虑如何协调教育、科研和训练三者关系，如何将三者有效结合起来，完成体育院校培养各级各类人才、服务社会的任务。而协同创新的提出，最主要的目的在于要击破各级各类资源壁垒，减少资源浪费，通过协同提高人才培养质量，培养拔尖创新人才。从广度和宽度来讲，"三结合"只是"协同创新"一小部分的实践，"三结合"模式还大有拓展空间。因为，协同创新要求协同一切可以协同的力量，不仅可协同校内资源，更要与校外包括高

校、政府、企业、科研院所在内的力量联合起来，共同培养各类人才，进行科学研究等。因此，我国高等体育院校在未来的发展中，人才培养模式依旧是"教育、科研、训练"三结合主模式或者"教育、科研、训练和社会服务"四结合等模式，这是体育院校担负的历史使命，也是区别于其他院校的特色。但是，在结合手段和方法的选择上，可以进一步拓宽。如教育、训练相结合，除了附属竞技学院以外，各类体育俱乐部、运动中心都可以是合作的单位；教育、科研相结合，可以同兄弟院校、其他相关院校、科研单位、企事业单位等整合科技资源、科研队伍，共同构建科研资源共享平台，继而再通过将项目、导师、平台等整理起来，实现联合培养体育人才的目标和计划。

第二节　协同创新理念下高校体育人才培养模式的优化

一、优化的指导思想

全面贯彻党的政策和教育方针，充分体现"教育要面向现代化、面向世界、面向未来"的时代精神，高等体育院校在立足自身优势和现有条件的基础上，以提高我国高等体育院校人才培养质量为目的，以协同创新理念为指导，从社会市场需求出发，遵循人才发展的普遍规律，突出高等体育院校"教育体育相统一、学术性与竞技性相融合"以及"教科训三结合"的特殊性，积极整合校内外资源，借助政府、金融机构、法律机构、体育中介等非政府组织等辅助机构提供的技术、资金、法律支持，通过广泛开展高等体育院校与体育科研院所、体育企事业单位、体育国际教育教学单位等创新主体的深度合作，释放信息、人才、资本、技术、管理等创新要素，培养知识、能力、素质协调发展，富有创新能力、实践能力、可持续发展能力的各级体育专门人才，提高人才培养质量，为我国体育事业做出应有的贡献。

二、优化的基本原则

（一）协同为主导，遵循整体性原则

整体性原则是系统论中认识事物的最基本原则。马克思的辩证方法，其实质在于将整个社会作为一个整体认识，并将社会中所有局部现象都看作为一个整体。

以协同创新理念为指导，优化我国高等体育院校的人才培养模式应该遵循整体性原则。首先，高等体育院校属于高等教育的一个重要组成部分，也是作为这个社会运转的一个部分，其人才培养的具体实施必须遵循高等教育的相关规定，满足社会的需求。因此，在人才培养过程中，高等体育院校可以向高等教育这一组织借力，也可以与社会各个相关组织合作办学，提高人才培养质量。其次，作为特色性行业院校，高等体育院校之间是具有共性的一个"竞争与合作共同体"，在这一集体中，为避免资源重复浪费，每一个个体都要找准自己的优势，办出自己的特色，培养出具有竞争力体育专门人才。同时，在这一集体中，个体之间应该敞开心扉，精诚合作，通过整合资源，共享信息、技术、人才等资源，促进整个集体的培养质量。最后，单个高等体育院校麻雀虽小，却五脏俱全，各个教学部门、管理部门、科研部门，不同院系、学科、专业之间必须作为一个整体，有机协同，才能构成一个生机勃勃，充满竞争力的高校。

（二）创新为目的，遵循多样性原则

人才培养模式的多样化是人才培养模式优化的一个重要方面。我国体育院校管理体制不同、所处区域不同、办学传统不同，培养出的体育人才是多层次、多规格、多类型的；再加上高等体育院校办学软件、办学硬件的差异，不同的学科、不同的专业、不同方向培养目标的不尽相同，也决定了不同院校人才培养的任务有所不同。因此，要求我国高等体育院校在国家教育方针政策的指引下，根据实际确定各自的办学目标，确立独具特色的人才培养模式。

当前，体育院校在办学过程中存在着跟风现象，有些高校看到别的高校上新专业，也急忙跟着上新专业；看到别的高校增设硕士点、博士点，也急忙申报硕士点、博士点；看到别的高校力争世界一流，国内一流，也跟着要建设一流，很少站在自身现有条件、资源、师资等角度去考虑办学以及人才培养。因此，在长期的发展过程中，高等体育院校之间存在着开设的专业越来越趋同、培养的人才同质化严重、人力资源浪费严重等问题。

人才培养模式必须遵循多样化原则，是因材施教实现学生个体发展，是高等教育由精英化走向大众化，是满足我国高等教育"培养具有实践能力和创新能力专门人才"这一教育目标，是满足经济发展、科技进步需求的必然选择。高等体育院校人才培养的多样化原则，包括不同高校办学模式的多样化、体育人才培养目标的多样化、教学内容的多样化、培养途径的多样化、教学评价体系的多样化、教学过程的开放化等。以协同创新理念为指导，各高等体育院校应该综合考虑自身所处的类型、区域、政府政策支持力度、自身的软、硬件优势和不足，自身的优势专业和优势项目等，制定切合实际的、符合高校实际发展的人才培养目标和培养模式，办出特色，办出水平。

三、专业布局的优化

专业设置和调整的目的在于提高高等教育质量和办学的效益，为避免不必要的重复设置，需要形成合理的专业结构和布局。原则上若通过扩大专业招生，通过共建、合作办学或扩宽转行业服务方向等途径能满足人才需求的专业不再新增。

我国高等体育院校专业设置重复紊乱的主要是本科专业，许多本科专业因盲目增设，使得供大于求，各个院校招生生源很小，规模有限，再加上教学设备达不到条件，师资力量跟不上，效益低下，投入与产出不成正比，直接影响相关专业的人才培养质量。高等体育院校人才培养类型同质化严重，与缺乏预警机制、缺乏特色有关。以协同创新为理念，优化专业布局，可以通过学科建设为先导，优化体育类专业布局等措施来实现。可以考虑实施"学科振兴计划"和"专业预警与调整计划"，推进"专业群建设计划"以及"名牌专业建设计划"。首先，对本体专业、派生专业、相关专业的发展规模进行有效协同，高等体育院校可以通过适当扩大招生规模加强本体专业发展，保持招生规模，注意发展派生专业，适当缩小招生规模，适度发展相关专业等优化专业布局。其次，高等体育院校可以根据自己的发展规划，分层次规划学科以及专业发展重点，构建国家级、省部级、市级、校级重点学科组成的学科建设体系，形成自己的专业特色。同时，推进高等体育院校与院校之间，以及高等体育院校与师范类、综合类院校同类或相近专业之间的合作，形成资源共享、优势互补的体育学专业集群。最后，为避免重复建设，高等体育院校专业建设还应该与社会需求预警联系起来。高校可以通过建立包括专业设置、人才就业、专业评估登记

等多指标专业动态数据库，密切关注供需变化，适时调整专业结构与招生人数，从而实现专业结构的优化。

四、培养目标的优化

培养目标，是人才培养的标准和要求，它不仅是人才培养顺利进行的前提和基础，更是一切培养活动的归宿。一般来讲，培养目标主要包括对思想品质、知识能力结构、素质结构等的描述。从培养目标的内涵和外延看，其是一个具有层次性和系统性的概念，各级各类教育的培养目标构建为一个总的目标系统，本科教育、硕士研究生教育以及博士研究生教育的培养目标均是其中的一个重要组成部分。从构成内容来看，培养目标一般由培养方向和规格组成，前者指培养成什么人，后者指培养的人才具备怎样的知识、能力和素质结构。

合理定位培养目标，必须体现一定的教育方针、反映社会发展和科技进步的需要，以及体现不同人才类型的教育特征。我国是处于发展中的社会主义国家，当前经济大发展，知识更新迅速，世界竞争激烈，人才需求日新月异。以协同创新理念为指导，定位我国体育院校的人才培养目标，宏观上要体现社会主义性质和一定的时代特性，以及满足国家、社会对体育人才的需要和要求。微观上要体现各级体育专门人才的特色。为了保证研究的顺利进行，本研究从本科、硕士、博士三个培养层次出发，依据各级体育专门人才培养过程中"教育、科研、训练"三结合的方式及力度的差异性，将体育人才分为学术型、复合型和应用型三种培养方向。

（一）优化培养方向

学术型体育人才的培养方向可优化为"科研为主、教育为础、训练为辅"；复合型体育人才的培养方向可优化为"教育训练相结合，科研为辅"；应用型体育人才的培养方向可优化为"训练为主，教育为础，科研为辅"等。

1. 学术型体育人才——科研为主、教育为础、训练为辅

学术型体育人才是指在体育领域进行体育决策和体育科研的理论性人才，包括高层次、较高层次的体育科技人员、管理人员等。这类人才属于体育理论领域的高级人才，社会需求有限，但是却对体育事业的进一步发展起着非常关键的作用，影响着未来我国体育事业的发展水平。这部分人才接受的教育属于小众教育和精英教育，从培养层次来看，主要以博士生和学术型硕士研究生为主。

学术型体育人才的培养，从招生，到培养目标、课程设置、能力要求、培养途径等都要突出"科研为主、教育为础、训练为辅"的培养要求。学术型体育人才要控制好招生规模。这类体育人才从报考之初就必须考虑其对科研的态度与积极性。在具体培养过程中，学术型体育人才，要求掌握一定的体育理论知识和体育训练的基础知识，但不要求面面俱到，样样精通，重在培养这类体育人才的创新思维、创新能力和科研能力。力求通过一定年限内的培养，使得学术型体育人才在体育领域某一方向或者某一课题具有较深的研究水平，能在某一专业领域具有一定的学术水平，能够为体育科研或者体育管理贡献自己的才华和力量。

2. 复合型体育人才——教育训练相结合，科研为辅

复合型人才一般指具备两个（或两个以上）学科或专业基本知识和能力的人才，又称

交叉性人才和综合性人才。体育人才因其既姓"教"，又姓"体"的特殊性，培养出来的体育类人才无论出自哪所院校，哪个培养层次，哪个专业，授予的学位基本为管理学、教育学、医学、理学、艺术学、经济学等学位，若从这一角度分析，我国体育人才基本都属于复合型体育人才。因此，这里所界定的复合型体育人才，从更狭义的角度出发，指的是培养过程中"教育训练相结合为主，科研培养为辅"的体育人才。从培养层次来看，主要以跨专业本科学生为主。

复合型体育人才之所以称之为复合，主要在于他们具备知识的复合、能力的复合以及思维的复合等多方面。复合型体育人才的培养以对其"体育理论知识、跨学科专业理论知识以及体育专业技能训练"的培养为主，科研能力的培养为辅，如本科生可以通过参与科研实践，提高自己的科研素养，但并不要求他们具备独自科研的能力。复合型体育人才的优点在于，既掌握了较好的基础理论知识、体育专业理论知识，又具备一定的体育专业技能，所以他们往往多才多艺，能够服务于较多的体育岗位。复合型体育人才上可向学术型人才转型，下凭借自己的优势和兴趣，可以成为各级体育专门人才。复合型体育人才是我国高等体育院校的中坚力量，他们是中流砥柱，在高等体育院校系统中起着承上启下的作用。

3. 应用型体育人才——训练为主，教育为础，科研为辅

应用型体育人才，又称实践性体育人才，主要强调其体育技能，指能够将体育专业知识和所学技能应用于体育实践的专门人才，培养过程中注重以训练为主，教育为础，科研培养为辅，培养层次以体育专业硕士和非跨学科本科生为主。

应用型体育人才虽然以训练为主，以培养体育职业技能为主，但在培养过程中，同样要重视对体育基础理论知识和体育专业理论知识的传授，又根据教育、科研和训练三者是相互作用的关系，应用型体育人才也需要进行一定的科研辅助培养，让其掌握一定的科研能力。只是他们的知识结构侧重点有别于学术型体育人才和复合型体育人才，应用型体育人才要求在掌握一定的理论知识的基础上，具备较好的体育技能，能够用于指导体育实践，他们往往工作在体育第一线的基础岗位。

4. 三种体育人才培养方向的关系辨析

无论是何种体育人才，教育者和受教育者都要调整好心态，摆正自己的位置。所谓"行行出状元"，职业从来就只是因需而设，我国体育事业不仅需要高层次的学术人才，同样也需要高水平的竞技体育人才和多才多艺，知识、能力、素质均衡发展的各类复合型体育人才。学术型体育人才、复合型体育人才和应用型体育人才三者之间，并非无以跨越，受教育者可根据自己对未来的职业规划等选择继续深造，实现人才类型的转换。

我国高等体育院校并不只单纯培养一种体育人才，只是侧重点不同。学术型体育人才、复合型体育人才和应用型体育人才相互联系，互为支撑。如，学术型体育人才可以将自己的研究成果转换为理论知识，提升应用型和复合型人才的理论水平；应用型体育人才通过自己一线的教育和体育实践，将掌握的丰富实践经验和教学经验，给予学术型体育人才提供第一手的科研素材；复合型体育人才作为中流砥柱，均衡着体育理论和实践的发展。三种体育人才培养类型之间相互联系、互相促进。

（二）优化培养规格

关于体育人才培养规格的优化，学术型体育人才重在培养他们的"创新与科研能力"；

复合型体育人才重在培养他们的"理论与实践综合能力";应用型体育人才重在培养他们的"知识与技能运用能力"等。

1. 学术型体育人才——创新与科研能力的培养

学术型体育人才具有的特征为：第一，既"专"又"博"，学术型体育人才是一种高层次的专业教育，通过培养学生掌握体育某一领域的基础知识和体育专门知识，并围绕专业领域展开系列研究和创新活动。同时，又要求具有广博的相关学科知识，能够做出一定的创造性成果。第二，具备科学家的素养。学术型体育人才一般读完了本科，无论是生理和心理已经成熟，是个有完全行为能力和选择能力的人。一般选择了学术道路，从一开始就应该对体育科学研究表现出一定的热爱，要为国家、社会体育科研工作做出一定的贡献。第三，承担发展体育学科的责任。学术型体育人才，是高级体育理论人才，关注国家体育事业的发展、改革，以及关注体育相关学科的前沿知识，尤其是博士生，除了进行科学研究、创新理论知识外，还要为体育学科做出贡献，完成其发展学科的社会服务功能。

作为社会主义国家人才，需要具备良好的政治思想品德；作为研究生为主的学术型体育人才，还应掌握相应的知识、能力和素质，符合学术型体育人才培养要求。学术型体育人才培养目标具体表述如下：①德育表述：德智体全面发展，热爱祖国，拥护中国共产党的领导，拥护社会主义制度，遵纪守法，品质优良，学风严谨，具有为国家、为人民、为中国体育事业服务的社会责任感。②知识表述：学术型体育硕士研究生，掌握体育学科坚实的基础理论和系统的体育专门知识。学术型博士研究生，掌握坚实、宽厚的基础理论和系统体育知识，了解研究领域学科前沿。③能力表述：学术型体育硕士研究生，具有一定的理论创新、从事体育科学研究、教学、管理等工作的能力。学术型博士研究生，具有较好的理论创新能力，具有独立从事科学研究、为体育学科做出创造性成果，以及从事体育教育、科研、训练和管理工作的能力。④素质表述：具有创新精神、创新能力、科研能力及良好的心理素质和健康的体魄。

2. 复合型体育人才——理论与实践综合能力的培养

复合型人才要求具备知识、能力和素质的复合，那么，具体来说，知识复合指的是知识的集成性，复合型人才在通晓专业基础理论知识和技能的基础上，根据社会需要和专业需要拓宽知识面，形成较为合理的综合性和整体性知识体系。放在复合型体育人才上，则表现为形成体育理论知识和专业实践知识的有机结合；能力复合，主要指复合型体育人才需要具备一定的学习能力、运用方法学解决问题的能力、创新能力、工具性能力和实践能力的结合；素质复合，是指具备稳定的个性心理品质、良好的思想品德和健康的身体体魄。复合型体育人才的培养，既不偏重体育理论知识的传授，也不偏重于体育技能的实践，而在于二者的有效结合。

作为社会主义国家复合型体育人才，需要具备良好的政治思想品德；作为复合型体育人才，还应掌握相应的知识、能力和素质，符合复合型体育人才培养要求：①德育表述：同学术型体育人才；②知识、能力表述：复合型跨学科本科体育人才，掌握一定的体育基础知识、专业技能知识，以及所学的跨学科专业理论知识和实践知识，有一定的理论创新意识，能在跨学科领域从事与体育相关的理论和实践工作；③素质表述：具有良好的职业素养、创新精神，良好的心理素质和健康的体魄。

3．应用型体育人才——知识与技能运用能力的培养

应用是适应社会需求的实践活动，这种实践活动不同于简单操作，需要以一定的理论知识为指导。应用型人才指的是主要从事非学术性工作的实际操作者。相比于体育竞技高校、体育业余高校、体工队等培养的以出运动成绩、参赛获胜为目的的体育人才，应用型体育人才更重视理论知识。而相对于复合型体育人才，应用型体育人才又更重视体育知识与技能的运用能力，应用型体育人才未来就业主要面向各级一线体育岗位。从某种意义来说，应用型体育人才是最能淋漓尽致体现体育特色的高等人才，他们既有明显的体育特色，又掌握了较好的职业技能。他们可以直接是体育院校中的高水平学生，也可以是未来面向一线的基层体育教师、教师等。

作为社会主义国家应用型体育人才，还应掌握相应的知识、能力和素质，符合应用型体育人才培养要求：①德育表述：同学术型、复合型体育人才；②知识、能力表述：掌握坚实的体育基础知识、专业知识，有较好的运动实践能力、一定的实践创新意识，能在体育一线从事基层体育教育教学、运动训练实践的能力；③素质表述：具有创新精神，良好的心理素质和健康的体魄。

五、课程体系的优化

课程设置是人才培养的重中之重，好的课程体系能够确保学生的高质量和高规格。课程目标的制定应该满足学习者的需要、社会需要和学科发展的需要，课程具体设置要体现对学生知识、能力和素质（人格）的培养。并且，不同办学层次、不同人才培养类型，课程体系的侧重点也不同。

（一）校所协同为主载体，优化学术型人才课程体系

学术型体育人才的课程设置重在让学生掌握渊博的基础理论和前沿的专业知识，培养学生的科研能力，主要包括对博士研究生的课程设置和学术型体育硕士的课程设置。

学术水平并非与成就清单有关，而是与人的个性品质相关。提高学术型人才素质，除了培养其作为社会主义国家人才应具备的政治素质以外，还应该培养其独立之品性、质疑之心理、探索之兴趣、坚持之态度、批判之意识等人格品质，素质培养主要通过公共必修课来实现；学术型体育人才的知识培养，除了基础知识外，专业基础知识、体育科学研究方法论知识、专业前沿知识以及相关多学科知识都是培养其科研能力和创新能力的重要知识手段。知识创新并非来源于"阶梯状"知识的积累，而在于"网状"横向知识渗透时的启发。因此，跨学科知识是实现学术型创新能力培养的重要保障，知识培养主要通过专业课、选修课实现；学术型体育人才的能力培养，主要表现为对科研能力、创新能力的培养，我们可以把信息获取能力和知识认知加工的能力整合为科研能力，把探究与创新能力和合作交流的能力整合为创新能力。知识认知加工能力，是学术型体育人才能进行"研究"性认识和掌握事物规律及本质不能缺少的能力，是使学术型人才达到知识渊博、具有创新能力的坚实基础，信息获取能力是学术型人才展开具体科学研究工作的必要前提，探究与创新能力是学术型体育人才最为核心的能力，它体现了学术型人才的本质特征。

我国学术型体育人才课程设置现有的学分制是合理的，应该继续保持。另外，学术型体育人才的特色是掌握前沿知识，具有科研能力和创新能力，而这些特色和能力都将由选修课和实践课来实现，因此，学术型体育人才培养在具体的课程设置上，最基本的原则便是加大选修课比重，重视科研论文和研究生论文的写作实践。协同创新理念下，提高学术

型体育人才的科研能力、创新能力，最主要的手段是与体育科研院所的合作。

（二）校校协同为主载体，优化复合型人才课程体系

复合型体育人才的课程设置重在让学生掌握坚实的基础理论、专业知识以外，还注重培养学生解决实际问题的能力以及承担专业技术或管理工作的能力。复合型体育人才与学术型体育人才的素质培养基本无异，都是通过公共必修课的开设让受教育者具备良好的思想政治品质，热爱祖国，爱党爱人民爱社会。除了基本品质的要求外，复合型体育人才同样也要求国际化，要求开设外语课程。对于复合型体育人才来说，知识培养根据人才培养目标定位来看，跨学科专业本科体育人才重在将跨学科知识与体育知识进行融合和有效运用。在能力的培养上，跨学科本科体育人才，重在培养其将跨学科专业理论知识在体育领域有效实践的能力。复合型体育人才的能力培养通过实习和实践来实现。复合型跨学科专业本科生一般采用的是学年制，在具体的课程设置上，体育专业课程、跨学科专业课程应该均衡设置，比例应该对半开较为合适。而在必修课和选修课的比重上，必修课应该占据更多比重。并且，复合型跨学科专业本科生一定要重视实践课程。以协同创新为理念，优化复合型人才课程体系，最主要的手段是通过高校与高校之间的合作，提高复合型体育人才的综合能力。

（三）校企协同为主载体，优化应用型人才课程体系

应用型体育人才以体育专业硕士、体育类本科专业学生为主，他们基本由体育考生的身份入学，入学前就有一定的体育特长，就业走向以体育师资、体育训练、竞赛管理、体育指导等为主的岗位，具有非常强的体育实践性。

应用型体育人才在素质培养上与学术型、复合型体育人才基本一致。要求品质优良，同时要求掌握一门外语和计算机运用，素质培养同样由公共必修课来完成。从知识培养和能力培养来说，应用型体育人才除了掌握基础理论之外，课程设置必须加强他们对体育专业理论知识的掌握，以及开设一系列的体育术科课程让他们进一步提高自己的运动能力和水平，这就必须由专业课程与实践性教学环节来完成。应用型体育人才培养一般采用的是学年制，在具体的课程设置上，要非常重视专业课程和实践课程的设置。并且，在哪个学年哪个学期开展哪一门课程都需要根据学生知识水平和运动发展规律来有序安排。同样，应用型体育人才必修课比重稍大于选修课比重更为合适。应用型体育人才以培养运用体育知识的能力为主，以协同创新为理念，最为重要的手段则是采取校企合作等形式，为应用型体育人才提供优质的实习、实践场地。

（四）建立各类课程资源共享平台

每一所高等体育院校根据各自的人才培养目标、专业特点开设了一系列的课程。北京体育大学硕博培养方案中，多次提到如果高校本身无力开展的课程，学生可以到校外选课，并且认定学分。北京体育大学，作为全国唯一一所体育类重点大学，都面临着有些课程无力开设的困境，可想而知其他高校面临的困境基本上是有过之而无不及。另外，尤其以跨学科专业为主，因为师资跟不上，设备达不到等条件制约，有些课程即便开出来了，教学效果也根本无法保障，很多任课老师都是通过自学硬着头皮一知半解地在教授课程，导致学生知识掌握不牢靠，甚至掌握了一些错误的知识。因此，如何利用"协同创新"理念，构建各类课程资源共享平台显得尤为重要。

1．建立高等体育院校学科、专业、院系优质课程资源共享平台

作为单个高等体育院校来说，不同的院系、学科、专业开设的课程会有所不同。同一门课程，不同的教师教授方式方法不同，教学效果也不同。以协同创新为理念，优化课程体系，从单个高等体育院校的角度来说，这要求高校领导者站在高校发展的宏观角度，全面整合不同院系、不同学科、不同专业、不同办学层次、不同院系师资、不同院系实验设备等资源，构建高校内部的优质课程共享平台，学生可以根据导师建议或自身兴趣，合理选择课程。

2．建立不同高等体育院校之间优质课程资源共享平台

不同层次、不同区域、不同传统的高等体育院校，享受的政策优势、地理优势、人文优势均不相同，每一所高等体育院校在多年的发展历程中，都形成了自身的优势学科和优势项目，有自己的精品课程、特色教师，如北京体育大学运动人体科学国家重点学科，上海体育学院重竞技等优势项目，成都体育学院的运动医学、体育史学等精品课程，这些都是各个高校的资源和优势。协同创新理念要求高等体育院校之间打破资源壁垒，建立高等体育院校之间的优质课程资源平台，通过互联网技术等资源共享，优势互补，互为补充。因此，每一所高等体育院校的管理者都要站在体育院校共发展共繁荣同存亡的战略角度去协同创新，高校不应局限于内部小团体，不应守着自身的个别优势沾沾自喜，不应看着别人新增专业或方向而盲目跟风，而应走出去与兄弟院校开展积极的合作交流，将自家开设的课程贡献出来，与他家开设的课程共享，通过互联网技术，或者通过校外选课、学分互认等形式，联合培养体育人才，提高我国高等体育院校整体人才培养质量，为国家、地区竞技体育、社会体育事业贡献力量。

3．建立高等体育院校与其他创新主体之间优质课程资源共享平台

以协同创新为理念，高等体育院校可以与师范类、综合类体育院系、其他高校等联合开设相关课程，通过校外选课、学分互认等形式进行联合培养。也可以通过与企业共同开设实践课程，通过实践让学生全方位、立体地掌握相关知识，我们也可以与科研院所、企事业单位等合作，共同开展实验、实践课程，确保学生使用最先进的科研设备、教学设备，获取最先进、最直接的实践经验。因此，各院校领导者应该将高等体育院校置于社会大环境中，建立与其他高校、企业、政府、科研院所等共同构成一个大型协同创新课程共享系统，允许和鼓励学生利用课程共享系统获取优秀课程资源，获取知识。如运动人体科学专业可以与当地医学院校或医院共同开课程，运动训练专业可与警校开展合作等。

六、培养方式的优化

（一）实行"双导师制"等，优化学术型体育人才导师负责制

学术型体育人才主要以博士生和学术型硕士生为主，规模不大，培养方式主要以导师负责制、导师组集体培养为主，类似于过去的"学徒制"，属于小作坊式的传授。导师与导师组从学生一入学，就开始与学生商定培养计划，包括学生的选课、学生课外的自学、学生需要参与的课外研究实践等。学术型体育人才重在培养科研能力和创新能力，所有的教学和课程实践，都是围绕这一目标而进行。从实际来看，学术型体育人才培养质量的高低，培养目标、课程体系均不是决定性因素，真正决定人才培养质量高低的是导师的学术水平、科研指导能力，导师对学生投入的心血和培养力度，以及导师组是否真正发挥作

用、是否对学生进行了全方位的规划和指导。

优化学术型体育人才现有培养方式，重点在于以协同创新理念，对导师负责制进行优化，建议实行"双导师制"，国内高等体育院校每一位学术型体育人才基本配备一名导师，本研究认为，对于某些学生还需要增加一名辅导导师，辅导导师可以是第一导师根据实际情况直接指派给学生，也可以是院校直接安排。如，博士、硕士跨学科专业较大的学生，最好安排一个具有该跨专业学习背景的辅导导师；导师为行政人员的学生，最好安排一个手上有研究项目，且指导时间充足无行政职务的辅导导师；导师为新增导师的学生，应该还安排一个指导经验较为丰富的辅导导师，这样才能避免因为导师指导时间不足、指导经验不足、指导能力不足等原因，造成学术型体育人才培养质量的参差不齐。具体来看，可以采用高等体育院校与体育科研院所的联合培养，以及与其他高校跨学科合作指导等方式。

导师培养研究生应该主要以"实践创新和科学研究"为主导。高等体育院校可以给予研究生导师，特别是给予博士生导师在学生录取、资助等方面更多的自主权。另外，专业学习突出职业能力培养，与职业资格紧密衔接，建立健全培养、考核、评价和管理体系。导师应该主要通过具体的科研项目或者科研任务，提高学术型体育人才的科研能力。

（二）通过"合作办学"等，优化复合型体育人才培养方式

我国高等体育院校在本科阶段开设的专业非常之多，除了体育教育、运动训练、民族传统体育、社会体育等体育特色鲜明的传统专业之外，还开设了体育工程学、广告学、应用心理学、新闻学、英语、信息管理与信息系统等诸多跨学科专业或专业方向，这一类专业培养的人才属于跨学科专业人才，社会需求量不是特别大，但是却急需。高等体育院校开办跨学科体育专业，无论是在师资，还是在教学条件、设备等资源上，与其他开设相关母学科的高校来比，都有很大差距。要想提高这一部分体育人才的培养质量，可以考虑采用与相关高校、相关院系通过"合作办学"等形式来共同培养复合型体育人才。

在合作培养的基础之上，高校还可以通过创新教学方法等具体手段来提高复合型体育人才培养质量。高等体育院校还应把教授给本科生上课作为基本的一项教学制度，鼓励知名教授开设新生的各类研讨课，从学生入学开始就增加他们的学习动力和专业兴趣。具体教学方法上，体育理论课教学要善用启发式、探究式、参与式、讨论式等教学方法。体育技能课要善用示范及口令等。

（三）通过"订单式培养"等，优化应用型体育人才培养方式

应用型体育人才主要包括体育专业硕士和以培养竞技能力为主的体育类本科人才。国家设立体育专业硕士之初，就是为了解决市场的应用急需。体育专业硕士招生对象一般为应届体育专业大学生、高水平学生或省市级体育运动队教师、事业单位或国家公职人员、业余体校教师等，这一部分人本身就具备较好的体育实践能力，通过两年的专业硕士培养，能够提升自己的理论水平和具备初级的科研水平，达到理论与实践的有效结合，满足市场需要。

应用型体育人才培养重在对体育知识运用能力的培养，在对应用型体育人才培养方式的优化上，要突出对其实践能力的培养，强化实践育人。以协同创新为理念，可以通过与体育企事业单位等通过"订单式"培养手段来培养应用型体育人才。体育企业等单位根据需要向体育院校提供用人计划以及用人要求，高校根据自身的实际情况，与体育企业商定

培养计划以后，确定招生与专业培养目标。在二者合作的过程中，体育企业等单位可以从一开始就为高等体育院校应用型人才的培养提供实践实习基地，学生在整个学习过程中，可以多次分阶段地进行实践操作，真正提升知识的运用能力。高等体育院校还可以通过聘请体育企事业单位高级管理人员、实践技术操作人员为兼职教师，为学生提供最为直接与前沿的知识讲座。通过"订单式"培养方式，真正培养社会所需要的具有创新能力和创业能力的体育人才。

第三节　协同创新理念下高校体育人才培养模式优化的实施策略

一、更新教育理念

协同创新是一种新的大学理念，以大学合作、集成、共享和融合为价值准则，它一改以往我国大学理念鲜有作为的状态，从提出到实际践行就打破了以往我国高校办学理念的被动局面，让高校在整个教育大系统中变得活跃和主动，具有划时代的创新意义。

（一）高等体育院校的发展现状呼唤协同创新

我国高等体育院校从建立之初，一直过于依赖政府封闭的传统办学模式，虽然体育院校也开展了一些合作，但并没有真正与社会建立紧密联系，并没有形成相互促进的办学机制，而且高等体育院校都是追求小而全，以竞争为主，很少实现真正意义上的合作共享。以协同创新为教育理念，将能打破传统高等体育院校单打独斗、小打小闹的局面，实现院校之间、院校与其他社会组织之间的结盟创新、合作创新、互助创新和共享创新。

（二）协同是高等体育院校创新发展的必然

我国高等体育院校担负着体育科学研究、体育人才培养和服务体育事业的职能。创新将是高等体育院校有效履行职能的动力之源。但是，学科建制使得高等体育院校各种教育、科研等资源交流共享受到严重的壁垒隔绝，导致创新局限于学科专业范围。进入 21 世纪，全面提高高等教育质量是我国高校发展的根本任务，我国高等体育院校要进一步发展，进一步提高人才培养质量，就必须打破学科建制壁垒，全面实现学科专业之间、高等体育院校与其他组织之间的深度融合、集成创新，实现由割裂走向融合。

二、改革机制体制

改革机制体制是高等体育院校人才培养协同创新的关键，是确保协同培养创新人才顺利进行的政策保障。实现协同创新，政府需要在机制体制创新和政策项目引导上发挥重要的作用。因此，要实现人才培养的协同创新，必须在健全政府引导调控职能的前提下，在外部驱动机制上取得突破性进展。具体包括组织管理机制改革、绩效评价机制改革、权益分配机制改革、资源共享机制改革和信息沟通机制改革等。高等体育院校要力争突破校内外部的机制体制壁垒，在内部的具体管理体制上，要打破各部门各学科各专业的人为壁垒，建立教育、科研、训练以及后勤等协同的管理制度，全面有效地为人才培养提供最大限度的制度支持；在绩效评价改革上，要坚持公正客观的评审机制，推动多元化评价机制，制定高校、企业、科研院所等组织机构都能接受的一套评价机制；在权益分配机制改革上，更要顾全各方利益，充分调动每一个协同创新参与体的积极性，不能有失偏颇；在资源共享机制上，要打破资源壁垒，有效整合各类资源，为在资源共享上做出贡献的组织提供一定的资金补助；在信息沟通机制改革上，要改变传统的信息沟通技术，采用网络、各类软件的开发等科学手段，更有效地实现资源共享和知识转化，具体措施有：

第一，通过建立一批机制灵活、特色鲜明的协同创新中心，以及启动一批能充分调动各组织机构积极性的重点体育协同创新项目等进而进行人才培养和科学研究。

第二，政府加大对教育、训练和科研结合协同创新形式的资金投入和支持力度。利用协同创新中心、创新平台、科研项目等形式培养高质量体育人才。

第三，不断继续优化和完善更加适应协同创新的人才培养模式，注重对人才科学研究和创新实践能力的培养，利用教学、训练获取第一手科研素材，利用科研支撑高水平体育人才的培养。

第四，完善高等体育院校科学评价制度，改革人事管理制度，改革对高校教师的评价机制，探索与国际接轨的分配制度和人事制度，形成促进协同创新的激励机制和约束机制。通过机制体制的改革，优化教师结构，提高教师素质，提高教师教育、科研、训练的指导水平，继而提高人才培养质量。

三、依托政府支持

运用协同创新理念，构建高等体育院校人才培养新模式，必须获得政府的支持。一直以来，大学处于政府高度集权管制的制度之下，难以发挥主体作用。但是，在协同创新战略之下，政府与高校之间的关系成为制度建设的主要问题之一，重新定位的二者关系中，高校应成为协助政府全面实施创新战略的核心力量。政府可以给予高等体育院校协同创新培养人才的支持主要有：第一，政策支持。政府应当从税务、人事、激励手段、劳动用工等多个方面对参与协同创新的组织机构给予优惠，提供促进政策，不断强化协同创新培养人才的价值导向。第二，经费支持。高等体育院校创建、参与的各级各类创新体系都牵涉到人员的开支、资源的消耗等，政府应该向参与各方提供必要的经济支持。第三，协调各方关系。高等体育院校与各方合作必然涉及方方面面的关系，而且这些关系很多都超出了高校的职能范围，必须由政府出面，为高校与其他机构建立的合作体系顺利运行发挥协调作用。

四、建立创新平台

协同创新对于高校来说，要求协同一切可以协同的资源，来进行人才培养和科技攻关。协同既包括高校内部资源的整合，又包括高校与高校外部资源的整合。首先，从单个的高等体育院校来看，其既是高等教育的一个重要组成成员，更是一个独立的个体，有着完整的结构，是一个小型的微观协同创新系统；其次，将高等体育院校放在一起来看，它们共同组成了高等教育系统的一个重要部分，是一个具有体育特色的中观协同创新系统；最后，将高等体育院校与师范类、综合类体育院系、其他高校，以及所有可以与其产生联系的各类组织放在一起来看，高等体育院校又成了宏观系统的组成部分。因此，我们可以通过构建微观、中观和宏观三个人才培养协同创新平台来优化人才培养模式。

（一）构建体育人才培养微观创新平台

每一所高等体育院校是一个独立体，不管规模大小如何，为了完成高校教育、科研、服务社会的历史使命，均五脏俱全。但是，在这一独立体中，内部组织因利益冲突往往条块分割严重，如不同学科之间、专业之间、教学科研之间，不同院系设备、师资之间等划分严格，彼此之间难以做到资源共享，难以相互支撑相互渗透，更难以为学生提供跨学科、专业的培养和教育。因此，为了提高高等体育院校人才培养质量、科学研究水平、服务社会能力，必须高度重视协同创新这一核心理念。为了能够更好认清高校内部之间可以协同的资源，本研究根据高校功能，以及人才培养质量的影响因素进行分析以后，构建了我国高等体育院校人才培养微观协同创新平台。

微观协同创新平台，体现了高等体育院校培养体育人才、进行体育科学研究、服务于体育事业的三大功能。这三大功能之间互相联系，相互促进。且无论是科学研究也好，社会服务也好，均能为人才培养提供便利。而单就人才培养来看，学科、专业、教师、学生生源、校园文化、教学设备以及管理制度等一系列因素均能对其质量的高低产生影响。要提高人才培养质量，必须打破教学、科研和社会服务之间的职能壁垒，通过科研项目提高人才的科研能力，通过社会服务来培养学生的实践能力。充分打破人才培养各要素之间的部门壁垒、资源壁垒等，充分实现协作创新。

（二）构建体育人才培养中观创新平台

我国单个体育院校仅是一个微观的协同创新系统，能够协同的仅限于内部资源。而将所有的高等体育院校联合起来，构建一个具有培养体育人才、进行体育科学研究和服务体育事业共同目标的协同创新体以后，整合这一协同创新体的所有资源，来培养每一类体育人才，人才培养质量必定得到更大提高。在这协同创新体中个体不再局限于协同内部力量进行人才培养、科研等的创新，而是可以将其他兄弟院校看作自身功能的外延，可以借助兄弟院校的优势资源，弥补自身的不足，更深更广地加大协同创新的力度。

不同类型的高等体育院校，人才培养的侧重点不同，集中的优势力量也不同。那么，有侧重点，有优势力量，肯定就会存在着非侧重点、培养力量不足的地方。中观协同创新平台的构建，则能最大限度地通过借助兄弟院校的优势，通过师资交流、课程共享、设备共享、科研合作等形式来提高人才培养质量和科学研究水平。中央直属院校可以将自己科研优势、教学设备优势、师资优势等与其他院校分享，为共建院校、地方院校培养高水平的体育师资、学生、教师、科研人员等；共建院校和地方院校可以将在长期的办学过程中形成的优势学科、专业、项目等试验设备、课程资源、教师资源与其他院校共享，为其他院校相关专业提供技术、信息等资源支持。我国高等体育院校在中观协同创新系统之中，进行合作和交流，以及资源的整合和借助，要避免恶性竞争和人为的资源壁垒，每一个成员要齐心协力共同发展我国体育事业。

（三）构建体育人才培养宏观创新平台

我国高等体育院校之间构成的中观协同创新系统，实现了兄弟院校之间的友好互助与良性竞争。但是，随着跨学科专业的不断增设以及社会对人才规格的不断提高，仅我们体育院校关起门来齐心协力还是不够，将体育高等教育系统置于一个具有更高能量、更高层次的大系统中去，才是我们的明智之举。

我国高等体育院校人才培养的利益相关体前文已多次论述过，主要包括体育企事业单位、体育科研院所等。高等体育院校可以与其他创新主体构建一个大的宏观人才培养协同创新平台。在这个创新系统之中，再以具体的合作项目，根据人才培养类型的区别，对教育、科研和训练要求上的差异，分别建立或多主体共同建立协同创新中心。通过各类协同创新中心分别培养学术型、复合型和应用型体育人才。另外，在我国高等体育院校宏观协同创新系统中，高等体育院校要与其他高校、企事业单位密切合作培养人才、进行科学研究，必须要依靠国家意志引导和政府机制安排，以强有力的政治和政策保障高等体育院校能真正与其他组织机构优势整合和资源互补。同时，也需要借助金融机构、体育中介等非政府组织提供资金支持、科技支持和技术支持辅助协同创新的落实。通过宏观协同创新平台，高等体育院校与各创新主体之间能够具体开展的合作形式主要包括校校合作、校企合作、校所合作、校地合作、院校与国际教育教学机构合作等5种形式。

1. 校校合作培养体育人才

能够与高等体育院校开展协同合作的高校，主要包括高等体育院校兄弟院校，综合类、师范类体育院系，以及其他具有相关跨专业母学科的高校。协同合作既可以是强强联手，也可以是优劣势互补。合作的主要思路就是打破资源壁垒，实现资源共享，具体形式既可以是教学设备、科研设备、实验设备、课程资源等物的整合共享，又可以是教学名师等人力资源的相互流动。

高等体育院校之间可以通过签订正式的合作协议，允许学生校外选课，学分互认，进行不同层次学生的联合培养；可以构建不同的协同创新平台，促使各类资源共享；可以聘用其他院校跨专业学科教师兼职任教，共同开设课程等教学合作的形式来培养人才；可以与其他高校联合进行科技攻关，利用科研项目对学生的科研能力和实践能力进行培养。

2. 校企合作培养体育人才

我国培养的体育人才最终还是要走向社会，要走向企事业单位。因此，我们可以利用国家协同战略这一有利契机，与企事业单位开展全方位的合作，通过"订单式培养"、实习等模式，让学生尽快获得实践经验，更好地满足市场需求。许多前沿的知识有时并不在高校，而是在追求利润最大化的企业和市场，通过与企业合作，可以让学生真正掌握市场需求，获得前沿知识。高等体育院校可以不定期地邀请一些知名的体育企业管理人员或者实践人员到高校开展讲座，也可以通过直接聘任企业管理人员等为兼职教师的形式来培养人才。还有，学生的实践并不一定固定安排在某个阶段，而是与企事业建立起有效合作机制，定期安排学生实习，采用"理论—实践—理论"这种多次理论实践循环的学习模式，有效实现学生理论知识的转化。

3. 院校与科研院所合作培养体育人才

体育科研院所从设立之初就承载着发展体育科学研究的重任，它们的科研设备先进，技术水平、科研水平也相对一流。我国高等体育院校有如此之多的学术型体育人才，单靠体育高校自身的力量培养，人才总体水平始终难以更上一个台阶。体育院校如果能结合体育科研院所共同来进行学术型人才的培养，以及对教师的科研培养，将会是我国体育界一个莫大的福音。我们可以向科研院所选送一些具有科研兴趣、有一定科研基础的学生帮忙做课题，让学生通过实践获得科研能力的提高，也激发学生的创新能力。

4. 校地合作培养体育人才

一直以来，其他形式的合作办学都有一定规模的开展，然而与政府、与地域开展合作办学的模式并不多，这恰恰是我国体育院校人才培养的一个短板。人才培养质量要提高，首先就需要获得政府支持，只有这样才有一系列的政策、资金以及就业保障。另外，每一个区域都有独具特色的体育资源，尤其有很多开展很好的传统体育项目，如民族传统体育等专业只有借助区域力量来培养人才，才能真正拓宽我国体育的领域，才能有效地保护我国传统体育等。

5．院校与国际教育教学机构合作培养体育人才

随着科技知识、社会经济的大繁荣，当今社会俨然成为一个大的地球村。培养的人才要在这竞争激烈的地球村获得更好发展，具备国际视野，具有海外学习经历等都将是立于不败之地的有效措施。而且，我国本来就是一个体育大国，体育水平在国际上也比较高，与海外教育教学机构开展合作并非难事。因此，各高等体育院校的领导者一定要具备国家发展战略眼光，要积极寻找海外共同办学资源，可以通过联合办学、访学、短期培训进修、夏令营、开展讲座等多种形式来提升学生的国际素养。

五、优化师资结构

教师是人才培养的实施主体。师资力量如何直接关系到人才培养质量的优劣。高等体育院校应该建立长效机制，通过出国留学、出国访学、出国进修，以及国内访学、进修、培训等形式提升教师的国际视野、业务能力。高校要有一定的激励措施，鼓励教师不断提高自身学历，提高自身教学水平和学术水平。在人才引进方面，要加大跨学科人才、有留学背景的人才、高学历人才、高运动水平人才的引进力度。另外，多从校外引进人才，减少留校生名额，促进教师知识的多元化、教育教学背景的多元化。

高等体育院校应该建立教师教学的发展中心，要有计划、有针对性地开展体育理论教师、体育术科教师的培训工作，提升教师的专业水平和体育教学能力。通过集体备课、老中青教师传帮带等机制，使体育青年教师迅速适应工作岗位。通过向体育科研机构、企事业等单位聘用有实践经验的科研人员、技术人员担任兼职教师，有利于提高学术型体育人才的科研能力，以及应用型体育人才的体育知识运用能力。高等体育院校还应该鼓励和支持教师获得校外工作或者研究经历，加强体育师资队伍的流动。另外，还可以建立体育教师教育创新平台等，提高高等体育院校教师教学水平，多出名师。

高等体育院校可以通过建立"人才特区"集聚优秀人才，提高高校竞争力，实现人才强校的战略。人才特区，指建立一个供人才工作的特殊区域，在这一特殊区域中，无论是政策保障，还是机制体制建设、环境营造、资金投入、工作内容和模式等都优先于区域外。高等体育院校建立"人才特区"，能够吸引高层次人才来校工作，高校可以通过依托部分重点项目、重点学科，集中人力、财力以及物力，制定系列特殊的政策和措施，营造适合高层次人才引进、发展的学术氛围和学术环境，提升人才队伍整体素质和水平，优化高等体育院校师资结构。

六、制定评价标准

评价体系是高校教学质量管理中不可或缺的一环，是高校针对人才培养工作进行价值判断的调查和系统检测。协同创新是一种新的教育理念，在这种新的理念指导下，我国高等体育院校人才培养模式协同创新进展如何、效果如何，人才培养质量是否得到提高，都需要有一定的评价标准，需要通过科学的评价体系进行检验。

对高等体育院校人才培养模式协同创新进行评价，从评价的实施对象来看，政府评

价、高校评价、社会评价、学生评价四者结合应该最为合适。①政府评价，可以通过对高等体育院校进行教学评估、专业评估等形式来检验各个高校人才培养质量是否得到提升。政府评价实际上是对高等体育院校人才培养模式协同创新是否真正提高人才培养质量的一种最高规格的他查。②高校评价，相对于政府评价来说，它是高等体育院校对于人才培养质量的一种自查，主要指高校对各个学科、院系、专业教育、科研、训练等方面是否有所提高进行检验，同时，对教师教学、科研能力是否得到提升，学生知识、能力、素质是否提高进行一定的评价，高校评价重在自查自纠。③社会评价，是用人单位对体育人才培养质量的一种反馈，是体育企事业单位对于体育毕业生质量满意度的调查，社会评价能够反映社会的现实需求，是高等体育院校对培养目标、培养计划、招生计划进行修订的重要参照指标。高校可以通过问卷调查、走访调查、电话调查等形式向用人单位对高校培养出来的人才的知识、素质、能力、工作能力等进行全方位的调查，了解协同创新理念下培养出来的体育人才是否更加满足社会需要，也可以尽早地针对问题做出人才培养具体环节的调整。④学生评价，学生作为受教育者，他们是直接的参与者，对于高等体育院校协同创新培养体育人才最有发言权，学生通过自己的亲身体验，对教育教学条件的变化，对高校教师能力的变化，对自身教育、科研、训练综合能力的变化有着最为直接的感受，并且，学生也能及时发现协同过程中存在的问题。学生评价可以与高校评价放在一起联合进行。

对高等体育院校人才培养模式协同创新进行评价，从被评价的对象来看，评价对象主要包括对高等体育院校的物（教学设备、实验设备、课程资源等）、人（教师、学生）、财（科研经费等）等进行评价。当然，站在人才培养质量的角度来说，其中最重要的评价应属于对人的评价，尤其是对于学生的评价。前文将人才培养主要区分为本、硕、博不同培养层次进行分析，又对学术型、复合型、应用型三种培养类型协同创新侧重点进行阐述，那么，在具体的评价过程中，不同培养层次的体育人才评价标准应该有所区别，不同类型的体育人才教育、科研、训练三方面评价侧重点也应该不同。学术型体育人才重在对科研能力、创新能力的评价；复合型体育人才重在对跨学科知识、理论实践结合能力的评价；应用型体育人才重在对体育知识运用能力的评价。

评价标准的制定，评价体系的建立并非易事，牵涉到方方面面复杂的因素，也不是一蹴而就的事情，需要广大管理者、科研工作者协同努力共同完成，研究者暂时只能站在纯理论的角度进行相关建议。

第九章

高校体育教学模式对创新人才的培养

第一节 复合型人才创新培养的方案

当今世界科学技术的日新月异和国际竞争的日趋激烈，使得人才的竞争和民族创新能力的竞争，成为各国之间竞争的根本所在。特别是随着高校的"扩招"，我国高等教育已由过去的"精英化"培养模式迅速过渡到"大众化"教育模式，更多有条件的人获得了接受高等教育的机会。但与此同时，高校学生就业问题也日渐凸显，在近年中逐步成为社会关注的热点。应该说，引起高校学生"就业难"的原因是多方面的。在一定意义上，这一问题的症结，又与高校人才培养模式从"精英化"向"大众化"转变过程中没有适时发生转变，一定程度地脱离了社会需求或与社会需求发生错位，是直接相关联的。

长期以来，我国高校对学生创新精神和创造力的培养是较为突出的薄弱环节，传统的教学观念、教学模式、教学方法，以及考试方法、评价方法都显得陈旧和落后，在很大程度上束缚了学生的创新意识和创造能力，不利于学生的个性发展和拔尖人才脱颖而出。在这样的大背景下，高校体育教育应该以改革促发展为精神，以培养方案的制（修）订为依据，以课程体系改革为重点，以良好的教学环境建设为支撑，全面推进人才培养模式改革。

一、高校人才培养模式概述

人才培养模式是指在一定的教育理念指导下，为实现一定的培养目标而形成的较为稳定的结构状态和运行机制，包括教育理念、培养目标、培养过程、培养制度、培养评价。教育理念是人才培养活动所尊崇的教育观念和原则，它规定着人才培养活动的性质和发展方向；培养目标则为人才培养活动指明了方向；培养过程是教育理念得以贯彻的中间环节；培养制度是人才培养行为得以稳定存在并持续不断的行为模式；培养评价则是人才培养活动的评判环节，它衡量着人才培养活动的成功与否以及人才培养模式的形成。

（一）人才培养模式相关观点

1. 过程说

该观点认为，"培养模式实质上是人才素质要求和培养目标的实施的综合过程和实践过程"。

2. 方式说

人才培养模式是在一定的教育思想指导下，人才培养目标、制度、过程的组合，是为了实现一定的人才培养目标的整个管理活动的组织方式。它是在一定的教育思想指导下，为完成特定的人才培养目标而构建起来的人才培养结构和策略体系，它是对人才培养的一种总体性表现。

3. 方案说

在一定的教育教学思想、观念的指导下，为实现一定的培养目标，构成人才培养系统诸要素之间的组合方式及其运作流程的范式，是"可供教师和教学管理人员在教学活动中借以进行操作的既简约又完整的实施方案"，是"为实现一定的培养目标而采取的教育方案和教育方式"。

4．要素说

人才培养模式"是指在一定教育思想指导下，培养目标、教育制度、培养方案、教学过程诸要素的组合"，"是为实现人才培养目标而把与之有关的若干要素加以有机组合而成的一种系统结构"。

5．机制说

人才培养模式是指，在一定的教育思想、教育理论和教育方针的指导下，各级各类教育机构根据不同的教育任务，为实现培养目标而采取的组织形式及运行机制。

对于人才培养模式的含义，学术界有不同的认识。从培养模式对人才培养过程的意义这一角度出发，认为人才培养模式是教学资源配置方式和教学条件组合形式，是人才培养过程中表面上不明显但实际上至关重要的一个因素。同样的教师、教学条件、学生，通过不同的培养模式所造就的人才，在质量上会有较大差异。

总之，人才培养模式是指在一定的教育思想和教育理论指导下，为实现培养目标（含培养规格）而采取的培养过程的某种标准构造样式和运行方式，它们在实践中形成了一定的风格和特征，具有明显的系统性和范式性。从步骤结构上分析，提取和选择的目标、根据目标设置的课程和教育教学活动，以及采用相应的方法和评价手段，加在一起，就是我们所说的人才培养模式。

（二）人才培养改革的两个维度

从高校内部教育教学改革实践看，影响人才培养模式改革的要素主要来自两个维度：一是条件，主要指设施设备条件和师资条件；二是进行教育的方式或培养模式。

对于条件建设维度而言，人们更多地关注设施设备条件对于人才培养模式改革的基础和保障作用，对于师资条件在培养模式改进方面的至关重要的作用相对不够重视。师资队伍对于培养模式的重要性主要体现在两方面：其一，是师资队伍对于教育教学规律的认识和理解水平。因为在选择培养目标时，必定受一定的教育思想支配。但在具体的教学改革实践中，并非所有教师的教学改革思想和实践都是符合教育规律的。例如，教师认为，如果老师不讲相关知识，则学生的学习刺激不够，学生对于知识的掌握也就相对薄弱。所以凡是想要让学生学会的东西，就一定要在课堂上讲，从而课堂讲授内容越来越繁杂，这显然不符合教育规律。其二，教育者具有将高校（学院或系或专业）的目标科学分解，并按照目标来设计课程和教育教学活动，科学地对实现目标的情况进行评价的能力。所以提高教师和管理者自身的教育教学理论和方法的水平，加强教师和管理人员的专业化水平的培训，与人才培养模式的改革密切相关。如果高校的管理者和教师在上述两方面上都有欠缺，那么我们的培养方案与人才培养模式的要求就会产生距离，就无法谈质量的提高。

面对于教育方式或培养模式维度，由于教育思想观念和价值观的不同，也由于高校类型和学科专业性质不同，学术界在认识上常常见仁见智。相对培养模式来说，教育方式的改革更受关注。我们过去一直在进行教学改革，包括课程体系、教学内容甚至包括教学方法和评价体系改革，在质量提高上也收到了一定成效。应该说，课程、教材、教法、评价、管理等环节的改革都重要，但是如果离开了人才培养模式这个整体关照，这些环节的改革就会迷失方向。任何一个培养方案的编制，首先要确定培养目标，并且这些目标要能具体到可以用来选择课程和进行评价的状态。高校在这方面实践中做得很不到位。教学计划所提出的目标不但没有经过一定的科学程序来筛选，而且目标极为笼统，几乎无法判定课程和教材教法以及评价是否与目标的实现相吻合。以创造性培养为例，很多专业教学计划都把它列为培养目标，但却没有明确创造性的培养究竟包含哪些方面，在课程上应该如何体现。培养创造性所必需的学生思维方式上的训练、动机的形成、知识的获得、实践的安排、时间的保障等，几乎没有做过细致的考察和研究。在此背景下，课程的改革、方法的改变、教材的重新编写、评价手段的变化，等于处在一种茫然的状态。培养模式总体上的模糊和泛化，导致了教学过程和环节上与培养模式改革的同步、落实和呼应不够，这使人才培养质量的提高也逐渐失去目标和方向。因此，人才培养模式是教学改革的核心问题，是质量的首要问题。

（三）对人才培养模式改革进行顶层设计的路径

任何改革都必须具有明确的指导思想。而改革主要是由外部和内部两个方面引起。从外部因素看，科学技术和文化的发展、社会需求的变化，特别是当今职业人士的专项职业技能，都对当今高校的人才培养模式提出新的要求，要求高校要侧重培养人才的创新精神和实践能力，关注人才的科学素养和人文素质的培养等。从内部因素看，随着个体需求和认知能力的提高，也提示教师在教学中应采取有效措施让学生反思自己的认识和思维过程，从而提高思维的有效性和提高学习效果，等等。这里需要特别强调的是，任何一个教育上的环节的改变，都应该和整个人才培养模式的改变结合起来，才能取得好的效果。也就是说，在具体操作中，可以先改动其中的某环节，但必须围绕培养模式改革的整体进行。

简言之，人才培养模式的改革要有顶层设计，而这种顶层设计必须符合现代教育思想和教育教学理论，同时也要符合高校的校情。人才培养模式的改革有很多难题需要解决，这其中包括了思想观念的转变、教师的适应性问题、学生的适应性问题、管理的配套问题以及相应的硬件设施设备的重新整合的问题等。以高校工科培养模式的改革为例：思想观念的转变主要是因为培养模式改革会使教学重点发生变化，从而使所有发生变化的地方都提出了转变思想的要求。如过去的教学强调以讲课方式传授知识技能，而现在则必须以让学生实施项目的方式和探究的方式来获取知识。这种重点的转变，要求教师必须改变原有的教学思想。因此，对教师、学生而言，在教学设计、教学方法以及学习方式等方面都有适应性的问题。而在管理上，也有管理理念、制度、措施的相应配套问题。而这些问题的协调解决，依赖于各方对整个人才培养模式的整体框架有清晰的理解和认识。

就教学改革而言，我们的改革实际上是对"教什么"和"怎样教"这两个基本问题进行的某种形式的选择。从哲学上看，所进行的选择是否成功，要用两条标准同时进行评判。一个是价值标准，也就是说，要看我们的选择是否符合我们的需要，符合需要的才是成功的选择；另一个是科学标准，要看我们设定的目标是否实现，实现了才是成功的选择。所以，人才培养模式改革的真正依据在于人们对培养模式整体的认识和选择、对实施培养模式的方式方法的深入了解，其中也包括了在这个过程中的教育思想观念的转变。

（四）人才培养模式改革进程中的干扰因素分析

实际上，高校教师和管理人员专业化问题并非可望而不可即。应该说现在的高校领导很多都经过教育理论的培训，教师也接触过这些知识和方法，但还远远不够。现在的问题是，高校的干部和教师究竟能有多少精力用在这方面？在很多高校，有不少管理者和教师都在兢兢业业地进行着人才培养。然而，人才培养模式这个质量的首要问题，却存在着各个方面的干扰。

1. 来自社会评价体系的干扰

很多民间的评价体系甚至主管部门的评价有明显的科研导向，大学排名中的指标大多与科研和科研条件有关。即使对教学的评价，也几乎都集中在对学分情况的评比。这不能不对高校教学产生极大影响。殊不知，今日的人才培养就是明日的科学研究，我们的评价体系正在做着不能持续发展的事情，而且，科学研究也有质量问题，目前的评价是否能促进真正有成效的科学研究，也是值得商榷的。此外，目前的高校教学评估指标中唯一能与人才培养模式有直接关联的一级指标"专业设置与教学改革"，其下属的三个二级指标没有一项明确地与人才培养模式有关。而且把课程和实践环节分开评价（至少是缺乏明确的联系），本身也是对人才培养模式的肢解。这些情况对人才培养模式这个质量的首要问题来讲，即使不是一个严重的干扰，至少也有误导作用。

2. 来自高校主管部门的制约

主管部门近年来一直在抓教学质量，为什么反倒制约了人才培养模式改革呢？首先，过多的评选活动，大大挤占了高校管理者和教师进行人才培养模式改革的精力和时间。很多高校校长都感到无法按照高校的战略来做一些与人才培养模式有关的事情。更值得关注的是，这样的评选，在其实施过程中往往产生大量时间和人力的消耗，这无疑会使学界浮躁之风增加了一块滋长泛滥的土壤。其次，近年来主管部门实施的一些"工程项目"虽然思路是对的，出发点也是好的，但有一些与人才培养模式整体改革的关联性欠缺，有些项目本身还应加强科学性的建设。最后，人才培养模式改革的趋势在于根据科技文化发展、社会用人部门以及个体发展这三个方面的多样要求进行改革，必然走向多样化。而我们常常习惯用一个尺度来衡量，包括单一的教育思想、单一的价值取向、单一的方法导向、单一的指标参照。诚然，一些举措的出发点和本意是好的，但就总体思路和方法论而言，应该说还有很大的改革空间。

3. 来自教育体制的制约

近年来，高校在办学自主权方面有所改观，但教学自主权问题仍层出不穷。主管部门抓教育，一旦对教学抓得过多过细，其副作用就会凸显出来。教学问题是高校自主权内的问题，任何教育体制，除了政治要求外，对其他方面只能提倡，不能强制；只应服务，不应干预；只可引导，不可命令。

如果说这些因素的确对人才培养模式这个质量的首要问题产生了干扰或制约，那么，排除这些干扰制约因素就应该成为今后顺利实施人才培养模式改革的一个必然要求。这个问题涉及方方面面，主要集中在以下四点：

第一，教育主管部门应将人才培养模式改革作为今后实践科学发展观、提高质量的首要问题，鼓励高校以推进人才培养模式改革来提高质量；

第二，尽可能减少与人才培养模式改革缺乏联系的各种评选，给高校充分的时间来思考和实践人才培养模式的改革；

第三，对高校的教学活动应该采用提供服务的方式进行，当前最需要的就是提供人才培养模式改革方法的培训。鉴于这方面人才和资源的奇缺，应尽快为此在课程设置、研究课题的选择、教师和行政人员的资格等方面解放思想，并出台相关政策；

第四，对民间的评价机构应有一定的约束和导向，并进行评价，使学术风气朝着有利于人才培养模式改革的方向转变。

二、我国高校体育复合型人才创新培养方案的设计

（一）方案设计的思路

首先，开展全校范围内教育思想大讨论，正确理解创新人才培养模式。创新型人才培养模式是指以培养创新人才为目标，通过引导学生进行创新性学习和创造性思维，以提高其创新意识、创新精神和创新能力（含实践能力）为基本取向的教育教学内容和方法体系的总称。

其次，根据体育类院校创新人才培养目标的特点，制定出创新人才培养模式的总体原则，编制指导性的创新人才培养模式结构框架。

最后，根据创新人才培养模式的制定原则和结构框架的要求，在充分评估高校师资力量、办学经验、办学条件以及运动训练专业等方面的综合办学力量及资源后，制订出具体的人才培养方案。

（二）方案的设计

制订人才培养方案时，高校应始终坚持全面落实科学发展观，全面贯彻党的教育方针和体育工作方针，全面推进素质教育，遵循高等教育和体育发展规律，体现高校的办学优势和特色。依据高校人才培养目标，将已取得的教学成果经过集成与整合，固化到人才培养方案中，优化课程体系，探索新的人才培养模式和机制，使学生适应新世纪我国社会主义现代化建设需要，具有创新精神、实践能力和国际竞争力。近年来，高校教育创新出现空前活跃的景象，高校教育基本上能够实现每3年修订一次人才培养方案，组织有关专家对国内著名高校的教育改革和课程设置情况进行对比研究，吸收国内著名高校培养学生创新精神和实践能力的教学理念和先进经验，制（修）订出人才培养方案的指导性意见。在培养体系的构建中，按照教育部的要求，努力做到四个结合，即统一性与多样性相结合、拓宽知识面与保持专业特色相结合、知识传授与学生创新意识和能力培养相结合、业务素质与文化素质培养相结合。然后由各学院组织本学科的专家，结合本专业的特点，编制专业培养方案。

（三）指导性框架结构

创新人才培养方案由通识教育课程、学科基础课程、专业课程、实践教学、奖励学分等构成。

通识教育课程，以培养健全人格为主要目标；学科基础课程，以加强基础为主要目标，包括体育生物学科、体育技术学科、体育教育学科以及文学、管理学等学科的科类必修课程；专业课程，以拓宽专业口径和增强专业适应性为主要目标，包括涵盖教育部本科专业设置要求的专业必修课程和专业选修课程；实践教学，以实践能力、创新能力培养为主要目标，包括课程实习、专业实习、毕业实习、实验教学、社会实践和社会调查、毕业论文等各类实践教学环节；奖励学分，以培养学生个性为主要目标，包括学生参与科学研究、学术活动、运动竞赛、发表论文、获得专利、社会实践等各项创新成果。同时，在课

程设置中，对体育技术学科相关专业学生增加人文教育和科学教育，对非体育技术相关专业学生增加体育知识教育和运动技能训练，使培养出的学生学术和体育兼修、文武双全、一专多能。

（四）构建创新型体育人才培养模式

多年来，高校不断探索和完善人才培养模式。为进一步拓宽专业口径，灵活设置专业方向，鼓励各院系开办多种形式的跨学科、跨专业试验班。迄今为止，已创办体育新闻试验班、体能训练试验班、体育媒体公共关系试验班、高尔夫项目管理试验班、足球裁判试验班5个跨学科、专业试验班。跨学科、专业教学试验打破了单一专业的界限，加强多个相关学科的交叉渗透，重新调整课程体系和教学内容，注重人文精神、科学精神和创新精神的培养，取得了可喜的成果。其中体能训练试验班是为满足我国竞技体育的需要，为各级运动队培养合格的体能教师。文化基础较好的学生学习体育媒体公共关系。体育媒体公共关系试验班是为满足各类体育组织公关事务的需要，培养德、智、体、美和谐发展，体育新闻和公共关系兼通，能在各类体育组织或其他有体育事务的部门从事体育公关文秘、写作、新闻发布、形象推广、媒体写作、事件营销与危机公关等方面的专门人才。高尔夫项目管理试验班是高校的专业建设开拓新的领域，也为学生就业提供更广泛空间。课程主要使学生了解、掌握高端运动基础知识和基本技能以及运用这些知识和技能的能力，培养从事高尔夫管理工作的应用型人才。

（五）创新培养细则

1. 优化实践教学内容与体系

（1）更新时间教学观念，科学设计实践教学体系

近年来，重视学生实践能力的培养已经成为世界高等教育改革的一种趋势。教育部对教学实习的组织管理、教育实习过程管理和教学实习考核总结等提出了明确要求，对实习实训工作经费做了专门规定，实行"聘请实习基地中实践经验丰富和熟悉学生培养目标要求的专家担任学生实习指导教师、教学主任定点负责、学院领导巡回检查"的三级教育实习质量监控体系，保障实习与实训效果。各院系也根据所属专业的特色制定了具有专业特点的实习工作管理规定。

体育教育专业在实践过程中，探索出了"三个阶段"和"一个平台"的实习、实训工作体系：第一阶段在平时教学过程中加强对学生基本教学能力的培养；第二阶段通过实习培养学生教学、科研和适应工作环境的能力；第三阶段通过实习后总结找出学生能力的薄弱环节并加以改进；"一个平台"，是指建设一个基地教学实验与科研平台。这一工作体系在实践中取得了显著成效，培养出的学生教学基本功扎实，专业技能水平高。高校实习实训密切联系实际，强化学生的基本技能，在提高学生实践能力方面取得了显著成效。

（2）加强科研能力培养

在科研能力的培养方面，高校应将学生的毕业论文与科研能力培养密切结合，利用学科和资源优势鼓励本科生紧密结合体育运动实际参与科研活动，以综合性专业训练和初步科研训练为目的，实施导师负责制，通过学期小论文、实验设计、毕业论文、同教师一起参与攻关课题的研究等，提高学生科研创新能力。同时，一些相关的运动项目管理中心等机构建立了科研工作站，为学生创新精神和实践能力的培养、较早参加科研和创新活动创造了良好条件，促进了优秀学生在科研方面的快速成长。

（3）改革实验内容和方法，开设综合性、设计性和研究性实验

实验教学管理中注重改革传统实验教学内容，通过制度引导、资金支持等措施，鼓励增加综合性、设计性和研究性实验，提高学生综合运用知识的能力。每门课程除保留必开的经典试验项目外，还要增设一定数量的综合性、设计性和研究性实验项目，并使之与实验室开放相配合，为学生创造自主实验的条件。这类实验激励了学生综合应用知识的主动性，增强了学生的系统观念，强化了学生用系统观点分析解决局部问题的能力，对提高学生的创新意识和创新能力起到了明显的推动作用。

（4）实施开放式实验教学模式，强化学生创新能力的培养

给学生营造一个宽松、便利的实验活动环境，提供更多的实践机会，使学生有自己动手的机会和场所，有独立思考、分析问题和解决问题的能力，增强了学生的创新能力和实践动手能力。

（5）创建适应市场需求的实践教学体系

实践教学平台构建了基础实践教学、专业实践教学、综合实践教学三个层面的实践教学体系。基础实践教学以培养学生基本技能和基础实验能力为目的；专业实践教学主要对应培养方案中与专业基础课程和学科相关的课程实践、专业实验、各类实习实训、毕业论文等；综合实践教学主要包括与培养方案中公共选修课程相关，或与课外科技活动相关的素质拓展内容。

2. 大力加强实践教学条件建设，构筑实践创新能力的培养平台

（1）加强实验室建设，优化学生实践环境

创新实验室是培养学生创新精神和实践能力的最佳的教学环境。这些实验室或教学实验中心的建成为学生实践训练、科技创新、学科竞赛、课外科技活动搭建了良好平台。建立创新教育与实践培养基地，开展科技创新活动，对当代大学生实践能力及解决问题的能力培养是十分重要的。

创新教育与实践培训基地为培养大学生的创新精神和实践能力，充分发挥学生的聪明才智和创造潜力，培养科技创新人才，为取得高水平的成果发挥了重要作用，给学生搭建了一个开展科技创新活动的良好平台。

（2）强化科技实践活动，努力营造创新教育氛围

实施大学生科研训练计划，培养学生创新能力。以大学生学科竞赛为载体，开展丰富多彩的创新实践活动。

（3）建立创新人才培养模式

①改革制度体系

第一，建设一支热爱教学、锐意改革的师资队伍。高校推行教授为学生开设一定学分的全校通选课程，确保高水平教师从事教学工作。保证教授、副教授等具有科研能力的教研人员每年均能为高校学生上课，从而保证了教学质量的提高。进一步推进了新教师主讲课程前的教学培训和试讲制度。设置学生课外活动中的创新环节，开展大面积的实践活动。精心设计大学生课外研究活动，并使之与课堂教学紧密结合，相辅相成。为加强与推

进创新人才培养模式改革，激发学生学习兴趣，高校应设置"大学生科研训练计划"，资助大学生创新实践课题立项。

②丰富非教学培养途径，提高创新型人才的综合素质

非教学培养途径是承载课程教学难以独立完成的那一部分培养任务的重要教育手段，是人才培养过程中不可缺少的一部分，在培养学生驾驭知识、综合分析与解决问题、动手实践能力，提高学生的文化品位科学素养，培养学生具有健康心理与完善人格等方面，都发挥着重要作用。高校在培养方案中专门设置了学术活动学分，鼓励学生参加校内外各类学术活动。

第二节　以赛事为依托的综合素质创新人才的培养

一、以赛事为依托的综合素质教学模式探索

实践教学是教学工作中的一个关键性指标，它主要包括实习、实验、社会实践、课程设计等，也包括创业活动及纳入教学计划的社会调查等，这些内容形成科学合理的实践教学体系，是提高学生专业水平和综合素质的重要途径，因此在大学教育活动过程中占有非常重要的地位。而体育专业与其他学科相比较，具有更强的实践性特征，因此体育专业教学必须是一种以实践为核心的应用型教学。

随着现代竞技体育和职业体育的发展，现代体育赛事组织管理发生了改变，赛事服务系统也随之发生了巨大的变化，以志愿者服务为核心的赛事服务地位凸显出来，其系统逐渐趋于完善。这些专业和地域上的得天独厚的优势客观上为该校的实践教学体系建设提供了条件。

二、创新人才培养途径的探索

体育创新人才是指具有创新意识、创新思维、创新能力的体育工作者和体育教师。

创新是一个民族进步的灵魂，是素质教育的着眼点。而要实施素质教育，培养学生创新意识、创新精神和创新能力，关键是要建设一支高素质的、创新型的教师队伍。然而，不论是知识也好，人才也好，其基础都在教育，确切地说是素质教育、创新教育。作为知识传播、创新和应用的基础的教育，必处于知识经济的基础地位，教育的发展水平、人才培养的数量和质量，直接关系到国际竞争能力和综合国力的强弱。而教育要创新，关键是教师。教师的创新精神、创新能力、实践能力决定着教育的成效。因此，加速构建创造型体育教师群体乃是当前深化教育改革的关键之举。创新教育是在全面推进素质教育，培养适应21世纪现代化建设需要的社会主义新人的大背景下提出来的。体育创新人才是指具有创新意识、创新思维、创新能力的体育工作者和体育教师。

（一）创新思维是体育创新人才培养的关键因素

创新是人们在一定的社会环境下，根据特定的目的和需要，运用已知的信息和科学的

思维推理，形成能推动人类社会文明和进步的、有价值的、与众不同的物质产品和精神产品。这里的产品泛指一项专利、一本专著、一项教学成果或新的管理方法等，是创新人才综合能力（综合能力：创新意识、创新思维、创新能力）的反映。创新意识是创新思维的动力，受当时社会环境的制约。创新思维充分利用已有知识，运用科学的逻辑推理和丰富的想象力，推断出产品构图（科学预见），是体育创新人才综合能力中最关键的因素，是决定着创新能否实现的重要环节，起着体现创新能力的桥梁作用。制约创新思维的主要因素：专业基础知识是否雄厚，对已有知识能否有效地激活，各知识重新组合能力的高低。因此，培养体育创新人才的关键是培养创新思维。

（二）创新人才应具备的基本素质结构

1. 树立正确的人生观是创新人才最基本的素质之一，是创新意识形成的源泉与动力

事物的运动、变化、发展是三个相互独立又相互区别的范畴，其中，发展是变化的高级形式。任何行为都是在一定的世界观、方法论影响下进行的。只有在正确的人生观指导下，才能有为人类文明与进步做贡献的远大理想，有为推动科学技术发展而艰苦奋斗的高尚精神和进行发明创造、技术革新的强烈愿望。只有用先进的思想武装头脑，才能够敢于质疑，大胆探索，才能发现事物的内在联系，产生新颖独特的见解。

2. 趋于合理的知识库是体育创新人才的内在源泉，是创新思维的基础

知识是创新的基础和前提，创新不能离开知识凭空进行，没有正确的理论指导，就难以形成全面合理的思维分析，产生完备的创新思路。雄厚的专业知识为创新思维提供了有力支撑，有利于创新思维的形成。但知识不等于创新，知识与创新不成线性关系，而是一对矛盾统一体。只有不断激活已有知识，对各知识点进行重组，才能创建和升华知识。合理的知识库应存储主要元素：较深厚的专业基础知识，学科发展的动态；广泛的邻近学科知识，知识的重组能力；科学务实的精神，敢于探索、大胆实践的能力。

3. 获取、处理信息能力是体育创新人才的关键

随着多媒体、网络技术飞速发展，一方面必须把握知识跳动的脉搏，主动学习，不断更新知识结构；另一方面必须掌握并能灵活运用获取和处理大量信息的工具。

4. 良好的意志品质和集体协同能力是体育创新人才成功的催化剂

意志是自觉地确定目标，并支配和调节自己的行为准则。创新过程本身是一种高度复杂的意志过程。爱迪生说："发明是百分之一的灵感加上百分之九十九的汗水。"科学上许多一举成功的壮举，其背后都有着长期艰苦的劳动、坚强的意志、顽强的毅力。同时应具备团结协同能力，尊重与众不同的疑问，尊重与众不同的观念，虚心听取别人的意见，对于激活知识、激发创新有着不可忽视的作用。

（三）创新人才培养途径

1. 创新思维形成机制

在体育创新人才综合能力的三个方面中，创新思维是体育创新人才应具备的最关键的素质，体育创新人才培养，关键是培养创新思维，而创新思维是多种思维的综合表现。

（1）大量发散思维参与

创新思维中既有发散思维，又有聚合思维，它是发散思维和聚合思维的统一。进行某项技术革新，首先利用已有知识和经验，对各知识点进行重组，设想出种种改进的方案，这是发散思维；然后经过论证、实践，从中选择最佳方案，这又是聚合思维，两者缺一不可。创新思维的"创新性"主要体现在优质的发散思维上。国外对创新思维的测量，主要集中在对发散思维的测量上，并着重测量发散思维的三个品质指标：流畅性——在短时间内思维发散的数量；变通性——思维在发散方向上所表现出的变化和灵活；独特性——思维发散的新颖性、独特的程度。优质的发散思维就是要有较好的流畅性、变通性和独特性，其中变通性和独特性尤为重要。

（2）大量形象思维参与

创新也是形象思维和抽象思维的统一。人们往往会认为创新既然是人类的思维过程，一定是依靠抽象思维进行的，从而忽略了形象思维在创新思维中的作用，形象思维在创新思维过程中占有非常重要的地位。作为思维的一种类型，形象思维和抽象思维之间不存在发展水平上的高低问题，而且，由于创新思维成果是前所未有的，往往个体要凭借创造性想象来探索，不但离不开抽象思维的支撑，最终还须经过抽象的逻辑思维推断验证。

（3）掺杂有直觉成分

创新思维中还带有直觉成分。它常表现为一种猜测、预感、设想，因其产生之初，尚缺乏可靠的论证，容易被人们当作妄想、臆断加以否定。直觉在创新思维中起着十分重要的作用。直觉作为创新思维中的一个重要思维活动具有三个特点：一是从整体上把握对象，而不拘泥于细枝末节；二是对问题实质的一种洞察，而不停留在问题的表面现象；三是一种跳跃式思维，而不按部就班地展开思维过程。直觉是个体在掌握牢固的专业基础知识，具备丰富的生活经验，并积极从事实践活动的基础上产生的一种顿悟。

（4）掺杂灵感成分

创新思维的"闪光点"往往得益于灵感，这是创新思维又一典型特点。一种豁然开朗、妙思突发的体验，使百思不得其解的问题顿释。灵感具有突发性、瞬时性，但具有一定的规律性。灵感出现的基本条件是：个体必须对所要研究的问题有一个长时间的思考，直至思维饱和。灵感出现的契机是：个体在紧张思维后处于精神放松、悠闲的时候。

2.影响思维创新因素的分析

（1）传统观念

传统观念涉及社会各领域，不同观念影响下，对创新思维的形成既起到催化作用，也可能起到扼杀、压抑作用。一方面在人才的选择上，用人单位仅以学历层次、在校成绩来衡量择优，很少去考查其潜在能力、综合素质。基础教育形成了以考试为中心，以分数为标准的教育活动机制，高等教育亦停留在多年延续的以教师为主体、学生为客体的状况。另一方面，用人单位在人才的使用上，以是否好用、听话来衡量，学生又由于世俗观念的影响亦造成心理上的障碍，生怕做错事被人视为无知，因而怕想、怕说、怕做，导致不求进取的工作态度。

（2）传统教学模式

教学模式集中体现了一定时期教学思想、教学理论和学习理论，是一个相对的动态概念，它是适应一定历史阶段、社会生活对人才培养需要而产生的，传统教学思想主张培养知识型人才，教学模式侧重于知识的传授，思维培养只强调聚合思维，理解、消化学科的基本理论、基本概念，理解和消化教师讲授的内容成为教学的最高目的。教师大量地进行知识的灌输，学生机械地获取知识，其结果导致学生盲目崇拜书本和教师，创新思维赖以孕育生长的主要土壤——发散思维被禁锢。

3. 培养创新思维应把握的环节

（1）更新传统教学观念是创新思维形成的基础

传统的教学观念以及与其相对应的教学模式，其优点是有利于学科知识的传授与学习，有利于对前人知识与经验的掌握；其弊端则是容易造成学生对书本、教师的迷信，不敢提出半点怀疑，思维培养只注重聚合思维，不讲发散思维，因而认识易停留在前人的水平上，不易产生新的理论、新的成果。传统的教学观念是创新思维形成的瓶颈，要培养出符合知识经济社会的创新人才，必须冲破传统教学观念的束缚，更新教学模式。体育教师、学生和媒体在教学过程中的作用发生变化，体育教师在教学过程中不再以主体身份出现，而转变为学生学习的帮助者、督促者或引导者；提供复杂、真实的问题给学生，不仅必须开发或发现这些问题，而且必须认识到复杂问题有多种答案，激励学生站在三维空间审视问题。学生不再机械地获取知识，而转变为有意识地主动建构知识，主动去搜索和分析有关的信息资料，对所学的问题提出各种假设并加以验证。教学媒体不再是体育教师用以示范和演示教学内容的工具，而转变为学生学习的认知工具。这样在体育教学过程中，既培养学生的聚合思维，又加强其发散思维的培养。

（2）注重发散思维的训练

发散思维是创新思维形成的核心。虽然创新思维是聚合思维和发散思维的统一，但发散思维更集中体现思维活动的创新性特点，没有发散思维就很难产生创新性萌芽。在教学过程中，教师必须时时注重对学生发散思维的训练。首先，积极引导帮助学生，站在三维空间进行思考，广虑多思，标新立异。其次，要从提高思维的流畅性入手，从变通性扩展，以量为先，逐步提高思维独特性。教师可结合具体实例，剖析在发明创造、技术革新过程中思维发散的具体轨迹，培养学生在解决问题的过程中，掌握发散思维方法的能力。

（3）培养捕捉灵感

灵感在个体运用创新思维解决问题的过程中起着"画龙点睛"的作用。灵感似乎是可望而不可即的东西，只要掌握灵感出现的共性规律，就可提高捕捉灵感的概率。首先，对某一创新性问题要有充分的思想准备，通过查阅相关资料，利用已有的知识和经验，设想解决问题的种种方案，这是捕捉灵感最基本的条件；其次，要有废寝忘食的工作精神，不仅在集中思考时全心投入，而且平时也要不断思考，使思维"触角"遍及各处，这是捕捉灵感的又一重要条件；最后，经过长时间穷思竭虑后转入松弛状态，这往往能摆脱惯性思维的束缚，从而使创新思维"触角"舒展。

（4）鼓励大胆猜想

直觉在创新思维中占有不可忽视的地位，其主要表现形式为猜想。发明创造、技术革新每个环节都要敢于和善于大胆猜想。但大胆猜想并不是凭空捏造，而是建立在丰富的实践经验和宽厚的知识积累基础上，实践经验愈丰富，知识积累愈宽厚，知识重组能力愈强，大胆猜想也就愈可靠。

（5）重视实践能力锻炼

创新的最终实现是要将"创新思维推向市场""把理论推向实践""将科学技术转变为现实生产力"，创新是否有效决定着实践能力的高低，加强实践能力的培养，是创新最终实现的保障，同时，通过实践活动，不断积累知识经验更有利于创新思维的形成。

参考文献

［1］王会娟，黄瑞敏. 体育产业经营与管理［M］. 北京：北京邮电大学出版社，2017. 12.

［2］高玉敏，沈伟斌，胡瑞敏. 中国体育产业发展的理论与实践［M］. 北京：光明日报出版社，2017. 08.

［3］史连峰，吴立娟. 休闲体育与全民健身［M］. 长春：吉林文史出版社，2017. 06.

［4］马洪奎，张书玉，董孝壁. 融合转型升级应用型院校建设与传媒人才培养研究［M］. 重庆：重庆大学出版社，2017. 02.

［5］周怀玉. 未来高校体育教师必备素质研究［M］. 长春：吉林文史出版社，2017. 06.

［6］彭志伟. "一带一路"背景下我国体育产业发展体系研究［M］. 北京：中国纺织出版社，2018. 06.

［7］朱云，张巍，胡琳. 休闲体育文化之运动训练教程［M］. 北京：中国书籍出版社，2018. 10.

［8］黄涛. 体育教育专业人才培养模式研究与构建［M］. 北京：中国纺织出版社，2019. 05.

［9］刘大维，胡向红. 新时代高校体育教育专业人才培养模式理论和实践研究［M］. 成都：四川大学出版社，2019. 03.

［10］王芹. 新时代高等体育院校本科专业人才协同培养研究［M］. 济南：山东大学出版社，2019. 06.

［11］刘周敏. 协同创新理念下高等体育院校人才培养模式的优化研究［M］. 长沙：湖南师范大学出版社，2019. 02.

［12］韩丽菲，张起华，杨金田. 探索与突破新时代高尔夫球竞技体育后备人才培养［M］. 长春：吉林大学出版社，2019. 06.

［13］王欣. 我国竞技体育后备人才培养及退役运动员安置问题研究［M］. 北京：中国书籍出版社，2019. 11.

［14］唐涌. 民族传统体育教学创新与人才培养研究［M］. 长春：东北师范大学出版社，2019. 01.

［15］李晨. 大学体育选项教程［M］. 天津：天津科学技术出版社，2019. 06.

［16］毕永兴. 校园篮球课程教学方法与改革人才培养研究［M］. 太原：山西经济出版社，2019. 09.

［17］闫二涛. 中国高等体育教育改革之路［M］. 北京：知识产权出版社，2019. 03.

［18］邹奇. 我国地方体育院校转型发展研究［M］. 长春：吉林人民出版社，2019. 08.

[19] 宋艳红，林家润，孙国强. 大学生体育与健康教程 ［M］. 天津：天津科学技术出版社，2019. 06.

[20] 舒刚民. 中国竞技篮球教练员人才资源开发与管理研究 ［M］. 长春：吉林大学出版社，2019. 09.

[21] 穆瑞杰. 大学生体育人文素质的培养与发展研究 ［M］. 北京：中国书籍出版社，2019. 11.

[22] 肖春元. 大学体育篮球教学改革研究 ［M］. 哈尔滨：黑龙江教育出版社，2019. 03.

[23] 刘振忠. 京津冀协同创新创业型体育人才培养研究 ［M］. 上海：复旦大学出版社，2020. 01.

[24] 马艳红. "体教结合"竞技体育人才培养模式的探索 ［M］. 北京：人民体育出版社，2020.

[25] 隋姗姗，施鲜丽. 休闲体育人才 ［M］. 上海：上海交通大学出版社，2020.

[26] 吕兵文. 体育教育与梦想同行 ［M］. 北京：中国社会出版社，2020. 06.

[27] 康丹丹，施悦，马烨军. 高校体育文化建设与大学生体育健康 ［M］. 长春：吉林人民出版社，2020. 06.

[28] 谢丽娜. 高校体育风险管理研究 ［M］. 长春：吉林人民出版社，2020. 03.

[29] 文渭河，杜清锋，杨杰. 当代大学体育健康教程 ［M］. 长春：吉林人民出版社，2020. 09.

[30] 周春娟. 新时代健美操人才的培养与发展研究 ［M］. 北京：原子能出版社，2020. 06.

[31] 邱天. 高校体育创新思维的教学与实践 ［M］. 厦门：厦门大学出版社，2020. 07.

[32] 谢明. 高校体育教育理论探索与实务研究 ［M］. 长春：吉林人民出版社，2020. 02.

[33] 任晋军，王肖天. 普通高校竞技体育品牌建设研究 ［M］. 上海：上海交通大学出版社，2020.

[34] 李芳. 体育教育专业学生核心能力网络结构特征研究 ［M］. 上海：上海三联书店，2020. 01.